5년 최다  전체 수석  합

브랜드만족 1위 박문각

2025

2차 기본서

이준희 행정사실무법

박문각 행정사연구소 편_이준희

동영상 강의 www.pmg.co.kr

박문각

박문각 행정사

박문각 행정사

이준희 행정사실무법

기본서 | 2차

PREFACE

머리말

본 교재는 제가 과거 수험 생활 속에서 고민했던 문제점과 시행착오를 조금이라도 줄일 수 있도록 현재 학습하는 수험생들을 위해 기술하였습니다.

행정사실무법은 행정심판법, 비송사건절차법, 행정사법으로 구성되어 있습니다. 행정심판법과 비송사건절차법은 행정소송과 민사소송의 지식을 전제로 접근해야 이해가 수월합니다. 또한 법학에 대한 기본이 충분하지 않은 단순한 암기로는 합격을 위한 점수를 획득하기가 힘들기 때문에, 교재만으로 학습하는 것이 아니라 교재와 연계된 수업과 함께 학습하기를 추천합니다.

논술·약술시험은 문제에서 주어진 논점을 바르게 파악하고 그에 맞는 내용을 중요 키워드별로 정해진 시간 안에 작성하는 싸움입니다. 따라서 이 교재의 모든 내용을 암기하는 것이 아닌 전반적인 이해를 통해 각 문장마다의 키워드를 추출하여야 합니다. 그리고 자신이 준비한 키워드를 채점자들이 인식할 수 있도록 작성하기 위해서는 계속해서 실제 써보는 연습을 반복해야 합니다.

현재 행정사를 직업으로 갖고 있는 편저자이기에 행정사라는 자격은 상당히 매력 있는 전문자격사임을 자부합니다. 이 교재로 학습하는 모든 수험생들이 저와 함께 행정사로서 앞날을 꿈꾸길 기원합니다.

2024년 9월 25일

편저자 행정사 이준희 올림

행정사 2차 시험 정보

1. 시험 일정: 매년 1회 실시

원서 접수	시험 일정	합격자 발표
2025년 8월경	2025년 10월경	2025년 12월경

2. 시험 과목 및 시간

교시	입실	시험 시간	시험 과목	문항 수	시험 방법
1교시	09:00	09:30~11:10 (100분)	[공통] ① 민법(계약) ② 행정절차론(행정절차법 포함)	과목당 4문항 (논술 1, 약술 3) ※ 논술 40점, 약술 20점	논술형 및 약술형 혼합
2교시	11:30	• 일반/해사 행정사 11:40~13:20 (100분) • 외국어번역 행정사 11:40~12:30 (50분)	[공통] ③ 사무관리론 (민원 처리에 관한 법률, 행정업무의 운영 및 혁신에 관한 규정 포함) [일반행정사] ④ 행정사실무법(행정심판사례, 비송사건절차법) [해사행정사] ④ 해사실무법(선박안전법, 해운법, 해사안전기본법, 해사교통안전법, 해양사고의 조사 및 심판에 관한 법률) [외국어번역행정사] 해당 외국어(외국어능력시험으로 대체 가능한 영어, 중국어, 일본어, 프랑스어, 독일어, 스페인어, 러시아어 등 7개 언어에 한함)		

외국어능력검정시험 성적표 제출

2차 시험 원서 접수 마감일 전 5년 이내에 실시된 것으로 기준 점수 이상이어야 함

● 영어

시험명	TOEIC	TEPS	TOEFL	G-TELP	FLEX	IELTS
기준 점수	쓰기시험 150점 이상	쓰기시험 71점 이상	쓰기시험 25점 이상	GWT 작문시험에서 3등급 이상(1, 2, 3등급)	쓰기시험 200점 이상	쓰기시험 6.5점 이상

● 일본어, 중국어, 스페인어, 프랑스어, 독일어, 러시아어

시험명	FLEX (공통)	신HSK (중국어)	DELE (스페인어)	DELF/DALF (프랑스어)	괴테어학 (독일어)	TORFL (러시아어)
기준 점수	쓰기 시험 200점이상	6급 또는 5급 쓰기 60점 이상	C1 또는 B2 작문 15점 이상	C2 독해/작문 25점 이상 및 C1 또는 B2 작문 12.5점 이상	C2 또는 B2 쓰기 60점 이상 및 C1 쓰기 15점 이상	1~4단계 쓰기 66% 이상

시험의 면제

1. **면제 대상:** 공무원으로 재직한 사람과 외국어 번역 업무에 종사한 경력이 있는 사람 등은 행정사 자격시험의 전부 또는 일부가 면제된다(제2차 시험 일부 과목 면제).

2. 2차 시험 면제 과목

일반/해사행정사	행정절차론, 사무관리론
외국어번역행정사	민법(계약), 해당 외국어

합격자 결정 방법

1. **합격기준:** 1차 시험 및 2차 시험 합격자는 과목당 100점을 만점으로 하여 모든 과목의 점수가 40점 이상이고, 전 과목의 평균 점수가 60점 이상인 사람으로 한다(단, 2차 시험에서 외국어시험을 외국어능력검정시험으로 대체하는 경우에는 해당 외국어시험은 제외).

2. **최소합격인원:** 2차 시험 합격자가 최소선발인원보다 적은 경우에는 최소선발인원이 될 때까지 모든 과목의 점수가 40점 이상인 사람 중에서 전 과목 평균점수가 높은 순으로 합격자를 추가로 결정한다. 이 경우 동점자가 있어 최소선발인원을 초과하는 경우에는 그 동점자 모두를 합격자로 한다.

GUIDE

출제경향 분석

1. 2024 행정사실무법 전체 총평

문제 난이도만을 객관적으로 평가한다면 평이하게 출제되었습니다. 물론 시험이라는 환경 속에서는 항상 문제가 어렵게 느껴질 수밖에 없습니다. 하지만 중요 논점에서 크게 벗어나지 않았으면 과거 기출 논점에서 대부분 출제되었다는 점에서 차분히 시험에 임하셨다면 좋은 결과를 예상합니다.

2. 각 문제별 분석

1번 문제의 경우 거부처분에 대한 대상적격 가능 여부와 행정심판의 종류가 물음 1의 논점이고, 인용재결의 기속력이 물음 2의 논점입니다.
물음 1의 경우 거부처분의 성립요건에 따라 대상적격이 성립하며, 거부처분취소심판과 의무이행심판이 모두 가능하다는 결론을 작성하시면 됩니다.
물음 2의 경우 인용재결 기속력으로 발생하는 재처분의무가 재결의 취지에 합당한지 여부를 판단하는 문제입니다. '기본적 사실관계의 동일성' 이론에 따라 구청장 乙이 주장하는 다른 불허가사유가 타당하다면 정당한 처분에 해당합니다.
2번 문제의 경우 행정사의 업무에 관한 법조문을 작성하는 문제이며, 항상 중요하다고 강조되어 오던 논점입니다. 단순한 암기를 요구하고 있어 상대적으로 용이한 문제라고 볼 수 있습니다.
3번 문제의 경우 비송 총론 심리 파트에서 출제된 사실인정 원칙과 방법은 비송의 특징을 이해하고 있는지에 대한 문제입니다.
4번 문제의 경우 비송 총론 심리 파트에서 출제된 절차의 종료 원인은 종국 재판의 경우과 당사자의 행위에 의한 경우로 목차를 구성하여 작성하시면 됩니다.

3. 수험 전략

행정심판 사례는 최근 들어서 기본 개념에 대한 부분을 논점으로 구성하고 있습니다. 따라서 논점별 작성해야 할 답안을 미리 준비하여 암기하는 것은 물론 기계적 암기가 아닌 정확한 이해가 선행되지 않는다면 자신이 아는 만큼의 답안 작성을 하기가 힘듭니다. 즉 기본이론 과정의 중요성이 더욱 강조됩니다. 또한 판례를 변형한 문제가 출제되므로 판례에 대한 정확한 학습의 중요성을 다시 한번 강조하게 됩니다.
비송사건절차법은 올해도 총론 파트에서 2문제가 모두 출제되었습니다. 따라서 총론 부분을 정확히 이해하고 각론 부분은 주요 사건의 예외적인 절차만을 암기하는 방식의 공부가 효율적으로 보입니다. 총론 부분의 주요 논점들이 기출 문제로 반복되다 보니 앞으로는 과거 출제된 부분에 대하여 철저히 준비하여야 합니다.
행정사법은 그 양이 많지 않지만 1문제씩 항상 출제되고 있습니다. 항상 법조문을 그대로 작성하는 문제이므로 이에 대한 철저한 암기가 필요합니다.

행정사
이준희 행정사실무법

구분	행정심판법	행정사법	비송사건절차법
제1회	• 절차상 하자와 사정재결 인정 여부(40점) • 제척, 기피, 회피(20점)		• 심리방법(20점) • 재판상 대위 사건(20점)
제2회	심판청구의 인용 여부(신뢰보호원칙)(40점)	업무정지사유와 업무정지처분효과의 승계(20점)	• 종료 사유(20점) • 과태료 재판에 대한 불복방법(20점)
제3회	청구요건(청구기간)과 정보공개거부처분의 적법 여부(40점)	장부 검사와 자격취소(20점)	• 항고의 의의 및 종류(20점) • 토지관할과 우선관할 및 이송(15점) • 관할법원의 지정(5점)
제4회	집행정지와 임시처분(40점)	과태료 부과대상자의 유형 및 내용(20점)	• 재판의 방식과 고지(20점) • 대리와 법원의 퇴정명령(20점)
제5회	• 청구요건(청구기간, 협의의 청구이익)(30점) • 처분사유의 추가·변경(10점)	업무신고와 그 수리거부(20점)	• 과태료 약식재판에 대한 불복(20점) • 재판의 취소·변경(20점)
제6회	• 재결의 기속력(20점) • 의무이행심판의 대상적격과 청구인 적격(20점)	금지행위와 벌칙(20점)	• 형성력, 형식적 확정력, 기판력, 집행력(20점) • 절차비용의 부담자와 비용에 관한 재판(20점)
제7회	• 관할과 제3자의 심판 참가(20점) • 실효성 확보 수단(직접처분과 간접강제)(20점)	의무와 책임(20점)	• 특징(20점) • 증거조사(20점)
제8회	• 청구기간(20점) • 재결의 종류(20점)	업무신고의 기준과 행정사업무신고확인증(20점)	• 항고기간과 항고제기의 효과(20점) • 대리(20점)
제9회	• 피청구인과 특별행정심판(20점) • 처분사유의 추가·변경(20점)	행정사법인의 설립과 설립인가의 취소(20점)	• 절차의 개시 유형(20점) • 민사소송사건의 구별 기준 및 차이점(20점)
제10회	• 거부처분의 성립과 집행정지(20점) • 재결의 기속력(20점)	행정사법인의 업무신고와 업무수행 방법(20점)	• 기일(20점) • 재량이송과 이송재판의 효력(20점)
제11회	• 집행정지(20점) • 실효성 확보 수단(간접강제)(20점)	자격취소와 업무정지(20점)	• 토지관할과 이송(20점) • 항고의 종류와 효과(20점)
제12회	• 거부처분의 성립과 행정심판의 유형(20점) • 재결의 기속력(20점)	일반행정사의 업무(20점)	• 사실인정의 원칙과 방법(20점) • 종료 원인(20점)

STRUCTURE

구성 및 활용법

1

출제영역을 반영한 체계적인 교재 구성

출제 가능성이 높은 내용을 중심으로 알차고 자세하게 서술하였다. 또한 자연스러운 흐름에 따라 목차를 체계적으로 구성하고 내용을 깔끔하게 배치하여 가독성을 높임으로써 보다 효과적인 학습이 가능하도록 하였다.

Chapter 01 행정심판의 개관

1. 행정심판의 의의

1) 의의

행정청의 위법 또는 부당한 처분, 그 밖에 공권력의 행사·불행사 등으로 인한 국민의 권리 또는 이익의 침해를 구제하는 절차를 의미한다.

2) 존재 이유

권력분립과 행정의 자기통제	행정에 관한 문제는 행정부 스스로 해결하는 것이 권력분립원칙에 부합한다. 행정청이 자율적으로 시정할 기회를 주기 위함이다.
행정청의 전문지식 활용	법원보다 상대적으로 전문적인 행정부의 지식을 활용하여 판단할 수 있다.
구제의 신속성	간이·신속한 절차와 비용으로 소송경제를 확보할 수 있다.
사법기능의 보완과 법원의 부담 경감	행정기관이 1차적인 판단을 함으로써 사법기능을 보완하고 법원의 부담을 경감할 수 있다.

2. 특별행정심판

제4조【특별행정심판 등】① 사안(事案)의 전문성과 특수성을 살리기 위하여 특히 필요한 경우 외에는 이 법에 따른 행정심판을 갈음하는 특별한 행정불복절차(이하 "특별행정심판"이라 한다)나 이 법에 따른 행정심판절차에 대한 특례를 다른 법률로 정할 수 없다.
② 다른 법률에서 특별행정심판이나 이 법에 따른 행정심판절차에 대한 특례를 정한 경우에도 그 법률에서 규정하지 아니한 사항에 관하여는 이 법에서 정하는 바에 따른다.
③ 관계 행정기관의 장이 특별행정심판 또는 이 법에 따른 행정심판절차에 대한 특례를 신설하거나 변경하는 법령을 제정·개정할 때에는 미리 중앙행정심판위원회와 협의하여야 한다.

2

이해를 돕기 위한 장치들

독자들의 풍부한 이해를 돕고자 몇 가지 장치를 마련하였다. 본문 내용과 연계하여 설명한 부분이나 용어들은 따로 각주를 달아 정리하였고, 본문에서 예시가 필요한 부분은 예로 표시하여 내용을 이해하는 데 도움이 될 수 있도록 하였다.

행정사 이준희 행정사실무법

(2) 본안의 재판

절차상의 적법요건을 갖춘 사건에 대하여 법원이 사건의 내용을 심리하여 그 결과에 따라 신청이 이유가 있다고 신청인이 목적하는 적극적 재판을 하거나 신청이 이유가 없다고 하여 소극적 재판을 하는 경우의 재판을 말한다.

2. 비송사건 재판의 형식

1) 재판의 형식

비송사건의 재판형식은 결정에 의한다.

2) 이유를 붙이는 경우

간이주의를 원칙으로 하는 비송사건은 법률에 특별한 규정이 없는 한 반드시 이유를 기재하여야 하는 것은 아니다. 그러나 비송사건 중에는 법률에서 재판의 형식을 이유를 붙인 결정으로 하도록 특별히 규정하고 있는 경우가 있다.

03

3. 재판서의 작성

1) 재판의 원본

재판은 원칙적으로 원본을 작성하여야 한다. 그리고 재판의 원본에는 판사가 서명날인하여야 한다. 이 서명날인은 기명날인으로 갈음할 수 있다. 다만, 별도의 재판서를 작성하지 않고 당사자가 제출한 신청서 또는 조서에 재판에 관한 사항을 적고 판사가 이에 서명날인함으로써 원본을 갈음할 수 있다.

2) 재판의 정본 및 등본

재판의 정본[1]과 등본[2]에는 법원사무관 등이 기명날인하고, 정본에는 법원인을 찍어야 한다. 정본은 재판서를 송달할 경우와 강제집행을 할 경우 이를 첨부한다.

1 원본의 전부를 복사하고 정본임을 인증한 서면을 말한다. 원본과 동일한 효력이 있다.
2 원본의 전부를 복사한 것으로 등본으로 인증한 것을 말한다. 등본은 정본과 달리 원본의 존재와 내용을 증명하는 효력만 있다.

Chapter 06 비송사건의 재판 175

3

이론과 관련된 조문 및 판례 수록

본문 내용과 관련한 조문과 판례를 함께 수록함으로써 따로 찾아보는 시간을 줄여 효율적인 학습이 가능하도록 하였다. 이론과 관련 조문 및 판례의 연계 학습을 통해 내용을 좀 더 깊이 있고 정확하게 파악할 수 있도록 하였다.

Chapter 02 비송사건의 재판기관과 관할

1. 재판기관 – 협의의 법원

좁은 의미의 재판기관은 본안소송사건을 심리하는 수소법원과 강제집행을 수행하는 집행법원으로 나뉜다. 재판기관은 직업 법관으로 구성되고, 민사사건에서는 형사사건의 국민재판제도 또는 영미식 배심원제도를 인정하지 않는다. 재판기관으로서는 1인의 법관으로 구성되는 단독제와 수인의 법관으로 구성되는 합의제가 있다.

2. 법원직원에 대한 제척 · 기피 · 회피

제5조【법원직원의 제척 · 기피】 사건에 관하여는 법원 직원의 제척(除斥) 또는 기피(忌避)에 관한 「민사소송법」의 규정을 준용한다.

재판의 독립성과 함께 중립성을 담보하기 위하여 법관의 제척 · 기피 · 회피 제도를 두고 있다. 이러한 제척 · 기피 · 회피 제도는 법관을 중심으로 규정하였지만 비송사건절차법에서도 소송사건과 마찬가지로 재판기관을 구성하는 직원(법관 · 집행관 · 법원사무관 등)의 공정한 직무집행을 담보할 필요성이 있다. 이에 비송사건절차법에서는 민사소송법상의 제척 · 기피 · 회피 규정을 준용하고 있다.

3. 관할

제2조【관할법원】 ① 법원의 토지 관할이 주소에 의하여 정하여질 경우 대한민국에 주소가 없을 때 또는 대한민국 내의 주소를 알지 못할 때에는 거소지(居所地)의 지방법원이 사건을 관할한다.
② 거소가 없을 때 또는 거소를 알지 못할 때에는 마지막 주소지의 지방법원이 사건을 관할한다.
③ 마지막 주소가 없을 때 또는 그 주소를 알지 못할 때에는 재산이 있는 곳 또는 대법원이 있는 곳을 관할하는 지방법원이 사건을 관할한다.
제3조【우선관할 및 이송】 관할법원이 여러 개인 경우에는 최초로 사건을 신청받은 법원이 그 사건을 관할한다. 이 경우 해당 법원은 신청에 의하여 또는 직권으로 적당하다고 인정하는 다른 관할법원에 그 사건을 이송할 수 있다.
제4조【관할법원의 지정】 ① 관할법원의 지정은 여러 개의 법원의 토지 관할에 관하여 의문이 있을 때에 한다.
② 관할법원의 지정은 관계 법원에 공통되는 바로 위 상급법원이 신청에 의하여 결정(決定)함으로써 한다. 이 결정에 대하여는 불복신청을 할 수 없다.

…관과 관할 149

4

2013~2024년 기출문제 수록

행정사 2차 시험은 주관식 논술형으로 작성해야 하는 만큼, 보다 완벽한 시험 대비를 위하여 모든 기출문제와 모범답안을 수록하였다. 실제로 답안을 작성하고 모범답안을 확인하며 스스로 학습 정도를 확인하고 실력을 점검해볼 수 있도록 하였다.

2013년 제1회 행정사 2차 기출문제
행정사실무법 모범답안

| 문제 1 | 도시개발사업의 시행자인 A는 개발 구역 내 토지가격을 평가함에 있어 반드시 거쳐야 하는 절차인 토지평가협의회의 심의를 거치지 아니하고 토지가격을 평가하였고, 관할 행정청은 이에 근거하여 환지예정지 지정처분을 내렸다. 처분을 받은 甲은 절차상 하자를 이유로 처분의 취소를 구하는 행정심판을 청구하고자 한다. 그런데 이 처분의 기초가 된 가격평가의 내용은 적정하였을 뿐만 아니라 환지예정지 지정처분을 받은 이해관계인들 중 甲을 제외하고는 아무도 이에 불복하지 않고 있다. 또한 만약 이 처분이 취소될 경우 다른 이해관계인들에 대한 환지예정지 지정처분까지도 변경되어 사실관계가 매우 복잡해짐으로써 사회적 혼란이 발생할 수 있게 된다. 甲의 청구가 인용될 수 있는지에 관하여 논하시오. (40점)

모범답안

Ⅰ 문제점

甲의 청구가 인용되기 위해서는 甲의 신청이 청구의 적법요건을 갖추고 甲의 주장이 이유 있을 것이 요구된다. 청구의 적법요건과 절차상 하자의 위법성 여부, 그리고 위 처분이 사정재결의 대상이 되는지에 대해서 검토해야 한다.

Ⅱ 청구의 적법요건

행정심판청구가 적법하기 위해서는 다른 법률에 특별한 규정이 없을 것, 행정심판의 대상으로서 처분이나 부작위에 대한 청구일 것, 청구인 적격이 있을 것, 심판청구의 현실적 필요성이 있을 것, 피청구인을 상대로 청구기간 내의 청구일 것, 재심판청구가 아닐 것 등이 요구된다. 사안의 경우 도시개발사업자 A의 가격평가에 따라 관할 행정청의 환지예정지 지정처분이 행해지면 토지소유자의 권리 · 의무에 영향을 미친다는 점에서 행정심판의 청구는 적법하다.

Ⅲ 처분의 위법성 여부

1. 문제점

사안의 처분은 토지평가협의회의 심의를 거치지 않은 절차상 하자가 존재한다. 이러한 절차상 하자만으로 독자적 위법사유를 인정할 수 있는지와 인정한다면 위법성의 정도에 대한 검토가 필요하다.

2. 절차상 하자

행정절차법은 강행규정인 점, 그리고 신청에 따른 처분이 절차의 위법을 이유로 취소된 경우에도 기속력이 준용된다는 점에서 절차상 하자만으로 독자적 위법사유를 인정하는 것이 타당하다.
사안에서 가격이 적정했다고 하더라도 도시개발사업자의 시행자인 A가 토지평가협의회의 심의를 거치지 아니하고 한 가격결정은 절차상 하자가 존재하여 위법하며, 그 위법성의 정도는 중대 · 명백설에 따라 취소사유에 해당한다.

226 부록

CONTENTS

차 례

PART 01 행정심판법

Chapter 01 행정심판의 개관 · 14
Chapter 02 행정심판의 종류 · 20
Chapter 03 의무이행심판 · 21
Chapter 04 행정심판의 대상 · 24
Chapter 05 행정심판의 청구인 · 32
Chapter 06 행정심판의 피청구인 · 41
Chapter 07 행정심판의 참가 · 42
Chapter 08 행정심판의 청구기간 · 44
Chapter 09 행정심판청구 · 48
Chapter 10 행정심판위원회 · 50
Chapter 11 행정심판청구의 효과 · 58
Chapter 12 행정심판의 심리 · 64
Chapter 13 행정심판의 재결 · 74
Chapter 14 직접처분 · 82
Chapter 15 간접강제 · 84
Chapter 16 고지제도 · 86
Chapter 17 전자정보처리조직을 통한 행정심판 · 91
Chapter 18 특별행정심판 · 92
Chapter 19 토지수용의 재결에 대한 이의신청 (공익사업을 위한 토지 등의 취득 및 보상에 관한 법률) · 94
Chapter 20 공무원 소청심사 · 96

PART 02 행정사법

Chapter 01 행정사의 업무 · 102
Chapter 02 행정사의 자격과 결격사유 · 106
Chapter 03 행정사의 업무신고와 업무신고확인증 · 109
Chapter 04 행정사의 사무소 설치 · 112
Chapter 05 폐업신고·휴업신고 · 114
Chapter 06 행정사의 권리 · 116
Chapter 07 행정사의 업무와 관련된 의무와 책임 · 118
Chapter 08 행정사법인 · 123
Chapter 09 대한행정사회 · 131
Chapter 10 지도·감독 · 134
Chapter 11 벌칙과 과태료의 부과대상자의 유형 및 내용 · 138

PART 03 비송사건절차법

Chapter 01 비송사건의 특징 · 144
Chapter 02 비송사건의 재판기관과 관할 · 149
Chapter 03 비송사건의 당사자 · 154
Chapter 04 비송사건의 절차 · 160
Chapter 05 절차비용의 부담 · 171
Chapter 06 비송사건의 재판 · 174
Chapter 07 항고 · 181
Chapter 08 민사(民事)비송사건 – 법인에 관한 사건 · 187
Chapter 09 민사(民事)비송사건 – 신탁에 관한 사건 · 192
Chapter 10 민사(民事)비송사건
– 재판상 대위에 관한 사건 · 197
Chapter 11 민사(民事)비송사건
– 보존·공탁·보관과 감정에 관한 사건 · 199
Chapter 12 민사(民事)비송사건 – 법인의 등기 · 203
Chapter 13 민사(民事)비송사건
– 부부재산 약정의 등기 · 205
Chapter 14 상사(商事)비송사건
– 회사와 경매에 관한 사건 · 206
Chapter 15 상사(商事)비송사건 – 사채에 관한 사건 · 218
Chapter 16 상사(商事)비송사건
– 회사의 청산에 관한 사건 · 219
Chapter 17 과태료사건 · 220

부록 기출문제 모범답안

제1회 행정사 2차 행정사실무법 기출문제 모범답안 · 226
제2회 행정사 2차 행정사실무법 기출문제 모범답안 · 231
제3회 행정사 2차 행정사실무법 기출문제 모범답안 · 236
제4회 행정사 2차 행정사실무법 기출문제 모범답안 · 241
제5회 행정사 2차 행정사실무법 기출문제 모범답안 · 246
제6회 행정사 2차 행정사실무법 기출문제 모범답안 · 251
제7회 행정사 2차 행정사실무법 기출문제 모범답안 · 257
제8회 행정사 2차 행정사실무법 기출문제 모범답안 · 262
제9회 행정사 2차 행정사실무법 기출문제 모범답안 · 267
제10회 행정사 2차 행정사실무법 기출문제 모범답안 · 272
제11회 행정사 2차 행정사실무법 기출문제 모범답안 · 278
제12회 행정사 2차 행정사실무법 기출문제 모범답안 · 283

행정사
이준희 행정사실무법

PART

01

행정심판법

Chapter 01 행정심판의 개관
Chapter 02 행정심판의 종류
Chapter 03 의무이행심판
Chapter 04 행정심판의 대상
Chapter 05 행정심판의 청구인
Chapter 06 행정심판의 피청구인
Chapter 07 행정심판의 참가
Chapter 08 행정심판의 청구기간
Chapter 09 행정심판청구
Chapter 10 행정심판위원회
Chapter 11 행정심판청구의 효과
Chapter 12 행정심판의 심리
Chapter 13 행정심판의 재결
Chapter 14 직접처분
Chapter 15 간접강제
Chapter 16 고지제도
Chapter 17 전자정보처리조직을 통한 행정심판
Chapter 18 특별행정심판
Chapter 19 토지수용의 재결에 대한 이의신청 (공익사업을 위한 토지 등의 취득 및 보상에 관한 법률)
Chapter 20 공무원 소청심사

Chapter

01 행정심판의 개관

1. 행정심판의 의의

1) 의의

행정청의 위법 또는 부당한 처분, 그 밖에 공권력의 행사·불행사 등으로 인한 국민의 권리 또는 이익의 침해를 구제하는 절차를 의미한다.

2) 존재 이유

권력분립과 행정의 자기통제	행정에 관한 문제는 행정부 스스로 해결하는 것이 권력분립원칙에 부합한다. 행정청이 자율적으로 시정할 기회를 주기 위함이다.
행정청의 전문지식 활용	법원보다 상대적으로 전문적인 행정부의 지식을 활용하여 판단할 수 있다.
구제의 신속성	간이·신속한 절차와 비용으로 소송경제를 확보할 수 있다.
사법기능의 보완과 법원의 부담 경감	행정기관이 1차적인 판단을 함으로써 사법기능을 보완하고 법원의 부담을 경감할 수 있다.

2. 특별행정심판

제4조【특별행정심판 등】 ① 사안(事案)의 전문성과 특수성을 살리기 위하여 특히 필요한 경우 외에는 이 법에 따른 행정심판을 갈음하는 특별한 행정불복절차(이하 "특별행정심판"이라 한다)나 이 법에 따른 행정심판절차에 대한 특례를 다른 법률로 정할 수 없다.
② 다른 법률에서 특별행정심판이나 이 법에 따른 행정심판절차에 대한 특례를 정한 경우에도 그 법률에서 규정하지 아니한 사항에 관하여는 이 법에서 정하는 바에 따른다.
③ 관계 행정기관의 장이 특별행정심판 또는 이 법에 따른 행정심판절차에 대한 특례를 신설하거나 변경하는 법령을 제정·개정할 때에는 미리 중앙행정심판위원회와 협의하여야 한다.

1) 의의

(1) 특별행정심판이란 사안의 전문성과 특수성을 살리기 위해 행정심판법이 아닌 개별법에서 정한 다른 기관에서 심리 · 재결하는 행정심판을 말한다.

(2) 특별행정심판도 행정기관이 심판기관이 된다는 점에서는 동일하지만 행정심판법의 적용이 제한되는 점에서 구별된다.

(3) 다른 법률에서 특별행정심판이나 이 법에 따른 행정심판절차에서 특례를 정한 경우에도 그 법률에 규정하지 아니한 사항에 관하여는 일반법인 행정심판법을 따른다.

판례

다른 법률에서 규정하지 아니한 사항에 관하여는 일반법인 행정심판법을 따른다.

징계, 기타 불이익처분을 받은 지방공무원의 불복절차에 관하여 지방공무원법에서 규정하지 아니한 사항에 관하여는 행정심판법이 정하는 바에 의하여야 하므로 지방공무원법이 규정하지 않은 사항을 규정한 행정심판법 규정은 징계, 기타 불이익처분을 받은 지방공무원의 불복절차에도 적용된다(대법원 1989. 9. 12. 89누909).

2) 특별행정심판절차의 종류(괄호 안은 심판기관)

전문적인 분야	엄정한 심사가 필요한 분야	대량반복적인 경우
• 세무서장의 과세처분에 대한 심사청구 및 심판청구(국세청장 및 조세심판원) • 특허처분에 대한 특허심판 및 재심(특허심판원) • 토지수용재결에 대한 이의신청(중앙토지수용위원회) • 공정거래 관련 처분에 대한 이의신청(공정거래위원회)	• 국가 지방공무원의 징계처분에 대한 소청심사(소청심사위원회) • 교육공무원법상의 교원징계에 대한 소청심사(소청심사위원회) • 감사원에 대한 심사청구(감사원)	• 부당해고에 관한 구제명령에 대한 재심(중앙노동위원회) • 국민건강보험금 급여결정에 대한 심판(건강보험분쟁조정위원회) • 고용보험급여결정에 대한 재심사(고용보험심사위원회) • 산재보험급여결정에 대한 재심사(산업재해보상보험재심사위원회)

○ 도로교통법상의 운전면허취소 · 정지처분에 대한 심판은 특별행정심판절차에 해당하는 것이 아니고, 중앙행정심판위원회의 4인으로 구성된 소위원회가 심리 · 의결한다.

3. 이의신청과의 관계

행정기본법

제36조【처분에 대한 이의신청】 ① 행정청의 처분(「행정심판법」 제3조에 따라 같은 법에 따른 행정심판의 대상이 되는 처분을 말한다. 이하 이 조에서 같다)에 이의가 있는 당사자는 처분을 받은 날부터 30일 이내에 해당 행정청에 이의신청을 할 수 있다.
② 행정청은 제1항에 따른 이의신청을 받으면 그 신청을 받은 날부터 14일 이내에 그 이의신청에 대한 결과를 신청인에게 통지하여야 한다. 다만, 부득이한 사유로 14일 이내에 통지할 수 없는 경우에는 그 기간을 만료일 다음 날부터 기산하여 10일의 범위에서 한 차례 연장할 수 있으며, 연장 사유를 신청인에게 통지하여야 한다.
③ 제1항에 따라 이의신청을 한 경우에도 그 이의신청과 관계없이 「행정심판법」에 따른 행정심판 또는 「행정소송법」에 따른 행정소송을 제기할 수 있다.
④ 이의신청에 대한 결과를 통지받은 후 행정심판 또는 행정소송을 제기하려는 자는 그 결과를 통지받은 날(제2항에 따른 통지기간 내에 결과를 통지받지 못한 경우에는 같은 항에 따른 통지기간이 만료되는 날의 다음 날을 말한다)부터 90일 이내에 행정심판 또는 행정소송을 제기할 수 있다.
⑤ 다른 법률에서 이의신청과 이에 준하는 절차에 대하여 정하고 있는 경우에도 그 법률에서 규정하지 아니한 사항에 관하여는 이 조에서 정하는 바에 따른다.
⑥ 제1항부터 제5항까지에서 규정한 사항 외에 이의신청의 방법 및 절차 등에 관한 사항은 대통령령으로 정한다.
⑦ 다음 각 호의 어느 하나에 해당하는 사항에 관하여는 이 조를 적용하지 아니한다.
1. 공무원 인사 관계 법령에 따른 징계 등 처분에 관한 사항
2. 「국가인권위원회법」 제30조에 따른 진정에 대한 국가인권위원회의 결정
3. 「노동위원회법」 제2조의2에 따라 노동위원회의 의결을 거쳐 행하는 사항
4. 형사, 행형 및 보안처분 관계 법령에 따라 행하는 사항
5. 외국인의 출입국・난민인정・귀화・국적회복에 관한 사항
6. 과태료 부과 및 징수에 관한 사항

1) 적용법률

행정심판은 원칙적으로 행정심판법이 적용되며, 이의신청은 행정기본법과 개별법이 적용된다.

2) 이의신청이 인정되는 개별법

민원 처리에 관한 법률, 국세기본법, 공공기관의 정보공개에 관한 법률, 사회보장에 관한 법률(국민기초생활 보장법, 국민건강보험법) 등에서 이의신청이 인정되고 있다.

3) 구별실익

(1) 재심판청구의 금지

행정심판은 재심판청구가 금지되지만, 이의신청의 경우 이의신청을 거친 후에 행정심판을 제기할 수 있다.

(2) 심판기관

이의신청은 처분청에서 판단하며, 행정심판은 행정심판위원회에서 심판한다.

(3) 처분사유의 추가 · 변경

이의신청은 처분의 적법성과 합목적성을 확보하기 위해 처분사유의 추가・변경을 인정한다. 행정심판의 경우 원칙적으로는 처분사유의 추가・변경을 인정하지 않는다.

(4) 행정심판에 해당하는 경우

① 공익사업을 위한 토지 등의 취득 및 보상에 관한 법률상의 이의신청
② 산업재해보상보험법상 재해보상보험 재심사위원회에 대한 재심사청구
③ 고충처리위원회에 접수된 신청서가 행정기관의 처분에 대하여 시정을 구하는 취지임이 내용상 분명한 것으로 고충처리위원회가 이를 당해 처분청에 송부한 경우

4) 이의신청 결정의 성질

(1) 이의신청의 결정이 원처분을 취소 또는 변경하는 경우

새로운 처분으로 행정쟁송의 대상이 된다.

(2) 이의신청의 결정이 원처분을 그대로 유지하는 경우(기각결정)

원칙적으로는 단순한 사실행위로서 행정쟁송의 대상이 아니다.

판례

이의신청의 내용이 새로운 신청을 하는 취지로 볼 수 있는 경우에는, 그 이의신청에 대한 결정의 통보를 새로운 처분으로 볼 수 있다.

[1] 수익적 행정처분을 구하는 신청에 대한 거부처분이 있은 후 당사자가 다시 신청을 한 경우에는 신청의 제목 여하에 불구하고 그 내용이 새로운 신청을 하는 취지라면 관할 행정청이 이를 다시 거절하는 것은 새로운 거부처분이라고 보아야 한다. 나아가 어떠한 처분이 수익적 행정처분을 구하는 신청에 대한 거부처분이 아니라고 하더라도, 해당 처분에 대한 이의신청의 내용이 새로운 신청을 하는 취지로 볼 수 있는 경우에는, 그 이의신청에 대한 결정의 통보를 새로운 처분으로 볼 수 있다.

[2] 갑 시장이 을 소유 토지의 경계확정으로 지적공부상 면적이 감소되었다는 이유로 지적재조사위원회의 의결을 거쳐 을에게 조정금 수령을 통지하자(1차 통지), 을이 구체적인 이의신청 사유와 소명자료를 첨부하여 이의를 신청하였으나, 갑 시장이 지적재조사위원회의 재산정 심의·의결을 거쳐 종전과 동일한 액수의 조정금 수령을 통지한(2차 통지) 사안에서, 구 지적재조사에 관한 특별법(2020. 4. 7. 법률 제17219호로 개정되기 전의 것) 제21조의2가 신설되면서 조정금에 대한 이의신청 절차가 법률상 절차로 변경되었으므로 그에 관한 절차적 권리는 법률상 권리로 볼 수 있는 점, 을이 이의신청을 하기 전에는 조정금 산정결과 및 수령을 통지한 1차 통지만 존재하였고 을은 신청 자체를 한 적이 없으므로 을의 이의신청은 새로운 신청으로 볼 수 있는 점, 2차 통지서의 문언상 종전 통지와 별도로 심의·의결하였다는 내용이 명백하고, 단순히 이의신청을 받아들이지 않는다는 내용에 그치는 것이 아니라 조정금에 대하여 다시 재산정, 심의·의결절차를 거친 결과, 그 조정금이 종전 금액과 동일하게 산정되었다는 내용을 알리는 것이므로, 2차 통지를 새로운 처분으로 볼 수 있는 점 등을 종합하면, 2차 통지는 1차 통지와 별도로 행정쟁송의 대상이 되는 처분으로 보는 것이 타당함에도 2차 통지의 처분성을 부정한 원심판단에 법리오해의 잘못이 있다(대법원 2022. 3. 17. 2021두53894).

표제를 '행정심판청구서'로 한 서류를 제출한 경우에도 실질이 이의신청에 해당한다면 이를 처분에 대한 이의신청으로 볼 수 있다.

지방자치법 제140조 제3항에서 정한 이의신청은 행정청의 위법·부당한 처분에 대하여 행정기관이 심판하는 행정심판과는 구별되는 별개의 제도이나, 이의신청과 행정심판은 모두 본질에 있어 행정처분으로 인하여 권리나 이익을 침해당한 상대방의 권리구제에 목적이 있고, 행정소송에 앞서 먼저 행정기관의 판단을 받는 데에 목적을 둔 엄격한 형식을 요하지 않는 서면행위이므로, 이의신청을 제기해야 할 사람이 처분청에 표제를 '행정심판청구서'로 한 서류를 제출한 경우라 할지라도 서류의 내용에 이의신청 요건에 맞는 불복취지와 사유가 충분히 기재되어 있다면 표제에도 불구하고 이를 처분에 대한 이의신청으로 볼 수 있다(대법원 2012. 3. 29. 2011두26886).

이의신청은 그 기관 내부의 시정절차에 해당하므로 기본적 사실관계의 동일성이 인정되는지와 상관없이 처분의 적법성의 근거가 되는 처분사유를 추가·변경할 수 있다.

[1] 산업재해보상보험법 규정의 내용, 형식 및 취지 등에 비추어 보면, 산업재해보상보험법상 심사청구에 관한 절차는 보험급여 등에 관한 처분을 한 근로복지공단으로 하여금 스스로의 심사를 통하여 당해 처분의 적법성과 합목적성을 확보하도록 하는 근로복지공단 내부의 시정절차에 해당한다고 보아야 한다. 따라서 처분청이 스스로 당해 처분의 적법성과 합목적성을 확보하고자 행하는 자신의 내부 시정절차에서는 당초 처분의 근거로 삼은 사유와 기본적 사실관계의 동일성이 인정되지 않는 사유라고 하더라도 이를 처분의 적법성과 합목적성을 뒷받침하는 처분사유로 추가·변경할 수 있다고 보는 것이 타당하다.

[2] 근로복지공단이 '우측 감각신경성 난청'으로 장해보상청구를 한 근로자 갑에 대하여 소멸시효 완성을 이유로 장해보상급여부지급결정을 하였다가, 갑이 불복하여 심사청구를 하자 갑의 상병이 업무상 재해인 소음성 난청으로 보기 어렵다는 처분사유를 추가하여 심사청구를 기각한 사안에서, 근로복지공단이 산업재해보상보험법상 심사청구에 대한 자신의 심리·결정 절차에서 추가한 사유인 '갑의 상병과 업무 사이의 상당인과관계 부존재'는 당초 처분의 근거로 삼은 사유인 '소멸시효 완성'과 기본적 사실관계의 동일성이 인정되는지와 상관없이 처분의 적법성의 근거가 되는 것으로서 취소소송에서 처음부터 판단대상이 되는 처분사유에 해당한다는 이유로, 갑의 상병과 업무 사이의 상당인과관계 부존재를 처분사유 중 하나로 본 원심판단은 정당하다(대법원 2012. 9. 13. 2012두3859).

4. 행정소송과의 비교

구분	행정심판	행정소송
성질	형식적 의미의 행정이지만 실질적 의미의 사법작용이다.	형식적 의미의 사법인 동시에 실질적 의미의 사법작용이다.
심판기관	행정심판위원회(행정부 소속)	법원(사법부)
절차	약식쟁송	정식쟁송
특징	자율적 통제, 전문성 확보 등	타율적 통제, 독립성 확보
종류	취소심판, 무효등확인심판, 의무이행심판	취소소송, 무효등확인소송, 부작위위법확인소송
심판대상	위법한 처분과 부작위뿐만 아니라 부당한 처분도 대상이 된다. 대통령의 처분이나 부작위는 제외된다.	위법한 처분과 부작위는 대상이 되지만, 부당한 처분은 대상이 되지 않는다. 위법한 재결은 대상이 된다. 대통령의 처분이나 부작위도 포함된다.
제기기간	• **취소심판·거부처분에 대한 의무이행심판**: 처분이 있음을 알게 된 날부터 90일, 처분이 있었던 날부터 180일 • **무효등확인심판**: 기간제한 없음 • **부작위의무이행심판**: 기간제한 없음	• **취소소송**: 처분이 있음을 안 날부터 90일, 처분이 있었던 날부터 1년 • **무효등확인소송**: 기간제한 없음 • **부작위위법확인소송**: 기간제한 없음(단, 행정심판 등 전심절차를 거친 경우 재결서 정본을 송달받은 날부터 제한 있음)
심리방식	행정심판법은 구술심리 또는 서면심리를 규정하고 있으나 다수설은 서면심리가 원칙이라고 해석한다. 비공개 원칙이 적용된다.	구술심리주의, 공개 원칙
재결·판결	• 위법과 부당을 모두 판단한다. • **사정재결**: 취소심판과 의무이행심판에 사정재결을 인정한다. 재결주문에 위법 또는 부당함을 명시한다.	• 위법사유만 판단한다(부당은 기각사유). • **사정판결**: 취소판결에만 인정된다. 판결주문에 위법함을 명시한다.
의무이행 확보수단	시정명령과 직접처분, 간접강제	간접강제
참가통지	제3자의 참가 여부에 대한 통지규정이 있다.	제3자의 참가 여부에 대한 통지규정이 없다.
적용법률	행정심판법	행정소송법

Chapter

02 행정심판의 종류

제5조 【행정심판의 종류】 행정심판의 종류는 다음 각 호와 같다.

1. 취소심판 : 행정청의 위법 또는 부당한 처분을 취소하거나 변경하는 행정심판
2. 무효등확인심판 : 행정청의 처분의 효력 유무 또는 존재 여부를 확인하는 행정심판
3. 의무이행심판 : 당사자의 신청에 대한 행정청의 위법 또는 부당한 거부처분이나 부작위에 대하여 일정한 처분을 하도록 하는 행정심판

1. 취소심판

취소심판이란 행정청의 위법 또는 부당한 처분을 취소하거나 변경하는 행정심판을 말한다.

2. 무효등확인심판

무효등확인심판이란 행정청의 처분의 효력 유무 또는 존재 여부를 확인하는 행정심판을 말한다. 구체적인 내용에 따라 유효확인심판 · 무효확인심판 · 존재확인심판 · 부존재확인심판으로 구분된다. 무효등확인심판은 취소심판의 경우와 달리 심판청구기간의 제한이 없고, 사정재결도 인정되지 않는다.

3. 의무이행심판

의무이행심판이란 행정청의 위법 또는 부당한 거부처분이나 부작위에 대하여 일정한 처분을 하도록 하는 행정심판을 말한다. 의무이행심판은 행정청의 소극적 행위(거부, 부작위)로부터의 권익보호를 목적으로 한다.

Chapter 03 의무이행심판

1. 의의

의무이행심판이란 당사자의 신청에 대한 행정청의 위법 또는 부당한 거부처분이나 부작위에 대하여 일정한 처분을 하도록 하는 행정심판을 말한다.

2. 심판청구요건

1) 대상적격

(1) 거부처분

소극적 행정행위로서 상대방의 신청을 명시적으로 거부하거나 또는 일정 부작위가 거부처분으로 간주되는 경우에 의무이행심판을 청구할 수 있다. 한편, 판례는 행정청의 거부행위가 행정처분이 되기 위해서는 ① 신청의 내용이 공권력의 행사 또는 이에 준하는 행정작용이어야 하고, ② 신청인의 법률관계에 직접 영향을 미치는 것이어야 하며, ③ 신청인에게 특정행위를 요구할 수 있는 법규상 또는 조리상 신청권이 있어야만 한다고 판시하고 있다.
신청권 여부는 관계 법규의 해석에 의해 일반 국민에게 신청권을 인정하고 있는지 여부를 추상적으로 결정한다.

(2) 부작위

행정청이 당사자의 신청에 대하여 상당한 기간 내에 일정한 처분을 하여야 할 법률상 의무가 있음에도 불구하고 하지 않는 경우에 의무이행심판을 청구할 수 있다.

2) 청구인 적격

의무이행심판은 당사자의 신청에 대한 행정청의 위법 또는 부당한 거부처분이나 부작위에 대하여 일정한 처분을 구할 법률상 이익이 있는 자가 청구인 적격을 갖는다.

3) 피청구인 적격

의무이행심판의 피청구인은 원칙적으로 위법 또는 부당한 처분을 한 당해 행정청(처분청, 부작위청)이다.

4) 심판청구기간

(1) 거부처분

거부처분은 처분이 있음을 알게 된 날부터 90일, 처분이 있은 날부터 180일이다.

(2) 부작위

부작위가 존재하는 한 심판청구기간의 제한을 받지 않는다.

3. 재결

1) 재결의 종류

(1) 각하재결

심판청구 제기요건의 흠결로 부적법한 경우에 하는 재결이다.

(2) 기각재결

① **기각재결(협의)**
심판청구가 이유 없는 경우에 하는 재결이다.

② **사정재결**
심판청구가 이유가 있다고 인정하는 경우에도 이를 인용하는 것이 공공복리에 크게 위배된다고 인정하면 그 심판청구를 기각하는 재결을 말한다.

(3) 인용재결

심판청구가 이유 있는 경우에 하는 재결이다. 이에는 처분재결과 처분명령재결이 있다.

① **처분재결**
위원회가 직접 신청에 따른 처분을 하는 것을 말한다. 이는 형성재결의 성질을 가진다.

② **처분명령재결**
위원회가 처분청에게 신청에 따른 처분을 하도록 명령하는 것을 말한다. 이는 이행재결의 성질을 가진다. 이 경우에 행정청은 지체 없이 그 재결의 취지에 따라 다시 이전의 신청에 대한 처분을 하여야 한다.

③ **처분명령재결의 내용**
청구대상의 행위가 기속행위인 경우에는 청구인의 내용대로 처분을 할 것을 명하는 재결을 하여야 하나, 재량행위인 경우에는 재량의 하자가 없는 일정한 처분을 하도록 명하는 재결을 하여야 한다.

④ **처분재결과 처분명령재결의 선택**

처분재결과 처분명령재결 중 어느 것을 선택할 것인지는 재량에 속하나 처분청의 처분권을 존중하여 원칙적으로 처분명령재결을 한다. 또한 성질상 위원회가 직접 처분을 할 수 없는 경우에는 처분명령재결을 내려야 한다.

2) 재결에 대한 불복

(1) 거부처분에 대한 재결

거부처분에 대한 재결에 관하여는 거부처분취소소송에 의한다.

(2) 부작위에 대한 재결

현행법상 의무이행소송이 인정되고 있지 않으므로 부작위위법확인소송을 제기하여야 한다.

4. 실효성 확보수단

의무이행심판의 인용재결이 있으면 해당 행정청은 재결의 취지에 따른 처분을 해야 하며, 그렇지 않을 경우 행정심판위원회가 당사자의 신청에 따라 기간을 정하여 서면으로 시정을 명하고 그 기간 내에 이행하지 않는 경우에 직접 해당 처분을 할 수 있다. 또한 행정심판 인용재결에 따른 행정청의 재처분의무에도 불구하고 행정청이 인용재결에 따른 처분을 하지 아니하면 행정심판위원회는 당사자의 신청에 의하여 결정으로 상당한 기간을 정하고, 행정청이 그 기간 내에 이행하지 아니하는 경우에는 지연기간에 따라 일정한 배상을 하도록 명하거나 즉시배상을 할 것을 명할 수 있다.

Chapter

04 행정심판의 대상

1. 개괄주의 원칙

현행 행정심판법은 제3조 제1항에서 "행정청의 처분 또는 부작위에 대하여는 다른 법률에 특별한 규정이 있는 경우 외에는 이 법에 따라 행정심판을 청구할 수 있다."라고 규정함으로써 법률상 예외가 인정된 사항을 제외하고 일반적으로 모든 처분에 대하여 행정심판을 제기할 수 있다는 개괄주의를 취하고 있다.

2. 행정심판의 대상으로서 처분

> 제2조 【정의】 이 법에서 사용하는 용어의 뜻은 다음과 같다.
> 1. "처분"이란 행정청이 행하는 구체적 사실에 관한 법집행으로서의 공권력의 행사 또는 그 거부, 그 밖에 이에 준하는 행정작용을 말한다.

1) 행정청

행정청이란 행정에 관한 의사를 결정하여 표시하는 국가 또는 지방자치단체의 기관, 그 밖에 법령 또는 자치법규에 따라 행정권한을 가지고 있거나 위탁을 받은 공공단체나 그 기관 또는 사인(私人)을 말한다.

권한의 위임 또는 위탁이 있을 시에는 수임청 또는 수탁청이 행정청이 되며 권한이 다른 행정청에 승계된 때에는 그 권한을 승계한 행정청이 처분청 또는 부작위청이 된다. 따라서 공공단체나 사인의 경우에도 법령에 의해 행정권한을 위임 또는 위탁받아 행정청과 동일한 기능을 수행한다면 행정청에 포함된다.

2) 구체적 사실

처분은 구체적 사실에 관한 공권력의 행사이다. 구체적 사실이란 처분의 상대방이 개별적이고 규율대상이 구체적인 것을 의미한다.

3) 법집행행위

처분은 법집행행위여야 하므로 입법행위는 처분에 해당하지 않는다. 따라서 행정입법의 경우 상대방이 특정되지 않고 규율의 대상도 추상적이기 때문에 원칙적으로 처분이 아니다.
다만, 법령 또는 조례가 구체적 집행행위의 개입 없이 그 자체로서 직접 국민에 대하여 구체적 효과를 발생하여 특정한 권리·의무를 형성하게 하는 경우에는 행정심판의 대상이 된다.

판례

고시가 다른 집행행위의 매개 없이 그 자체로서 법률관계를 직접 규율한다면 처분에 해당한다.

항정신병 치료제의 요양급여 인정기준에 관한 보건복지부 고시가 특정 제약회사의 특정 의약품을 규율 대상으로 하는 점 및 처방기준에 따르지 않은 경우에는 국민건강보험공단에 대하여 그 약제 비용을 보험급여로 청구할 수 없고 환자 본인에 대하여만 청구할 수 있게 한 점 등에 비추어 볼 때, 이 사건 고시는 다른 집행행위의 매개 없이 그 자체로서 제약회사, 요양기관, 환자 및 국민건강보험공단 사이의 법률관계를 직접 규율하는 성격을 가진다고 할 것이다(대법원 2003. 10. 9. 2003무23).

제약회사는 약제급여·비급여목록 및 급여상한금액표 고시의 취소를 구할 원고적격이 있다.

보건복지부 고시인 약제급여·비급여목록 및 급여상한금액표로 인하여 자신이 제조·공급하는 약제의 상한금액이 인하됨에 따라 위와 같이 보호되는 법률상 이익이 침해당할 경우, 제약회사는 위 고시의 취소를 구할 원고적격이 있다(대법원 2006. 9. 22. 2005두2506).

조례에 대한 행정소송의 피고는 지방자치단체의 장이다.

조례가 집행행위의 개입 없이도 그 자체로서 직접 국민의 구체적인 권리의무나 법적 이익에 영향을 미치는 등의 법률상 효과를 발생하는 경우 그 조례는 항고소송의 대상이 되는 행정처분에 해당하고, 이러한 조례에 대한 무효확인소송을 제기함에 있어서 행정소송법 제38조 제1항, 제13조에 의하여 피고적격이 있는 처분 등을 행한 행정청은, 행정주체인 지방자치단체 또는 지방자치단체의 내부적 의결기관으로서 지방자치단체의 의사를 외부에 표시할 권한이 없는 지방의회가 아니라, 구 지방자치법(1994. 3. 16. 법률 제4741호로 개정되기 전의 것) 제19조 제2항, 제92조에 의하여 지방자치단체의 집행기관으로서 조례로서의 효력을 발생시키는 공포권이 있는 지방자치단체의 장이다(대법원 1996. 9. 20. 95누8003).

4) 공권력의 행사

(1) 원칙

행정청이 우월한 지위에서 권력적인 행위를 한 경우에만 인정된다. 따라서 행정청이 상대방과 대등한 지위에서 하는 공법상의 계약이나 합동행위, 행정청의 사법상의 행위는 포함되지 아니한다.

(2) 행정계획

일반적으로 행정계획은 대외적으로 구속력을 갖지 아니하므로 처분성이 인정되지 않는다. 다만, 특정인의 권리 내지 법률상 이익을 개별적 · 구체적으로 규제하는 효과를 가지는 구속적 행정계획의 경우에는 그 처분성이 인정된다.

판례

처분성이 부정되는 경우

항고소송 대상이 되는 행정청의 처분이란 원칙적으로 행정청의 공법상 행위로서 특정 사항에 대하여 법규에 의한 권리의 설정 또는 의무의 부담을 명하거나 기타 법률상 효과를 직접 발생하게 하는 등 국민의 권리의무에 직접 관계가 있는 행위를 말하므로, 행정청의 내부적인 의사결정 등과 같이 상대방 또는 관계자들의 법률상 지위에 직접 법률적 변동을 일으키지 않는 행위는 그에 해당하지 아니한다. 국토해양부, 환경부, 문화체육관광부, 농림수산부, 식품부가 합동으로 2009. 6. 8. 발표한 '4대강 살리기 마스터 플랜' 등은 4대강 정비사업과 주변 지역의 관련 사업을 체계적으로 추진하기 위하여 수립한 종합계획이자 '4대강 살리기 사업'의 기본방향을 제시하는 계획으로서, 행정기관 내부에서 사업의 기본방향을 제시하는 것일 뿐, 국민의 권리 · 의무에 직접 영향을 미치는 것이 아니어서 행정처분에 해당하지 않는다(대법원 2011. 4. 21. 2010무111).

처분성이 인정되는 경우

① 구 도시계획법 제12조에 의한 도시계획결정(현행 도시관리계획)은 그 자체로 국민의 권익을 직접 개별적 · 구체적으로 규제하므로 처분성이 인정된다(대법원 1982. 3. 9. 80누105).

② 국토의 계획 및 이용에 관한 법률의 규정에 따라 토지거래계약에 관한 허가구역으로 지정되는 경우, 허가구역 안에 있는 토지에 대하여 소유권이전 등을 목적으로 하는 거래계약을 체결하고자 하는 당사자는 공동으로 행정관청으로부터 허가를 받아야 하는 등 일정한 제한을 받게 되고, 허가를 받지 아니하고 체결한 토지거래계약은 그 효력이 발생하지 아니하며, 토지거래계약허가를 받은 자는 일정 기간 동안 그 토지를 허가받은 목적대로 이용하여야 하는 의무도 부담하며, 같은 법에 따른 토지이용의무를 이행하지 아니하는 경우 이행강제금을 부과당하게 되는 등 토지거래계약에 관한 허가구역의 지정은 개인의 권리 내지 법률상의 이익을 구체적으로 규제하는 효과를 가져오게 하는 행정청의 처분에 해당한다(대법원 2006. 12. 22. 2006두12883).

(3) 일반처분과 고시 · 공고

일반처분은 구체적인 사실에 관하여 불특정 다수인을 대상으로 하는 행정행위로서 행정심판법 · 행정소송법상 처분에 해당한다(예 도로통행금지, 입산금지, 도로의 공공개시 및 공용폐지 등). 고시 · 공고는 행정청이 그가 결정한 사항 등을 일반에게 알리는 것으로서 원칙적으로 일반 국민을 구속하는 것은 아니므로 행정심판의 대상이 되지 않는다. 다만, 고시의 형식으로 일반처분의 성질을 가진 행위가 있을 경우에는 행정심판 대상이 된다(예 도로구역결정의 고시, 개별지가공시 등).

판례

청소년유해매체물 결정 및 고시처분은 일반처분이다.

구 청소년보호법에 따른 청소년유해매체물 결정 및 고시처분은 일반 불특정 다수인을 상대방으로 하여 일률적으로 표시의무, 포장의무 등 각종 의무를 발생시키는 행정처분에 해당한다(대법원 2007. 6. 14. 2004두619).

⑷ 내부지침에 근거한 행정행위

처분의 근거가 행정규칙에 규정되어 있다고 하더라도, 그 처분이 상대방에게 권리의 설정 또는 의무의 부담을 명하거나 기타 법적인 효과를 발생하게 하는 등으로 그 상대방의 권리·의무에 직접 영향을 미치는 행위라면, 이 경우에도 항고소송의 대상이 되는 행정처분에 해당한다(대법원 2004. 11. 26. 2003두10251·10268).

5) 공권력 행사의 거부

⑴ 거부처분의 의의

거부처분은 개인의 일정한 신청행위에 대한 처분을 하지 않겠다는 행정청의 의사표시로서 현재의 법률상태에 변동을 가져오지 아니하는 내용의 소극적인 행정행위를 말한다.

⑵ 거부행위가 처분성을 갖기 위한 요건

① **행정청의 거부일 것**

행정심판의 대상이 되는 거부처분은 모든 공권력 행사의 거부를 의미하는 것이 아니라, 행정청이 행하는 구체적 사실에 관한 법집행으로서의 공권력 행사의 거부인 경우만을 말한다. 따라서 사경제적 작용에 있어서의 거부나 공법상의 법률관계에 대한 거부행위 등은 여기서 말하는 거부처분이 아니다.

② **거부행위가 신청인의 법률관계에 직접 영향을 미치는 거부일 것**

거부행위는 신청인의 법률관계(권리·의무)에 직접 영향을 미치는 것이어야 한다. 따라서 사실행위로서의 거부행위는 거부처분이 아니다.

③ **청구인에게 특정행위를 요구할 수 있는 법규상·조리상의 신청권이 있을 것**

행정청의 거부행위의 처분성이 인정되기 위해서는 신청인에게 법률상 또는 조리상의 신청권이 있어야 한다.

판례

신청권의 의미

거부처분의 처분성을 인정하기 위한 전제요건이 되는 신청권의 존부는 구체적 사건에서 신청인이 누구인가를 고려하지 않고 관계 법규의 해석에 의하여 일반 국민에게 그러한 신청권을 인정하고 있는가를 살펴 추상적으로 결정되는 것이고, 신청인이 그 신청에 따른 단순한 응답을 받을 권리를 넘어서 신청의 인용이라는 만족적 결과를 얻을 권리를 의미하는 것은 아니다. 따라서 국민이 어떤 신청을 한 경우에 그 신청의 근거가 된 조항의 해석상 행정발동에 대한 개인의 신청권을 인정하고 있다고 보여지면 그 거부행위는 항고소송의 대상이 되는 처분으로 보아야 할 것이고, 구체적으로 그 신청이 인용될 수 있는가 하는 점은 본안에서 판단하여야 할 사항인 것이다(대법원 1996. 6. 11. 95누12460).

건축신고는 예외적으로 항고소송의 대상이 된다.

건축주 등은 신고제 하에서도 건축신고가 반려될 경우 당해 건축물의 건축을 개시하면 시정명령, 이행강제금, 벌금의 대상이 되거나 당해 건축물을 사용하여 행할 행위의 허가가 거부될 우려가 있어 불안정한 지위에 놓이게 된다. 따라서 건축신고 반려행위가 이루어진 단계에서 당사자로 하여금 반려행위의 적법성을 다투어 그 법적 불안을 해소한 다음 건축행위에 나아가도록 함으로써 장차 있을지도 모르는 위험에서 미리 벗어날 수 있도록 길을 열어 주고, 위법한 건축물의 양산과 그 철거를 둘러싼 분쟁을 조기에 근본적으로 해결할 수 있게 하는 것이 법치행정의 원리에 부합한다. 그러므로 건축신고 반려행위는 항고소송의 대상이 된다고 보는 것이 옳다(대법원 2010. 11. 18. 2008두167).

인 · 허가의제 건축신고는 원칙적으로 항고소송의 대상이 된다.

건축법에서 인 · 허가의제 제도를 둔 취지는, 인 · 허가의제사항과 관련하여 건축허가 또는 건축신고의 관할 행정청으로 그 창구를 단일화하고 절차를 간소화하며 비용과 시간을 절감함으로써 국민의 권익을 보호하려는 것이지, 인 · 허가의제사항 관련 법률에 따른 각각의 인 · 허가 요건에 관한 일체의 심사를 배제하려는 것으로 보기는 어렵다. 왜냐하면, 건축법과 인 · 허가의제사항 관련 법률은 각기 고유한 목적이 있고, 건축신고와 인 · 허가의제사항도 각각 별개의 제도적 취지가 있으며 그 요건 또한 달리하기 때문이다. 나아가 인 · 허가의제사항 관련 법률에 규정된 요건 중 상당수는 공익에 관한 것으로서 행정청의 전문적이고 종합적인 심사가 요구되는데, 만약 건축신고만으로 인 · 허가의제사항에 관한 일체의 요건 심사가 배제된다고 한다면, 중대한 공익상의 침해나 이해관계인의 피해를 야기하고 관련 법률에서 인 · 허가 제도를 통하여 사인의 행위를 사전에 감독하고자 하는 규율체계 전반을 무너뜨릴 우려가 있다. 따라서 인 · 허가의제 효과를 수반하는 건축신고는 일반적인 건축신고와는 달리, 특별한 사정이 없는 한 행정청이 그 실체적 요건에 관한 심사를 한 후 수리하여야 하는 이른바 '수리를 요하는 신고'로 보는 것이 옳다(대법원 2011. 1. 20. 2010두14954).

6) 부작위

(1) 부작위의 의의

행정심판의 대상이 되는 부작위란 행정청이 당사자의 신청에 대하여 상당한 기간 내에 일정한 처분을 하여야 할 법률상 의무가 있는데도 처분을 하지 아니하는 것을 말한다.

(2) 부작위가 처분성을 갖기 위한 요건

① **당사자에게 신청권이 있을 것**

② **처분을 하여야 할 법률상 의무**

상대방의 적법한 신청이 있는 경우 행정청에게는 그 신청의 내용에 상응하는 일정한 처분을 하여야 할 법률상 의무가 발생하는바, 이러한 법률상의 처분의무에도 불구하고 행정청이 어떠한 처분도 하지 아니하는 것이 부작위가 된다. 법률상의 의무는 명문으로 인정되는 것뿐만 아니라 법령의 해석상 인정되는 경우도 포함된다(대법원 1991. 2. 12. 90누5825).

③ **상당한 기간 내에 처분을 하지 아니하였을 것**

7) 그 밖에 이에 준하는 행정작용

처분과 강학상 행정행위를 동일한 개념으로 판단하는 실체법적 개념설과 처분의 개념을 넓게 해석하려는 쟁송법적 개념설이 대립한다.

행정심판법이 '이에 준하는 행정작용'이라는 문구를 통해 대상적격의 범위를 확대시켰다는 점, 그리고 사실행위에 대한 권리구제 수단이 없는 현행 제도하에서는 국민의 권익구제 차원에서 처분의 개념을 확대할 필요가 있다는 점에서 쟁송법적 개념설이 타당하다고 본다.

판례

대상적격의 판단기준

행정청의 어떤 행위가 항고소송의 대상이 될 수 있는지의 문제는 추상적・일반적으로 결정할 수 없고, 구체적인 경우 행정처분은 행정청이 공권력의 주체로서 행하는 구체적 사실에 관한 법집행으로서 국민의 권리의무에 직접적으로 영향을 미치는 행위라는 점을 염두에 두고, 관련 법령의 내용 및 취지와 그 행위가 주체・내용・형식・절차 등에 있어서 어느 정도로 행정처분으로서의 성립 내지 효력요건을 충족하고 있는지 여부, 그 행위와 상대방 등 이해관계인이 입는 불이익과의 실질적 견련성, 그리고 법치행정의 원리와 당해 행위에 관련한 행정청 및 이해관계인의 태도 등을 참작하여 개별적으로 결정하여야 한다. 행정청의 행위가 처분에 해당하는지가 불분명한 경우에는 그에 대한 불복방법 선택에 중대한 이해관계를 가지는 상대방의 인식가능성과 예측가능성을 중요하게 고려하여 규범적으로 판단하여야 한다(대법원 2022. 3. 17. 2021두53894).

처분의 근거가 행정규칙에 규정되어 있다고 하더라도 상대방의 권리의무에 직접 영향을 미치는 행위라면, 이 경우에도 항고소송의 대상이 되는 행정처분에 해당한다.

항고소송의 대상이 되는 행정처분이란 원칙적으로 행정청의 공법상 행위로서 특정 사항에 대하여 법규에 의한 권리 설정 또는 의무 부담을 명하거나 기타 법률상 효과를 발생하게 하는 등으로 일반 국민의 권리의무에 직접 영향을 미치는 행위를 가리키는 것이지만, 어떠한 처분의 근거가 행정규칙에 규정되어 있다고 하더라도 그 처분이 상대방에게 권리 설정 또는 의무 부담을 명하거나 기타 법적인 효과를 발생하게 하는 등으로 상대방의 권리의무에 직접 영향을 미치는 행위라면, 이 경우에도 항고소송의 대상이 되는 행정처분에 해당한다고 보아야 한다(대법원 2012. 9. 27. 2010두3541).

8) 기타 검토대상

(1) 내부행위

행정청의 행위가 외부에 표시되지 아니하고 내부적 의사결정단계에 머물고 있는 경우에는 아직 개인의 권리・의무에 직접 영향을 미치지 아니하므로 처분에 해당되지 아니한다.

판례

공정거래위원회의 고발조치는 내부행위로서 행정처분이라 할 수 없다.

독점규제 및 공정거래에 관한 법률에 의한 공정거래위원회의 고발조치도 행정기관 상호 간의 행위에 불과하여 항고쟁송의 대상이 되는 행정처분이라 할 수 없다(대법원 1995. 5. 12. 94누13794).

(2) 중간적 처분 또는 부분허가

중간적 처분으로 보일지라도 그로써 국민의 권리가 제한되거나 의무가 발생한다면 행정처분에 해당한다.

대규모 시설이나 장비를 갖추어야 하는 사업 등에 있어 허가·인가 등에 앞서 계획서 등을 제출하게 하여 사전에 요건의 일부를 심의하여 적정통보를 받은 자가 시설공사 등을 착수할 수 있거나 시설 등을 갖추어 허가·인가 등의 신청을 할 수 있게 되어 있는 경우, 이러한 부분허가나 그 신청에 대한 거부는 중간 처분이 아닌 국민의 권리·의무에 직접 영향을 미치는 처분으로 항고쟁송의 대상인 행정처분에 해당한다(대법원 1998. 9. 4. 97누19588).

(3) 통지

통지행위와 관련하여 명확히 법령상 규정된 사실을 통지한 것이고 행정청이 어떤 판단 또는 의사를 결정할 수 있는 사항이 아니라면 단순한 사실 통지행위로 처분성이 인정되지 않으나, 법령상의 기준 또는 요건 판단에 대한 행정청의 입장이 어떤지의 여부에 따라 당사자의 권리·의무에 영향을 미치는 경우 처분으로 인정될 수 있다.

판례

당연퇴직의 인사발령은 단순한 사실행위로 처분성이 인정되지 않는다.

당연퇴직의 인사발령은 법률상 당연히 발생하는 퇴직사유를 공적으로 확인하여 알려주는 이른바 관념의 통지에 불과하고 공무원의 신분을 상실시키는 새로운 형성적 행위가 아니므로 행정소송의 대상이 되는 독립한 행정처분이라고 할 수 없다(대법원 1995. 11. 14. 95누2036).

재임용을 거부하는 취지로 한 임용기간만료의 통지는 행정소송의 대상이 되는 처분이다.

기간제로 임용되어 임용기간이 만료된 국·공립대학의 조교수는 능력과 자질에 관하여 합리적인 기준에 의한 공정한 심사를 받아 위 기준에 부합되면 특별한 사정이 없는 한 재임용되리라는 기대를 가지고 재임용 여부에 관하여 합리적인 기준에 의한 공정한 심사를 요구할 법규상 또는 조리상 신청권을 가진다고 할 것이니, 임용권자가 임용기간이 만료된 조교수에 대하여 재임용을 거부하는 취지로 한 임용기간 만료의 통지는 위와 같은 대학교원의 법률관계에 영향을 주는 것으로서 행정소송의 대상이 되는 처분에 해당한다(대법원 2004. 4. 22. 2000두7735).

(4) 장부 등에의 등재·등록

대법원은 등재·등록 등의 행위는 행정사무집행의 자료로 삼기 위한 것이고, 그 등재·등록으로 인하여 권리변동이 발생하는 것이 아니므로, 등재·등록 등의 행위는 행정소송의 대상이 되지 않는다고 판시하고 있다(예 자동차운전경력증명서상 교통사고 및 교통법규위반전력 기재행위, 운전면허행정처분처리대장상 벌점의 배점). 다만, 대법원은 지목변경의 거부행위에 대해 처분성을 인정하는 전원합의체 판결을 내린 바 있다.

(5) 민원 이의신청

민원 이의신청은 민원사무처리를 거부한 처분청이 민원인의 신청사항을 다시 심사하여 잘못이 있는 경우 스스로 시정하도록 한 절차이다. 관할 행정청의 이의신청을 받아들이지 않는 취지의 기각결정은 종전의 거부처분을 유지함을 전제로 한 것에 불과하다. 따라서 민원 이의신청 기각결정은 민원 이의신청인의 권리·의무에 새로운 변동을 가져오는 공권력의 행사나 이에 준하는 행정작용이라고 할 수 없으므로 처분이 아니다.

(6) 사실행위

판례

교도소장의 서신검열은 처분이다.

수형자의 서신을 교도소장이 검열하는 행위는 이른바 권력적 사실행위로서 행정심판이나 행정소송의 대상이 되는 행정처분으로 볼 수 있다(헌재 1998. 8. 27. 96헌마398).

국가인권위원회의 성희롱결정 및 시정조치권고는 행정소송의 대상이 되는 행정처분에 해당한다.

구 남녀차별금지 및 구제에 관한 법률(2003. 5. 29. 법률 제6915호로 개정되기 전의 것) 제28조에 의하면, 국가인권위원회의 성희롱결정과 이에 따른 시정조치의 권고는 불가분의 일체로 행하여지는 것인데 국가인권위원회의 이러한 결정과 시정조치의 권고는 성희롱 행위자로 결정된 자의 인격권에 영향을 미침과 동시에 공공기관의 장 또는 사용자에게 일정한 법률상의 의무를 부담시키는 것이므로 국가인권위원회의 성희롱결정 및 시정조치권고는 행정소송의 대상이 되는 행정처분에 해당한다고 보지 않을 수 없다(대법원 2005. 7. 8. 2005두487 : 의결처분취소).

3. 행정심판 제외대상

1) 대통령의 처분·부작위

대통령의 처분·부작위는 다른 법률에서 행정심판을 청구할 수 있도록 정한 경우 외에는 행정심판을 청구할 수 없다.

2) 재심판청구의 금지

심판청구에 대한 재결이 있으면 그 재결 및 같은 처분 또는 부작위에 대하여 다시 행정심판을 청구할 수 없다.

3) 특별불복절차

통고처분이나 과태료부과와 같이 다른 구제절차가 마련되어 있는 것 역시 행정심판의 대상이 되지 않는다.

Chapter

05 행정심판의 청구인

제13조【청구인 적격】 ① 취소심판은 처분의 취소 또는 변경을 구할 법률상 이익이 있는 자가 청구할 수 있다. 처분의 효과가 기간의 경과, 처분의 집행, 그 밖의 사유로 소멸된 뒤에도 그 처분의 취소로 회복되는 법률상 이익이 있는 자의 경우에도 또한 같다.
② 무효등확인심판은 처분의 효력 유무 또는 존재 여부의 확인을 구할 법률상 이익이 있는 자가 청구할 수 있다.
③ 의무이행심판은 처분을 신청한 자로서 행정청의 거부처분 또는 부작위에 대하여 일정한 처분을 구할 법률상 이익이 있는 자가 청구할 수 있다.

제14조【법인이 아닌 사단 또는 재단의 청구인 능력】 법인이 아닌 사단 또는 재단으로서 대표자나 관리인이 정하여져 있는 경우에는 그 사단이나 재단의 이름으로 심판청구를 할 수 있다.

제15조【선정대표자】 ① 여러 명의 청구인이 공동으로 심판청구를 할 때에는 청구인들 중에서 3명 이하의 선정대표자를 선정할 수 있다.
② 청구인들이 제1항에 따라 선정대표자를 선정하지 아니한 경우에 위원회는 필요하다고 인정하면 청구인들에게 선정대표자를 선정할 것을 권고할 수 있다.
③ 선정대표자는 다른 청구인들을 위하여 그 사건에 관한 모든 행위를 할 수 있다. 다만, 심판청구를 취하하려면 다른 청구인들의 동의를 받아야 하며, 이 경우 동의받은 사실을 서면으로 소명하여야 한다.
④ 선정대표자가 선정되면 다른 청구인들은 그 선정대표자를 통해서만 그 사건에 관한 행위를 할 수 있다.
⑤ 선정대표자를 선정한 청구인들은 필요하다고 인정하면 선정대표자를 해임하거나 변경할 수 있다. 이 경우 청구인들은 그 사실을 지체 없이 위원회에 서면으로 알려야 한다.

제16조【청구인의 지위 승계】 ① 청구인이 사망한 경우에는 상속인이나 그 밖에 법령에 따라 심판청구의 대상에 관계되는 권리나 이익을 승계한 자가 청구인의 지위를 승계한다.
② 법인인 청구인이 합병(合倂)에 따라 소멸하였을 때에는 합병 후 존속하는 법인이나 합병에 따라 설립된 법인이 청구인의 지위를 승계한다.
③ 제1항과 제2항에 따라 청구인의 지위를 승계한 자는 위원회에 서면으로 그 사유를 신고하여야 한다. 이 경우 신고서에는 사망 등에 의한 권리·이익의 승계 또는 합병 사실을 증명하는 서면을 함께 제출하여야 한다.
④ 제1항 또는 제2항의 경우에 제3항에 따른 신고가 있을 때까지 사망자나 합병 전의 법인에 대하여 한 통지 또는 그 밖의 행위가 청구인의 지위를 승계한 자에게 도달하면 지위를 승계한 자에 대한 통지 또는 그 밖의 행위로서의 효력이 있다.
⑤ 심판청구의 대상과 관계되는 권리나 이익을 양수한 자는 위원회의 허가를 받아 청구인의 지위를 승계할 수 있다.
⑥ 위원회는 제5항의 지위 승계 신청을 받으면 기간을 정하여 당사자와 참가인에게 의견을 제출하도록 할 수 있으며, 당사자와 참가인이 그 기간에 의견을 제출하지 아니하면 의견이 없는 것으로 본다.
⑦ 위원회는 제5항의 지위 승계 신청에 대하여 허가 여부를 결정하고, 지체 없이 신청인에게는 결정서 정본을, 당사자와 참가인에게는 결정서 등본을 송달하여야 한다.
⑧ 신청인은 위원회가 제5항의 지위 승계를 허가하지 아니하면 결정서 정본을 받은 날부터 7일 이내에 위원회에 이의신청을 할 수 있다.

제18조【대리인의 선임】 ① 청구인은 법정대리인 외에 다음 각 호의 어느 하나에 해당하는 자를 대리인으로 선임할 수 있다.

1. 청구인의 배우자, 청구인 또는 배우자의 사촌 이내의 혈족
2. 청구인이 법인이거나 제14조에 따른 청구인 능력이 있는 법인이 아닌 사단 또는 재단인 경우 그 소속 임직원
3. 변호사
4. 다른 법률에 따라 심판청구를 대리할 수 있는 자
5. 그 밖에 위원회의 허가를 받은 자

② 피청구인은 그 소속 직원 또는 제1항 제3호부터 제5호까지의 어느 하나에 해당하는 자를 대리인으로 선임할 수 있다.

③ 제1항과 제2항에 따른 대리인에 관하여는 제15조 제3항 및 제5항을 준용한다.

제18조의2【국선대리인】 ① 청구인이 경제적 능력으로 인해 대리인을 선임할 수 없는 경우에는 위원회에 국선대리인을 선임하여 줄 것을 신청할 수 있다.

② 위원회는 제1항의 신청에 따른 국선대리인 선정 여부에 대한 결정을 하고, 지체 없이 청구인에게 그 결과를 통지하여야 한다. 이 경우 위원회는 심판청구가 명백히 부적법하거나 이유 없는 경우 또는 권리의 남용이라고 인정되는 경우에는 국선대리인을 선정하지 아니할 수 있다.

③ 국선대리인 신청절차, 국선대리인 지원 요건, 국선대리인의 자격·보수 등 국선대리인 운영에 필요한 사항은 국회규칙, 대법원규칙, 헌법재판소규칙, 중앙선거관리위원회규칙 또는 대통령령으로 정한다.

제19조【대표자 등의 자격】 ① 대표자·관리인·선정대표자 또는 대리인의 자격은 서면으로 소명하여야 한다.

② 청구인이나 피청구인은 대표자·관리인·선정대표자 또는 대리인이 그 자격을 잃으면 그 사실을 서면으로 위원회에 신고하여야 한다. 이 경우 소명 자료를 함께 제출하여야 한다.

1. 의의

행정심판의 대상인 행정청의 처분 또는 부작위에 불복하여 그 취소·변경 등을 위해 행정심판을 제기하는 자를 말한다. 법인이 아닌 사단 또는 재단으로서 대표자나 관리인이 정해져 있는 경우에는 그 사단이나 재단의 이름으로 심판청구를 할 수 있다.

2. 청구인 적격

1) 의의

행정심판을 적법하게 제기할 수 있는 자격을 말한다. 이는 불필요하고 무익한 행정심판을 배제하는 기능을 수행한다. 청구인 적격 여부는 직권조사사항으로 청구인 적격이 없는 자의 심판청구는 부적법 각하된다.

2) 취소심판의 청구인 적격

(1) '법률'의 의미

대법원은 법률상의 이익은 당해 처분의 근거 법규 및 관련 법규에서 보호되는 개별적·직접적·구체적인 이익이 있는 경우를 말한다고 판시하여 법률의 범위를 형식적 의미의 법률로 한정하고 있다.

(2) '법률상 이익'의 의미

취소심판의 청구는 처분의 취소 또는 변경을 구할 법률상 이익이 있는 자가 제기할 수 있다(법 제13조 제1항). 여기에서 말하는 '법률상 이익'에 대한 견해는 다음과 같이 여러 가지로 나뉜다.

학설	내용	비판
권리구제설	위법한 처분 등으로 인하여 실체적 권리를 침해당한 자만이 법률상 이익이 있는 것으로 보는 견해이다.	청구인 적격을 지나치게 좁게 보아 국민의 재판청구권을 침해할 수 있다.
법률상 이익구제설 (통설, 판례)	침해되고 있는 이익이 권리에 이르지 못해도 그 이익이 관계법에 의해 보호되고 있는 이익인 경우에는 법률상 이익으로 인정하는 견해이다.	법률상 이익의 판정을 실정법의 해석에 맡김으로써 새로 등장하는 이익을 인정하기가 어렵다.
보호가치 있는 이익구제설	당사자가 주장하는 이익이 법률에 의해 보호되는 이익이 아니라 해도 그 내용이 실질적으로 보호할 만한 가치가 있으면 인정하는 견해이다.	보호할 만한 가치의 판단은 입법자의 몫인데 그 판단을 위원회에서 하게 되는 것은 타당하지 못하고, 남소의 우려가 있다.
적법성 보장설	청구인 적격은 법률상 이익의 성질이 아니라 가장 적합한 이해관계를 가지는 자에게 인정되어야 한다는 견해이다.	취소심판을 주관적 심판으로 규정하고 있는 것과 조화되기 어렵다.
판례	행정처분의 직접 상대방이 아닌 제3자라 하더라도 당해 행정처분으로 인하여 법률상 보호되는 이익을 침해당한 경우에는 그 처분의 무효확인을 구하는 행정소송을 제기하여 그 당부의 판단을 받을 자격이 있다 할 것이며, 여기에서 말하는 법률상 보호되는 이익이라 함은 당해 처분의 근거 법규 및 관련 법규에 의하여 보호되는 개별적·직접적·구체적 이익이 있는 경우를 말하고, 공익보호의 결과로 국민 일반이 공통적으로 가지는 일반적·간접적·추상적 이익이 생기는 경우에는 법률상 보호되는 이익이 있다고 할 수 없다(대법원 2006. 3. 16. 2006두330 전원합의체).	

3) 무효등확인심판의 청구인 적격

처분의 효력 유무 또는 존재 여부의 확인을 구할 법률상 이익이 있는 자이다. 취소심판과 마찬가지로 처분의 근거 법규 등에 의하여 보호되는 공권과 보호이익이 있는 자를 의미한다.

4) 의무이행심판의 청구인 적격

의무이행심판의 청구인 적격도 처분을 신청한 자로서 행정청의 거부처분 또는 부작위에 대하여 일정한 처분을 구할 법률상 이익이 있는 자이다. 이때, 청구인 적격이 인정되기 위해서는 일정한 처분을 신청한 것만으로는 충분하지 않고 근거 법령 등에 근거한 신청권이 있어야 한다는 것이 판례의 입장이다.

판례

청구인 적격이 없는 자의 행정심판청구는 보정 명령의 대상이 아니다.

청구인 적격이 없는 자의 명의로 제기된 행정심판청구에 대하여 행정청이나 재결청에게 행정심판청구인을 청구인 적격이 있는 자로 변경할 것을 요구하는 보정을 명할 의무가 없고, 행정심판절차에서 임의적인 청구인의 변경은 원칙적으로 허용되지 아니한다(대법원 1999. 10. 8. 98두10073).

3. 제3자의 청구인 적격

1) 문제점

침익적 처분의 상대방이 청구인 적격을 가지는 것은 문제가 없다. 그러나 처분의 직접 상대방이 아닌 경우에도 청구인 적격이 인정되는가에 대하여 살펴본다.

2) 공유관계

공유로 되어 있는 실용신안등록에 대하여 공유자 중 1인의 등록에 대한 거부처분의 경우 다른 공유자도 청구인 적격을 가진다.

3) 침익적 처분에 대한 밀접한 이해관계를 가지는 제3자

침익적 처분의 경우에는 처분의 직접 상대방이 취소심판을 제기할 수 있기 때문에 그 외의 제3자는 통상 청구인 적격을 갖지 못한다. 다만, 그 처분의 취소를 구할 법률상의 구체적 이익이 인정되는 경우에는 예외적으로 청구인 적격이 인정된다.

4) 법인 및 단체에 대한 침익적 처분을 그 구성원이 다투는 경우

법인 및 단체의 주주와 임원이 법인 및 단체에 대한 침익적 행정처분을 다투는 경우에는 '직접적이고 구체적인 법률상 이해관계'를 갖는 자에 해당한다고 볼 수 없어 청구인 적격을 부정함이 원칙이다.

그러나 그 처분으로 인하여 궁극적으로 주식이 소각되거나 주주의 법인에 대한 권리가 소멸하는 등 주주의 지위에 중대한 영향을 초래하게 되는데도 그 처분의 성질상 당해 법인이 이를 다툴 것을 기대할 수 없고 달리 주주의 지위를 보전할 구제방법이 없는 경우에는 주주도 그 처분에 관하여 직접적이고 구체적인 법률상 이해관계를 가진다고 보이므로 그 취소를 구할 청구인 적격이 있다.

5) 수익적 처분의 제3자(복효적 행정행위에서 부담적 효과를 받는 제3자)

(1) 경업자

① 개념

경업자란 행정청이 신규 인·허가를 함으로써 새로운 사업자가 시장에 출현하여 기존의 사업자와 경쟁관계를 가지게 될 때의 기존업자를 말한다.

② 인정 여부

㉠ 특허업자

기존의 업자가 특허업자인 경우에는 특허의 독점적인 지위를 법률상의 이익으로 인정하여 청구인 적격을 인정함이 학설과 판례의 경향이다.

㉡ 허가업자

기존업자가 허가를 받은 경우에는 그 허가로 인한 경제적 이익은 반사적 이익에 불과하다고 보아 청구인 적격을 인정하지 않는 것이 일반적 경향이다. 다만 관계법에 거리제한규정이 존재함으로 인하여 상대적으로 '독점적 이익'을 누리는 경우 관계법의 규정이 개개인의 이익도 보호하려는 것으로 해석된다면, 그로 인한 독점적 이익은 법적으로 보호되는 이익으로 볼 수 있다.

판례

법률상 이익을 인정하는 경우

① 담배 일반소매인으로 지정되어 영업을 하고 있는 기존업자의 신규업자에 대한 이익은 '법률상 보호되는 이익'에 해당한다(대법원 2008. 3. 27. 2007두23811).

② 갑이 적법한 약종상허가를 받아 허가지역 내에서 약종상영업을 경영하고 있음에도 불구하고 행정관청이 같은 약종상인 을에게 을의 영업허가지역이 아닌 갑의 영업허가지역내로 영업소를 이전하도록 허가하였다면 갑으로서는 이로 인하여 기존업자로서의 법률상 이익을 침해받았음이 분명하므로 갑에게는 행정관청의 영업소이전허가처분의 취소를 구할 법률상 이익이 있다(대법원 1988. 6. 14. 87누873).

③ 주류제조면허는 재정허가의 일종으로서는 일반적 금지의 해제로 자유의 회복일 뿐 새로운 권리의 설정은 아니지만 일단 이 주류제조업의 면허를 얻은 자의 이익은 단순한 사실상의 반사적 이익에만 그치는 것이 아니고 주세법의 규정에 따라 보호되는 이익이다(대법원 1989. 12. 22. 89누46).

④ 분뇨 등 관련 영업허가를 받은 자는 일반적으로 면허나 인・허가 등의 수익적 행정처분의 근거가 되는 법률이 해당 업자들 사이의 과당경쟁으로 인한 경영의 불합리를 방지하는 것도 그 목적으로 하고 있는 경우, 다른 업자에 대한 면허나 인・허가 등의 수익적 행정처분에 대하여 이미 같은 종류의 면허나 인・허가 등의 수익적 행정처분을 받아 영업을 하고 있는 기존의 업자는 경업자에 대하여 이루어진 면허나 인・허가 등 행정처분의 상대방이 아니라 하더라도 당해 행정처분의 취소를 구할 원고적격이 있다(대법원 2006. 7. 28. 2004두6716).

(2) 경원자

① 개념

경원자관계란 인・허가의 수익적 처분을 신청한 여러 사람 중 일방에 대한 허가가 타방에 대한 불허가로 귀결될 수밖에 없는 양립 불가능한 관계를 말한다.

② 인정 여부

학설과 판례는 경쟁업자들의 청구인 적격을 일반적으로 인정한다.

③ 청구이익

경원자관계에서 허가를 받지 못한 자는 그 처분이 취소된다 하더라도 허가 등의 처분을 받지 못한 불이익이 회복된다고 볼 수 없는 경우에는 당해 처분의 취소를 구할 청구이익이 없다. 예컨대, 여러 명의 경원자 중 2등으로 탈락한 자가 있음에도 3등으로 탈락한 자는 청구이익이 없는 경우에 해당한다.

(3) 인근주민

① 개념

특정인에 대한 수익적 처분이 이웃하는 주민에게 불이익한 결과를 발생하는 경우에 침해를 받는 인근주민이 그 침해를 다투는 경우를 말한다. 이는 이웃주민인 제3자에게 청구인 적격, 즉 법률상의 이익을 인정할 수 있는가의 문제이다. 주로 건축법, 환경법에서 문제된다.

② 청구인 적격의 인정 여부

인근주민의 청구인 적격 여부는 관련 법령이 행정청에게 의무를 부과하는 규정이 공익뿐만 아니라 인근주민의 사익도 보호하는 취지로 해석되는지에 따라 결정하는 입장이다. 최근에는 국토의 계획 및 이용에 관한 법률, 건축법 등의 규제를 통하여 주민이 이익을 받고 있는 경우에 반사적 이익이 아니라 법률상 이익으로 보고 있다.

③ **환경영향평가 대상지역 안과 밖의 주민**

대법원은 종래 환경영향평가 대상지역 안의 주민에게는 원고적격을 인정하고, 밖의 주민에 대해서는 원고적격을 부정하는 입장이었으나, 최근 환경영향평가 대상지역 안의 주민에게는 원고적격을 사실상 추정하고, 밖의 주민에 대해서는 자신의 환경상 이익이 그 처분의 근거 법규 또는 관련 법규에 의하여 개별적 · 직접적 · 구체적으로 보호되는 이익, 즉 법률상 보호되는 이익임을 입증하여야, 즉 그 영향권 밖의 주민들은 당해 처분으로 인하여 그 처분 전과 비교하여 수인한도를 넘는 환경피해를 받거나 받을 우려가 있다는 자신의 환경상 이익에 대한 침해 또는 침해 우려가 있음을 증명하여야만 법률상 보호되는 이익으로 인정되어 원고적격을 인정하는 방향으로 판시하고 있다.

4. 협의의 청구이익

1) 의의

협의의 청구이익이란 구체적 사안에서 심판에 의해 해결할 만한 현실적 필요성을 말한다. 예를 들어, 영업정지처분의 취소를 다투는 심판에서 영업정지의 기간이 도과하거나 원상회복이 불가능한 경우에 청구인이 인용재결을 받는다 해도 현실적으로 영업정지의 취소를 구할 실익이 없게 된다. 이러한 권리보호의 현실적 필요성을 협의의 청구이익이라 한다.

2) 협의의 청구이익의 인정 여부

(1) 원칙

① 처분의 효력이 소멸한 경우(예 영업정지처분과 같은 행정처분에 그 효력기간이 경과한 경우), ② 처분이 취소되어도 원상회복이 불가능한 경우(예 특정 일자에 개최해야 하는 집회 시위에 대한 불허처분에 대하여 그 행사 일자가 지난 경우), ③ 처분 후의 사정변경이 있는 경우(예 처분의 직권취소 · 철회의 경우, 불합격처분 이후에 실시된 국가시험에 합격한 경우)에는 원칙적으로 협의의 청구이익은 인정되지 않는다.

(2) 예외

① 당해 처분의 존재가 장래의 가중적 처분의 요건으로 되어 있는 경우, ② 당해 처분이 소급적으로 취소됨으로써 청구인의 이익이 구제될 수 있는 경우, ③ 동일한 사유로 위법한 처분이 반복될 위험성이 있어 행정처분의 위법성 확인 내지 불분명한 법률문제에 대한 해명이 필요하다고 판단되는 경우 등이다.

판례

행정규칙의 형식으로 정한 처분기준에 따른 가중사유에 해당하더라도 협의의 청구이익을 인정한다.

제재적 행정처분이 그 처분에서 정한 제재기간의 경과로 인하여 그 효과가 소멸되었으나, 부령인 시행규칙 또는 지방자치단체의 규칙의 형식으로 정한 처분기준에서 제재적 행정처분을 받은 것을 가중사유나 전제요건으로 삼아 장래의 제재적 행정처분을 하도록 정하고 있는 경우, 제재적 행정처분의 가중사유나 전제요건에 관한 규정이 법령이 아니라 규칙의 형식으로 되어 있다고 하더라도, 그러한 규칙이 법령에 근거를 두고 있는 이상 그 법적 성질이 대외적·일반적 구속력을 갖는 법규명령인지 여부와는 상관없이, 관할 행정청이나 담당공무원은 이를 준수할 의무가 있으므로 이들이 그 규칙에 정해진 바에 따라 행정작용을 할 것이 당연히 예견되고, 그 결과 행정작용의 상대방인 국민으로서는 그 규칙의 영향을 받을 수밖에 없다. 따라서 그러한 규칙이 정한 바에 따라 선행처분을 받은 상대방이 그 처분의 존재로 인하여 장래에 받을 불이익, 즉 후행처분의 위험은 구체적이고 현실적인 것이므로, 상대방에게는 선행처분의 취소소송을 통하여 그 불이익을 제거할 필요가 있다(대법원 2006. 6. 22. 2003두1684).

5. 선정대표자

1) 의의

여러 명의 청구인이 공동으로 심판청구를 할 때에는 청구인들 중에서 3명 이하의 대표자를 선정할 수 있는데, 이렇게 선정된 대표자를 선정대표자라 한다.

2) 선정당사자의 지위

선정대표자는 다른 청구인들을 위하여 그 사건에 관한 모든 행위를 할 수 있다. 다만, 심판청구를 취하하려면 다른 청구인들의 동의를 받아야 하며, 이 경우 동의받은 사실을 서면으로 소명하여야 한다.

3) 선정자의 지위

선정대표자가 선정되면 다른 청구인들은 그 선정대표자를 통해서만 그 사건에 관한 행위를 할 수 있다.

4) 선정당사자의 변동

선정대표자를 선정한 청구인들은 필요하다고 인정하면 선정대표자를 해임하거나 변경할 수 있다. 이 경우 청구인들은 그 사실을 지체 없이 위원회에 서면으로 알려야 한다.

판례

선정대표자는 청구인들 중에서 선정한다.

행정심판절차에서 청구인들이 당사자가 아닌 자를 선정대표자로 선정하였더라도 행정심판법 제11조에 위반되어 그 선정행위는 그 효력이 없다(대법원 1991. 1. 25. 90누7791).

6. 청구인의 지위승계

1) 당연승계

청구인이 사망한 경우에는 상속인이나 그 밖에 법령에 따라 심판청구의 대상에 관계되는 권리나 이익을 승계한 자가, 법인인 청구인이 합병에 따라 소멸하였을 때는 합병 후 존속하는 법인이나 합병에 따라 설립된 법인이 승계한다.

2) 허가승계

심판청구의 대상과 관계되는 권리나 이익을 양수한 자는 위원회의 허가를 받아 청구인의 지위를 승계할 수 있다. 위원회는 지위승계 신청을 받으면 기간을 정하여 당사자와 참가인에게 의견을 제출하도록 할 수 있으며, 당사자와 참가인이 그 기간에 의견을 제출하지 아니하면 의견이 없는 것으로 본다.

7. 청구인의 변경

행정심판법에 의한 행정심판절차에서 임의적인 청구인의 변경은 원칙적으로 적용되지 않으며, 청구인 적격이 없는 자가 제기한 심판청구는 부적법한 것으로 흠결이 보정될 수 없다.

8. 대리인

1) 선임

청구인은 법정대리인 외에 청구인의 배우자, 청구인 또는 배우자의 사촌 이내의 혈족, 청구인이 법인이거나 법 제14조에 법정대리인 외에 따른 청구인 능력이 있는 법인이 아닌 사단 또는 재단인 경우 그 소속 임직원, 변호사, 다른 법률에 따라 심판청구를 대리할 수 있는 자, 그 밖에 위원회의 허가를 받은 자를 대리인으로 선임할 수 있다.

2) 대리행위의 효과

대리인은 청구인 또는 피청구인을 위하여 대리권의 범위 안에서 자기의 의사결정과 명의로 심판청구에 관한 행위를 하는 자이지만, 그 행위의 효과는 직접 청구인 또는 피청구인에게 귀속된다.

Chapter

06 행정심판의 피청구인

제17조 【피청구인의 적격 및 경정】 ① 행정심판은 처분을 한 행정청(의무이행심판의 경우에는 청구인의 신청을 받은 행정청)을 피청구인으로 하여 청구하여야 한다. 다만, 심판청구의 대상과 관계되는 권한이 다른 행정청에 승계된 경우에는 권한을 승계한 행정청을 피청구인으로 하여야 한다.
② 청구인이 피청구인을 잘못 지정한 경우에는 위원회는 직권으로 또는 당사자의 신청에 의하여 결정으로써 피청구인을 경정(更正)할 수 있다.
③ 위원회는 제2항에 따라 피청구인을 경정하는 결정을 하면 결정서 정본을 당사자(종전의 피청구인과 새로운 피청구인을 포함한다. 이하 제6항에서 같다)에게 송달하여야 한다.
④ 제2항에 따른 결정이 있으면 종전의 피청구인에 대한 심판청구는 취하되고 종전의 피청구인에 대한 행정심판이 청구된 때에 새로운 피청구인에 대한 행정심판이 청구된 것으로 본다.
⑤ 위원회는 행정심판이 청구된 후에 제1항 단서의 사유가 발생하면 직권으로 또는 당사자의 신청에 의하여 결정으로써 피청구인을 경정한다. 이 경우에는 제3항과 제4항을 준용한다.
⑥ 당사자는 제2항 또는 제5항에 따른 위원회의 결정에 대하여 결정서 정본을 받은 날부터 7일 이내에 위원회에 이의신청을 할 수 있다.

1. 의의

피청구인이란 행정심판에 있어서 청구인에 대립되는 당사자를 말한다. 행정심판의 피청구인은 심판청구의 대상인 처분 또는 부작위를 한 행정청(즉, 처분청과 부작위청)이 된다. 다만, 그 처분이나 부작위에 관련된 권한이 다른 행정청에 승계된 때에는 그를 승계한 행정청을 피청구인으로 하여야 한다.

2. 피청구인의 경정

1) 사유

청구인이 피청구인을 잘못 지정한 경우 또는 행정심판이 제기된 후에 당해 처분이나 부작위에 관련된 권한이 다른 행정청에 승계된 경우에는, 행정심판위원회는 당사자의 신청이나 직권에 의하여 결정으로 피청구인을 경정한다.

2) 효과

행정심판위원회가 피청구인의 경정결정을 하면 종전의 피청구인에 대한 청구는 취하되고, 새로운 피청구인에 대한 심판청구가 "처음부터" 제기된 것으로 본다.

Chapter

행정심판의 참가

제20조 【심판참가】 ① 행정심판의 결과에 이해관계가 있는 제3자나 행정청은 해당 심판청구에 대한 제7조 제6항 또는 제8조 제7항에 따른 위원회나 소위원회의 의결이 있기 전까지 그 사건에 대하여 심판참가를 할 수 있다.
② 제1항에 따른 심판참가를 하려는 자는 참가의 취지와 이유를 적은 참가신청서를 위원회에 제출하여야 한다. 이 경우 당사자의 수만큼 참가신청서 부본을 함께 제출하여야 한다.
③ 위원회는 제2항에 따라 참가신청서를 받으면 참가신청서 부본을 당사자에게 송달하여야 한다.
④ 제3항의 경우 위원회는 기간을 정하여 당사자와 다른 참가인에게 제3자의 참가신청에 대한 의견을 제출하도록 할 수 있으며, 당사자와 다른 참가인이 그 기간에 의견을 제출하지 아니하면 의견이 없는 것으로 본다.
⑤ 위원회는 제2항에 따라 참가신청을 받으면 허가 여부를 결정하고, 지체 없이 신청인에게는 결정서 정본을, 당사자와 다른 참가인에게는 결정서 등본을 송달하여야 한다.
⑥ 신청인은 제5항에 따라 송달을 받은 날부터 7일 이내에 위원회에 이의신청을 할 수 있다.

제21조 【심판참가의 요구】 ① 위원회는 필요하다고 인정하면 그 행정심판 결과에 이해관계가 있는 제3자나 행정청에 그 사건 심판에 참가할 것을 요구할 수 있다.
② 제1항의 요구를 받은 제3자나 행정청은 지체 없이 그 사건 심판에 참가할 것인지 여부를 위원회에 통지하여야 한다.

제22조 【참가인의 지위】 ① 참가인은 행정심판절차에서 당사자가 할 수 있는 심판절차상의 행위를 할 수 있다.
② 이 법에 따라 당사자가 위원회에 서류를 제출할 때에는 참가인의 수만큼 부본을 제출하여야 하고, 위원회가 당사자에게 통지를 하거나 서류를 송달할 때에는 참가인에게도 통지하거나 송달하여야 한다.
③ 참가인의 대리인 선임과 대표자 자격 및 서류 제출에 관하여는 제18조, 제19조 및 이 조 제2항을 준용한다.

1. 참가제도

행정심판의 결과에 법률상 이해관계가 있는 제3자나 행정청은 해당 심판청구에 대한 위원회나 소위원회의 의결이 있기 전까지 그 사건에 대하여 심판참가를 할 수 있다.

2. 종류

1) 신청에 의한 참가

(1) 심판참가를 하려는 자는 참가의 취지와 이유를 적은 참가신청서를 위원회에 제출하여야 한다. 이 경우 당사자의 수만큼 참가신청서 부본을 함께 제출하여야 한다.

(2) 위원회는 참가신청서를 받으면 참가신청서 부본을 당사자에게 송달하여야 한다.

(3) 위원회는 기간을 정하여 당사자와 다른 참가인에게 제3자의 참가신청에 대한 의견을 제출하도록 할 수 있으며, 당사자와 다른 참가인이 그 기간에 의견을 제출하지 아니하면 의견이 없는 것으로 본다.

(4) 위원회는 참가신청을 받으면 허가 여부를 결정하고, 지체 없이 신청인에게는 결정서 정본을, 당사자와 다른 참가인에게는 결정서 등본을 송달하여야 한다. 신청인은 송달을 받은 날부터 7일 이내에 위원회에 이의신청을 할 수 있다.

2) 요구에 의한 참가

(1) 위원회는 필요하다고 인정하면 그 행정심판 결과에 이해관계가 있는 제3자나 행정청에 그 사건 심판에 참가할 것을 요구할 수 있다.

(2) 위원회의 요구를 받은 제3자나 행정청은 지체 없이 그 사건 심판에 참가할 것인지 여부를 위원회에 통지하여야 한다.

3. 참가인의 지위

참가인은 행정심판절차에서 당사자가 할 수 있는 심판절차상의 행위를 할 수 있다. 따라서 당사자가 위원회에 서류를 제출할 때에는 참가인의 수만큼 부본을 제출하여야 하고, 위원회가 당사자에게 통지를 하거나 서류를 송달할 때에는 참가인에게도 통지하거나 송달하여야 한다.

Chapter

08 행정심판의 청구기간

제27조 【심판청구의 기간】 ① 행정심판은 처분이 있음을 알게 된 날부터 90일 이내에 청구하여야 한다.
② 청구인이 천재지변, 전쟁, 사변(事變), 그 밖의 불가항력으로 인하여 제1항에서 정한 기간에 심판청구를 할 수 없었을 때에는 그 사유가 소멸한 날부터 14일 이내에 행정심판을 청구할 수 있다. 다만, 국외에서 행정심판을 청구하는 경우에는 그 기간을 30일로 한다.
③ 행정심판은 처분이 있었던 날부터 180일이 지나면 청구하지 못한다. 다만, 정당한 사유가 있는 경우에는 그러하지 아니하다.
④ 제1항과 제2항의 기간은 불변기간(不變期間)으로 한다.
⑤ 행정청이 심판청구 기간을 제1항에 규정된 기간보다 긴 기간으로 잘못 알린 경우 그 잘못 알린 기간에 심판청구가 있으면 그 행정심판은 제1항에 규정된 기간에 청구된 것으로 본다.
⑥ 행정청이 심판청구 기간을 알리지 아니한 경우에는 제3항에 규정된 기간에 심판청구를 할 수 있다.
⑦ 제1항부터 제6항까지의 규정은 무효등확인심판청구와 부작위에 대한 의무이행심판청구에는 적용하지 아니한다.

1. 원칙

행정심판을 청구할 수 있는 기간은 취소심판과 거부처분을 대상으로 하는 의무이행심판에 제한이 있다. 행정심판의 청구는 처분이 있음을 알게 된 날부터 90일 이내에, 처분이 있었던 날부터 180일 이내에 하여야 하며, 두 기간 중 어느 하나라도 도과하면 행정심판을 청구하지 못한다.

2. 예외

1) 청구인이 천재지변, 전쟁, 사변, 그 밖의 불가항력으로 제기기간 내에 심판청구를 할 수 없을 때에는 그 사유가 소멸한 날부터 14일(국외에서는 30일) 이내에 행정심판을 청구할 수 있다(법 제27조 제2항).

2) 처분이 있었던 날부터 180일 이내에 행정심판을 청구하지 못할 정당한 사유가 있는 경우에는 180일이 지나더라도 행정심판을 청구할 수 있다. 이때 정당한 사유는 불가항력보다 넓은 개념으로 보는 것이 일반적 견해이다.

3. "알게 된 날"에 대한 판단

처분이 있음을 알게 된 날이란 송달·공고, 기타의 방법으로 당해 처분이 있었다는 사실을 현실적으로 알게 된 날을 의미한다.

판례

행정처분이 있은 것을 안 날이라 함은 유효한 행정처분이 있음을 안 날을 의미한다.

건축허가처분과 같이 상대방이 있는 행정처분에 있어서는 달리 특별한 규정이 없는 한 그 처분을 하였음을 상대방에게 고지하여야 그 효력이 발생한다고 할 것이어서 위의 행정처분이 있은 날이라 함은 위와 같이 그 행정처분의 효력이 발생한 날을 말하는 것이며 위 행정처분이 있은 것을 안 날이라 함은 위와 같은 유효한 행정처분이 있음을 안 날을 말한다(대법원 1977. 11. 22. 77누195).

행정처분이 있은 것을 안 날이라 함은 처분이 있었다는 사실을 현실적으로 안 날을 의미한다.

행정심판법 제18조 제1항 소정의 심판청구기간 기산점인 '처분이 있음을 안 날'이라 함은 당사자가 통지·공고, 기타의 방법에 의하여 당해 처분이 있었다는 사실을 현실적으로 안 날을 의미하고, 추상적으로 알 수 있었던 날을 의미하는 것은 아니지만, 처분에 관한 서류가 당사자의 주소지에 송달되는 등 사회통념상 처분이 있음을 당사자가 알 수 있는 상태에 놓여진 때에는 반증이 없는 한 그 처분이 있음을 알았다고 추정할 수 있다(대법원 1999. 12. 28. 99두9742).

4. 제3자의 심판청구기간

1) 원칙적 기간

제3자가 행정심판을 청구하는 경우에도 그 기간은 원칙적으로 처분이 있음을 알게 된 날부터 90일 이내, 처분이 있었던 날부터 180일 이내이다. 그런데 처분의 제3자는 통지의 상대방이 아니므로 특별한 사정이 없는 한 행정행위가 있음을 알 수 없었다고 할 것이다. 따라서 일반적으로 제3자의 행정심판청구기간은 처분이 있었던 날부터 180일 이내가 기준이 된다고 할 것이다.

2) 정당한 사유 인정 여부

처분의 직접 상대방이 아닌 제3자는 특별한 사정이 없는 한 정당한 사유가 넓게 인정된다.

판례

행정처분의 상대방이 아닌 제3자가 이해관계인으로서 행정심판을 청구하는 경우에는 특별한 사정이 없는 한 180일을 경과하여 행정심판을 제기하여도 정당한 사유를 인정한다.

[1] 행정처분의 상대방이 아닌 제3자가 이해관계인으로서 행정심판을 청구하는 경우에 그가 행정심판법 제18조 제3항 본문의 청구기간 내에 심판청구를 제기하지 아니하였다 하더라도 그 심판청구기간 내에 심판청구가 가능하였다는 특별한 사정이 없는 한 동 조항 단서에서 규정하고 있는 기간을 지키지 못한 정당한 사유가 있는 때에 해당한다고 보아 심판청구기간의 제한을 받지 아니한다고 할 것이다.

[2] 갑 운수회사에 대한 노선여객자동차운송사업의 사업계획변경인가처분의 이해관계 있는 제3자인 을 운수회사가 처분일부터 행정심판법 제18조 제3항 본문 소정의 180일을 경과하여 행정심판을 제기하였지만, 을 운수회사는 갑 운수회사의 대외홍보로 비로소 처분사실을 알았다고 하여 위 심판청구기간을 지키지 못한 데에 정당한 사유가 있다(대법원 1991. 5. 28. 90누1359).

5. 심판청구기간의 오고지 및 불고지

1) 고지의무

행정청이 처분을 하는 경우에는 상대방에게 심판청구기간 등 일정한 사항을 알려야 한다. 행정청이 이러한 고지의무에도 불구하고 심판청구기간을 고지하지 않거나, 착오로 소정의 기간보다 긴 기간으로 잘못 고지한 경우가 있을 수 있는바, 이러한 경우에 특별규정을 두고 있다.

2) 오고지

행정청이 심판청구기간을 규정된 기간(처분이 있음을 알게 된 날부터 90일 이내)보다 긴 기간으로 잘못 알린 경우, 그 잘못 알린 기간에 심판청구가 있으면 그 행정심판은 법정기간 내에 청구된 것으로 본다.

3) 불고지

행정청이 심판청구기간을 알리지 아니한 경우에는 처분이 있었던 날부터 180일 이내에 심판청구를 할 수 있다.

6. 고시 공고의 행정심판청구기간

1) 불특정 다수인을 대상으로 하는 경우

통상 고시 또는 공고에 의하여 행정처분을 하는 경우에는 그 처분의 상대방이 불특정 다수인이고, 그 처분의 효력이 불특정 다수인에게 일률적으로 적용되는 것이므로, 그에 대한 행정심판청구기간도 그 행정처분에 이해관계를 갖는 자가 고시 또는 공고가 있었다는 사실을 현실적으로 알았는지 여부에 관계없이 고시가 효력을 발생하는 날인 고시 또는 공고가 있은 후 5일이 경과한 날에 행정처분이 있음을 알았다고 보아야 한다(대법원 2000. 9. 8. 99두11257).

판례

불특정 다수인을 대상으로 하는 고시 또는 공고는 고시가 효력을 발생하는 날 행정처분이 있음을 알았다고 본다.

[1] 통상 고시 또는 공고에 의하여 행정처분을 하는 경우에는 그 처분의 상대방이 불특정 다수인이고 그 처분의 효력이 불특정 다수인에게 일률적으로 적용되는 것이므로, 그 행정처분에 이해관계를 갖는 자가 고시 또는 공고가 있었다는 사실을 현실적으로 알았는지 여부에 관계없이 고시가 효력을 발생하는 날 행정처분이 있음을 알았다고 보아야 한다.

[2] 인터넷 웹사이트에 대하여 구 청소년보호법에 따른 청소년유해매체물 결정 및 고시처분을 한 사안에서, 위 결정은 이해관계인이 고시가 있었음을 알았는지 여부에 관계없이 관보에 고시됨으로써 효력이 발생하고, 그가 위 결정을 통지받지 못하였다는 것이 제소기간을 준수하지 못한 것에 대한 정당한 사유가 될 수 없다(대법원 2007. 6. 14. 2004두619).

2) 특정인을 대상으로 하는 경우

당사자가 고시·공고를 본 경우에는 본 날이 처분이 있음을 알게 된 날이다. 그러나 현실적으로 당사자가 고시·공고를 모르는 경우가 일반적이므로 청구기간은 고시·공고가 있은 날로부터 180일 이내가 적용된다. 또한 이러한 경우에는 특별한 사정이 없는 한 정당한 사유가 있는 경우에 해당하여 당사자는 180일의 심판청구기간이 경과한 뒤에도 심판을 청구할 수 있다.

7. 특별법상 행정심판청구기간

1) 국가공무원법

처분사유 설명서를 받은 공무원이 그 처분에 불복할 때에는 그 설명서를 받은 날부터, 본인의 의사에 반한 불리한 처분을 받았을 때에는 그 처분이 있은 것을 안 날부터 각각 30일 이내이다.

2) 토지수용재결

재결서의 정본을 받은 날부터 30일 이내이다.

8. 이의신청과 행정심판청구기간

행정청의 처분에 이의가 있는 당사자는 처분을 받은 날부터 30일 이내에 해당 행정청에 이의신청을 할 수 있다. 이의신청을 한 경우에도 그 이의신청과 관계없이 행정심판을 제기할 수 있다. 이의신청에 대한 결과를 통지받은 후 행정심판 또는 행정소송을 제기하려는 자는 그 결과를 통지받은 날(통지기간 내에 결과를 통지받지 못한 경우에는 통지기간이 만료되는 날의 다음 날)부터 90일 이내에 행정심판 또는 행정소송을 제기할 수 있다.

Chapter

09 행정심판청구

제23조 【심판청구서의 제출】 ① 행정심판을 청구하려는 자는 제28조에 따라 심판청구서를 작성하여 피청구인이나 위원회에 제출하여야 한다. 이 경우 피청구인의 수만큼 심판청구서 부본을 함께 제출하여야 한다.
② 행정청이 제58조에 따른 고지를 하지 아니하거나 잘못 고지하여 청구인이 심판청구서를 다른 행정기관에 제출한 경우에는 그 행정기관은 그 심판청구서를 지체 없이 정당한 권한이 있는 피청구인에게 보내야 한다.
③ 제2항에 따라 심판청구서를 보낸 행정기관은 지체 없이 그 사실을 청구인에게 알려야 한다.
④ 제27조에 따른 심판청구 기간을 계산할 때에는 제1항에 따른 피청구인이나 위원회 또는 제2항에 따른 행정기관에 심판청구서가 제출되었을 때에 행정심판이 청구된 것으로 본다.

제24조 【피청구인의 심판청구서 등의 접수 · 처리】 ① 피청구인이 제23조 제1항 · 제2항 또는 제26조 제1항에 따라 심판청구서를 접수하거나 송부받으면 10일 이내에 심판청구서(제23조 제1항 · 제2항의 경우만 해당된다)와 답변서를 위원회에 보내야 한다. 다만, 청구인이 심판청구를 취하한 경우에는 그러하지 아니하다.
② 제1항에도 불구하고 심판청구가 그 내용이 특정되지 아니하는 등 명백히 부적법하다고 판단되는 경우에 피청구인은 답변서를 위원회에 보내지 아니할 수 있다. 이 경우 심판청구서를 접수하거나 송부받은 날부터 10일 이내에 그 사유를 위원회에 문서로 통보하여야 한다.
③ 제2항에도 불구하고 위원장이 심판청구에 대하여 답변서 제출을 요구하면 피청구인은 위원장으로부터 답변서 제출을 요구받은 날부터 10일 이내에 위원회에 답변서를 제출하여야 한다.
④ 피청구인은 처분의 상대방이 아닌 제3자가 심판청구를 한 경우에는 지체 없이 처분의 상대방에게 그 사실을 알려야 한다. 이 경우 심판청구서 사본을 함께 송달하여야 한다.
⑤ 피청구인이 제1항 본문에 따라 심판청구서를 보낼 때에는 심판청구서에 위원회가 표시되지 아니하였거나 잘못 표시된 경우에도 정당한 권한이 있는 위원회에 보내야 한다.
⑥ 피청구인은 제1항 본문 또는 제3항에 따라 답변서를 보낼 때에는 청구인의 수만큼 답변서 부본을 함께 보내되, 답변서에는 다음 각 호의 사항을 명확하게 적어야 한다.
1. 처분이나 부작위의 근거와 이유
2. 심판청구의 취지와 이유에 대응하는 답변
3. 제4항에 해당하는 경우에는 처분의 상대방의 이름 · 주소 · 연락처와 제4항의 의무 이행 여부

⑦ 제4항과 제5항의 경우에 피청구인은 송부 사실을 지체 없이 청구인에게 알려야 한다.
⑧ 중앙행정심판위원회에서 심리 · 재결하는 사건인 경우 피청구인은 제1항 또는 제3항에 따라 위원회에 심판청구서 또는 답변서를 보낼 때에는 소관 중앙행정기관의 장에게도 그 심판청구 · 답변의 내용을 알려야 한다.

제25조 【피청구인의 직권취소등】 ① 제23조 제1항 · 제2항 또는 제26조 제1항에 따라 심판청구서를 받은 피청구인은 그 심판청구가 이유 있다고 인정하면 심판청구의 취지에 따라 직권으로 처분을 취소 · 변경하거나 확인을 하거나 신청에 따른 처분(이하 이 조에서 "직권취소등"이라 한다)을 할 수 있다. 이 경우 서면으로 청구인에게 알려야 한다.
② 피청구인은 제1항에 따라 직권취소등을 하였을 때에는 청구인이 심판청구를 취하한 경우가 아니면 제24조 제1항 본문에 따라 심판청구서 · 답변서를 보내거나 같은 조 제3항에 따라 답변서를 보낼 때 직권취소등의 사실을 증명하는 서류를 위원회에 함께 제출하여야 한다.

제26조 【위원회의 심판청구서 등의 접수 · 처리】 ① 위원회는 제23조 제1항에 따라 심판청구서를 받으면 지체 없이 피청구인에게 심판청구서 부본을 보내야 한다.
② 위원회는 제24조 제1항 본문 또는 제3항에 따라 피청구인으로부터 답변서가 제출된 경우 답변서 부본을 청구인에게 송달하여야 한다.

Chapter

10 행정심판위원회

제6조 【행정심판위원회의 설치】 ① 다음 각 호의 행정청 또는 그 소속 행정청(행정기관의 계층구조와 관계없이 그 감독을 받거나 위탁을 받은 모든 행정청을 말하되, 위탁을 받은 행정청은 그 위탁받은 사무에 관하여는 위탁한 행정청의 소속 행정청으로 본다. 이하 같다)의 처분 또는 부작위에 대한 행정심판의 청구(이하 "심판청구"라 한다)에 대하여는 다음 각 호의 행정청에 두는 행정심판위원회에서 심리 · 재결한다.

1. 감사원, 국가정보원장, 그 밖에 대통령령으로 정하는 대통령 소속기관의 장
2. 국회사무총장 · 법원행정처장 · 헌법재판소사무처장 및 중앙선거관리위원회사무총장
3. 국가인권위원회, 그 밖에 지위 · 성격의 독립성과 특수성 등이 인정되어 대통령령으로 정하는 행정청

② 다음 각 호의 행정청의 처분 또는 부작위에 대한 심판청구에 대하여는 「부패방지 및 국민권익위원회의 설치와 운영에 관한 법률」에 따른 국민권익위원회(이하 "국민권익위원회"라 한다)에 두는 중앙행정심판위원회에서 심리 · 재결한다.

1. 제1항에 따른 행정청 외의 국가행정기관의 장 또는 그 소속 행정청
2. 특별시장 · 광역시장 · 특별자치시장 · 도지사 · 특별자치도지사(특별시 · 광역시 · 특별자치시 · 도 또는 특별자치도의 교육감을 포함한다. 이하 "시 · 도지사"라 한다) 또는 특별시 · 광역시 · 특별자치시 · 도 · 특별자치도(이하 "시 · 도"라 한다)의 의회(의장, 위원회의 위원장, 사무처장 등 의회 소속 모든 행정청을 포함한다)
3. 「지방자치법」에 따른 지방자치단체조합 등 관계 법률에 따라 국가 · 지방자치단체 · 공공법인 등이 공동으로 설립한 행정청. 다만, 제3항 제3호에 해당하는 행정청은 제외한다.

③ 다음 각 호의 행정청의 처분 또는 부작위에 대한 심판청구에 대하여는 시 · 도지사 소속으로 두는 행정심판위원회에서 심리 · 재결한다.

1. 시 · 도 소속 행정청
2. 시 · 도의 관할구역에 있는 시 · 군 · 자치구의 장, 소속 행정청 또는 시 · 군 · 자치구의 의회(의장, 위원회의 위원장, 사무국장, 사무과장 등 의회 소속 모든 행정청을 포함한다)
3. 시 · 도의 관할구역에 있는 둘 이상의 지방자치단체(시 · 군 · 자치구를 말한다) · 공공법인 등이 공동으로 설립한 행정청

④ 제2항 제1호에도 불구하고 대통령령으로 정하는 국가행정기관 소속 특별지방행정기관의 장의 처분 또는 부작위에 대한 심판청구에 대하여는 해당 행정청의 직근 상급행정기관에 두는 행정심판위원회에서 심리 · 재결한다.

제7조 【행정심판위원회의 구성】 ① 행정심판위원회(중앙행정심판위원회는 제외한다. 이하 이 조에서 같다)는 위원장 1명을 포함하여 50명 이내의 위원으로 구성한다.

② 행정심판위원회의 위원장은 그 행정심판위원회가 소속된 행정청이 되며, 위원장이 없거나 부득이한 사유로 직무를 수행할 수 없거나 위원장이 필요하다고 인정하는 경우에는 다음 각 호의 순서에 따라 위원이 위원장의 직무를 대행한다.

1. 위원장이 사전에 지명한 위원
2. 제4항에 따라 지명된 공무원인 위원(2명 이상인 경우에는 직급 또는 고위공무원단에 속하는 공무원의 직무등급이 높은 위원 순서로, 직급 또는 직무등급도 같은 경우에는 위원 재직기간이 긴 위원 순서로, 재직기간도 같은 경우에는 연장자 순서로 한다)

③ 제2항에도 불구하고 제6조 제3항에 따라 시·도지사 소속으로 두는 행정심판위원회의 경우에는 해당 지방자치단체의 조례로 정하는 바에 따라 공무원이 아닌 위원을 위원장으로 정할 수 있다. 이 경우 위원장은 비상임으로 한다.
④ 행정심판위원회의 위원은 해당 행정심판위원회가 소속된 행정청이 다음 각 호의 어느 하나에 해당하는 사람 중에서 성별을 고려하여 위촉하거나 그 소속 공무원 중에서 지명한다.

1. 변호사 자격을 취득한 후 5년 이상의 실무 경험이 있는 사람
2. 「고등교육법」 제2조 제1호부터 제6호까지의 규정에 따른 학교에서 조교수 이상으로 재직하거나 재직하였던 사람
3. 행정기관의 4급 이상 공무원이었거나 고위공무원단에 속하는 공무원이었던 사람
4. 박사학위를 취득한 후 해당 분야에서 5년 이상 근무한 경험이 있는 사람
5. 그 밖에 행정심판과 관련된 분야의 지식과 경험이 풍부한 사람

⑤ 행정심판위원회의 회의는 위원장과 위원장이 회의마다 지정하는 8명의 위원(그중 제4항에 따른 위촉위원은 6명 이상으로 하되, 제3항에 따라 위원장이 공무원이 아닌 경우에는 5명 이상으로 한다)으로 구성한다. 다만, 국회규칙, 대법원규칙, 헌법재판소규칙, 중앙선거관리위원회규칙 또는 대통령령(제6조 제3항에 따라 시·도지사 소속으로 두는 행정심판위원회의 경우에는 해당 지방자치단체의 조례)으로 정하는 바에 따라 위원장과 위원장이 회의마다 지정하는 6명의 위원(그중 제4항에 따른 위촉위원은 5명 이상으로 하되, 제3항에 따라 공무원이 아닌 위원이 위원장인 경우에는 4명 이상으로 한다)으로 구성할 수 있다.
⑥ 행정심판위원회는 제5항에 따른 구성원 과반수의 출석과 출석위원 과반수의 찬성으로 의결한다.
⑦ 행정심판위원회의 조직과 운영, 그 밖에 필요한 사항은 국회규칙, 대법원규칙, 헌법재판소규칙, 중앙선거관리위원회규칙 또는 대통령령으로 정한다.

제8조【중앙행정심판위원회의 구성】 ① 중앙행정심판위원회는 위원장 1명을 포함하여 70명 이내의 위원으로 구성하되, 위원 중 상임위원은 4명 이내로 한다.
② 중앙행정심판위원회의 위원장은 국민권익위원회의 부위원장 중 1명이 되며, 위원장이 없거나 부득이한 사유로 직무를 수행할 수 없거나 위원장이 필요하다고 인정하는 경우에는 상임위원(상임으로 재직한 기간이 긴 위원 순서로, 재직기간이 같은 경우에는 연장자 순서로 한다)이 위원장의 직무를 대행한다.
③ 중앙행정심판위원회의 상임위원은 일반직 공무원으로서 「국가공무원법」 제26조의5에 따른 임기제공무원으로 임명하되, 3급 이상 공무원 또는 고위공무원단에 속하는 일반직 공무원으로 3년 이상 근무한 사람이나 그 밖에 행정심판에 관한 지식과 경험이 풍부한 사람 중에서 중앙행정심판위원회 위원장의 제청으로 국무총리를 거쳐 대통령이 임명한다.
④ 중앙행정심판위원회의 비상임위원은 제7조 제4항 각 호의 어느 하나에 해당하는 사람 중에서 중앙행정심판위원회 위원장의 제청으로 국무총리가 성별을 고려하여 위촉한다.
⑤ 중앙행정심판위원회의 회의(제6항에 따른 소위원회 회의는 제외한다)는 위원장, 상임위원 및 위원장이 회의마다 지정하는 비상임위원을 포함하여 총 9명으로 구성한다.
⑥ 중앙행정심판위원회는 심판청구사건(이하 "사건"이라 한다) 중 「도로교통법」에 따른 자동차운전면허 행정처분에 관한 사건(소위원회가 중앙행정심판위원회에서 심리·의결하도록 결정한 사건은 제외한다)을 심리·의결하게 하기 위하여 4명의 위원으로 구성하는 소위원회를 둘 수 있다.
⑦ 중앙행정심판위원회 및 소위원회는 각각 제5항 및 제6항에 따른 구성원 과반수의 출석과 출석위원 과반수의 찬성으로 의결한다.
⑧ 중앙행정심판위원회는 위원장이 지정하는 사건을 미리 검토하도록 필요한 경우에는 전문위원회를 둘 수 있다.
⑨ 중앙행정심판위원회, 소위원회 및 전문위원회의 조직과 운영 등에 필요한 사항은 대통령령으로 정한다.

제9조【위원의 임기 및 신분보장 등】 ① 제7조 제4항에 따라 지명된 위원은 그 직에 재직하는 동안 재임한다.
② 제8조 제3항에 따라 임명된 중앙행정심판위원회 상임위원의 임기는 3년으로 하며, 1차에 한하여 연임할 수 있다.
③ 제7조 제4항 및 제8조 제4항에 따라 위촉된 위원의 임기는 2년으로 하되, 2차에 한하여 연임할 수 있다. 다만, 제6조 제1항 제2호에 규정된 기관에 두는 행정심판위원회의 위촉위원의 경우에는 각각 국회규칙, 대법원규칙, 헌법재판소규칙 또는 중앙선거관리위원회규칙으로 정하는 바에 따른다.
④ 다음 각 호의 어느 하나에 해당하는 사람은 제6조에 따른 행정심판위원회(이하 "위원회"라 한다)의 위원이 될 수 없으며, 위원이 이에 해당하게 된 때에는 당연히 퇴직한다.
1. 대한민국 국민이 아닌 사람
2. 「국가공무원법」 제33조 각 호의 어느 하나에 해당하는 사람

⑤ 제7조 제4항 및 제8조 제4항에 따라 위촉된 위원은 금고(禁錮) 이상의 형을 선고받거나 부득이한 사유로 장기간 직무를 수행할 수 없게 되는 경우 외에는 임기 중 그의 의사와 다르게 해촉(解囑)되지 아니한다.

제10조【위원의 제척 · 기피 · 회피】 ① 위원회의 위원은 다음 각 호의 어느 하나에 해당하는 경우에는 그 사건의 심리 · 의결에서 제척(除斥)된다. 이 경우 제척결정은 위원회의 위원장(이하 "위원장"이라 한다)이 직권으로 또는 당사자의 신청에 의하여 한다.
1. 위원 또는 그 배우자나 배우자이었던 사람이 사건의 당사자이거나 사건에 관하여 공동 권리자 또는 의무자인 경우
2. 위원이 사건의 당사자와 친족이거나 친족이었던 경우
3. 위원이 사건에 관하여 증언이나 감정(鑑定)을 한 경우
4. 위원이 당사자의 대리인으로서 사건에 관여하거나 관여하였던 경우
5. 위원이 사건의 대상이 된 처분 또는 부작위에 관여한 경우

② 당사자는 위원에게 공정한 심리 · 의결을 기대하기 어려운 사정이 있으면 위원장에게 기피신청을 할 수 있다.
③ 위원에 대한 제척신청이나 기피신청은 그 사유를 소명(疏明)한 문서로 하여야 한다. 다만, 불가피한 경우에는 신청한 날부터 3일 이내에 신청사유를 소명할 수 있는 자료를 제출하여야 한다.
④ 제척신청이나 기피신청이 제3항을 위반하였을 때에는 위원장은 결정으로 이를 각하한다.
⑤ 위원장은 제척신청이나 기피신청의 대상이 된 위원에게서 그에 대한 의견을 받을 수 있다.
⑥ 위원장은 제척신청이나 기피신청을 받으면 제척 또는 기피 여부에 대한 결정을 하고, 지체 없이 신청인에게 결정서 정본(正本)을 송달하여야 한다.
⑦ 위원회의 회의에 참석하는 위원이 제척사유 또는 기피사유에 해당되는 것을 알게 되었을 때에는 스스로 그 사건의 심리 · 의결에서 회피할 수 있다. 이 경우 회피하고자 하는 위원은 위원장에게 그 사유를 소명하여야 한다.
⑧ 사건의 심리 · 의결에 관한 사무에 관여하는 위원 아닌 직원에게도 제1항부터 제7항까지의 규정을 준용한다.

제11조【벌칙 적용 시의 공무원 의제】 위원 중 공무원이 아닌 위원은 「형법」과 그 밖의 법률에 따른 벌칙을 적용할 때에는 공무원으로 본다.

제12조【위원회의 권한 승계】 ① 당사자의 심판청구 후 위원회가 법령의 개정 · 폐지 또는 제17조 제5항에 따른 피청구인의 경정 결정에 따라 그 심판청구에 대하여 재결할 권한을 잃게 된 경우에는 해당 위원회는 심판청구서와 관계 서류, 그 밖의 자료를 새로 재결할 권한을 갖게 된 위원회에 보내야 한다.
② 제1항의 경우 송부를 받은 위원회는 지체 없이 그 사실을 다음 각 호의 자에게 알려야 한다.
1. 행정심판 청구인(이하 "청구인"이라 한다)
2. 행정심판 피청구인(이하 "피청구인"이라 한다)
3. 제20조 또는 제21조에 따라 심판참가를 하는 자(이하 "참가인"이라 한다)

1. 의의

행정심판위원회란 행정심판청구를 수리하여 재결을 할 권한을 가진 합의제 행정청을 말한다.

2. 법적 성격

1) 심리 · 재결기관

행정심판위원회는 심판청구사건을 심리 · 재결할 수 있는 권한을 가지는 합의제 재결기관으로서 심판사건에 관하여 각종 증거조사와 관련 법령의 검토를 통하여 분쟁 당사자의 주장에 대하여 제3자의 입장에서 판단하고 결정하는 심리 · 재결기관으로서의 특성을 가지고 있다.

2) 합의제 행정기관

행정심판위원회는 위원장을 포함한 재적위원 과반수의 출석으로 개회하고, 출석위원 과반수의 찬성으로 재결하는 합의제기관이다.

3) 준사법적 행정기관

행정심판위원회는 심판청구사건의 심리 · 재결에 있어서 여러 가지 사법적 절차, 즉 이해관계인의 심판참가제도, 위원의 제척 · 기피 · 회피제도, 대리인 선임제도, 각종 증거조사제도 등 여러 가지 소송법적 절차를 적용하고 있으며 심판사건에 대하여 독립적으로 재결할 수 있는 권한을 가진다. 행정심판위원회의 재결은 당해 사건에 관하여 행정부의 최종적 판단을 의미하게 된다.

4) 비상설기관

행정심판위원회는 행정심판에 있어서 중추적 기능을 담당하고 있으나 상설기관으로 존재하는 것이 아니라 청구인으로부터 심판청구사건이 청구된 경우에 그 심판청구사건의 심리 · 재결을 위하여 필요한 범위 안에서 회의를 개최하는 비상설기관이다.

3. 종류

1) 중앙행정심판위원회

(1) 일반적인 경우

① 국가행정기관의 장 또는 그 소속 행정청(해당 행정청 소속 행정심판위원회가 있는 경우는 제외한다)

② 특별시장 · 광역시장 · 특별자치시장 · 도지사 · 특별자치도지사(특별시 · 광역시 · 특별자치시 · 도 또는 특별자치도의 교육감을 포함한다) 또는 특별시 · 광역시 · 특별자치시 · 도 · 특별자치도의 의회(의장, 위원회의 위원장, 사무처장 등 의회 소속 모든 행정청을 포함한다)

③ 지방자치법에 따른 지방자치단체조합 등 관계 법률에 따라 국가 · 지방자치단체 · 공공법인 등이 공동으로 설립한 행정청

(2) 자동차운전면허처분 관련 사건을 위한 소위원회

중앙행정심판위원회는 심판청구사건 중 도로교통법에 따른 자동차운전면허 행정처분에 관한 사건을 심리 · 의결하게 하기 위하여 4명의 위원으로 구성하는 소위원회를 둘 수 있다. 다만, 소위원회가 중앙행정심판위원회에서 심리 · 의결하도록 결정한 사건은 제외한다.

2) 해당 행정청 소속 행정심판위원회

(1) 감사원, 국가정보원장, 그 밖에 대통령령으로 정하는 대통령 소속기관의 장

(2) 국회사무총장 · 법원행정처장 · 헌법재판소사무처장 및 중앙선거관리위원회사무총장

(3) 국가인권위원회, 그 밖에 지위 · 성격의 독립성과 특수성 등이 인정되어 대통령령으로 정하는 행정청

3) 직근 상급행정기관 소속 행정심판위원회

대통령령으로 정하는 국가행정기관 소속 특별지방행정기관의 장의 처분 또는 부작위에 대한 심판청구에 대하여는 해당 행정청의 직근 상급행정기관에 두는 행정심판위원회에서 심리 · 재결한다. 이때 직근 상급행정청이란 여러 상급기관이 있는 경우 처분청 또는 부작위청으로부터 가장 가까운 상급행정기관을 말한다.

4) 광역지방자치단체장 소속 행정심판위원회

시・도 소속 행정청, 시・도의 관할구역에 있는 시・군・자치구의 장, 소속 행정청 또는 시・군・자치구의 의회(의장, 위원회의 위원장, 사무국장, 사무과장 등 의회 소속 모든 행정청을 포함한다), 시・도의 관할구역에 있는 둘 이상의 지방자치단체(시・군・자치구를 말한다)・공공법인 등이 공동으로 설립한 행정청이다.

5) 제3기관

개별 법률에서 특별한 제3의 기관을 설치하여 심리・재결하도록 하는 경우가 있다. 공무원의 징계처분에 대해 소청심사위원회의 심사, 국세 및 관세에 관한 처분의 경우 조세심판원의 심사, 토지수용의 경우 중앙토지수용위원회의 심사가 그것이다.

4. 위원 등의 제척・기피・회피

1) 의의

행정심판위원회 위원의 제척・기피・회피란 행정심판의 심리・재결의 공정성을 확보하기 위하여 위원회의 위원을 그 심판으로부터 배제하는 제도를 말한다.

2) 제척

(1) 개념

법정사유가 있으면 법률상 당연히 그 사건에 대한 직무집행에서 배제되는 제도를 말한다.

(2) 제척사유

① 위원 또는 그 배우자나 배우자이었던 사람이 사건의 당사자이거나 사건에 관하여 공동권리자 또는 의무자인 경우
② 위원이 사건의 당사자와 친족이거나 친족이었던 경우
③ 위원이 사건에 관하여 증언이나 감정(鑑定)을 한 경우
④ 위원이 당사자의 대리인으로서 사건에 관여하거나 관여하였던 경우
⑤ 위원이 사건의 대상이 된 처분 또는 부작위에 관여한 경우

3) 기피

당사자는 위원에게 공정한 심리 · 의결을 기대하기 어려운 사정이 있으면 위원장에게 기피신청을 할 수 있다.

4) 회피

위원회의 회의에 참석하는 위원이 제척사유 또는 기피사유에 해당되는 것을 알게 되었을 때에는 스스로 그 사건의 심리 · 의결에서 회피할 수 있다. 이 경우 회피하고자 하는 위원은 위원장에게 그 사유를 소명하여야 한다.

5. 행정심판위원회의 권한

1) 심리권

행정심판위원회는 심판청구사건을 심리하는 권한을 가진다. 행정심판의 심리란 행정심판청구에 대한 재결을 하기 위하여 당사자 및 관계인의 주장을 듣고, 주장을 뒷받침하는 증거와 기타 자료 등을 수집 · 조사하는 절차를 말한다.

2) 심리에 부수된 권한

심리권을 효율적으로 행사하기 위하여 행정심판위원회는 여러 부수적인 권한을 갖는데, 증거조사권, 대표자 선정권고권, 청구인의 지위승계허가권, 피청구인의 경정권, 심판참가허가 및 요구권, 청구의 변경허가권이 그 예이다.

3) 재결권

행정심판위원회는 심판청구사건의 심리를 마치면 그 심판청구에 대하여 재결할 권한을 갖는다.

4) 집행정지결정권 및 집행정지취소결정권

(1) 집행정지결정권

위원회는 처분, 처분의 집행 또는 절차의 속행 때문에 중대한 손해가 생기는 것을 예방할 필요성이 긴급하다고 인정할 때에는 직권으로 또는 당사자의 신청에 의하여 처분의 효력, 처분의 집행 또는 절차의 속행의 전부 또는 일부의 정지를 결정할 수 있다.

(2) 집행정지결정의 취소

위원회는 집행정지를 결정한 후에 집행정지가 공공복리에 중대한 영향을 미치거나 그 정지 사유가 없어진 경우에는 직권으로 또는 당사자의 신청에 의하여 집행정지결정을 취소할 수 있다.

5) 직접처분권

당사자의 신청을 거부하거나 부작위로 방치한 처분의 이행을 명하는 재결이 있으면 행정청은 지체 없이 이전의 신청에 대하여 재결의 취지에 따라 처분을 하여야 한다. 이때 위원회는 피청구인이 처분을 하지 아니하는 경우에는 당사자가 신청하면 기간을 정하여 서면으로 시정을 명하고 그 기간에 이행하지 아니하면 직접처분을 할 수 있다. 다만, 그 처분의 성질이나 그 밖의 불가피한 사유로 위원회가 직접처분을 할 수 없는 경우에는 그러하지 아니하다.

6) 불합리한 법령 등의 시정조치 요구권

중앙행정심판위원회는 심판청구를 심리·재결할 때에 처분 또는 부작위의 근거가 되는 명령 등이 법령에 근거가 없거나 상위 법령에 위배되거나 국민에게 과도한 부담을 주는 등 크게 불합리하면 관계 행정기관에 그 명령 등의 개정·폐지 등 적절한 시정조치를 요청할 수 있다. 이와 같은 요청을 받은 관계 행정기관은 정당한 사유가 없으면 이에 따라야 한다.

Chapter

11 행정심판청구의 효과

1. 행정심판위원회에 대한 효과

심판청구가 제기되면 행정심판위원회는 심판을 심리・재결할 의무를 진다.

2. 처분에 대한 효과

심판청구는 처분의 효력이나 그 집행 또는 절차의 속행(續行)에 영향을 주지 아니한다.

3. 집행정지

제30조【집행정지】 ① 심판청구는 처분의 효력이나 그 집행 또는 절차의 속행(續行)에 영향을 주지 아니한다.
② 위원회는 처분, 처분의 집행 또는 절차의 속행 때문에 중대한 손해가 생기는 것을 예방할 필요성이 긴급하다고 인정할 때에는 직권으로 또는 당사자의 신청에 의하여 처분의 효력, 처분의 집행 또는 절차의 속행의 전부 또는 일부의 정지(이하 "집행정지"라 한다)를 결정할 수 있다. 다만, 처분의 효력정지는 처분의 집행 또는 절차의 속행을 정지함으로써 그 목적을 달성할 수 있을 때에는 허용되지 아니한다.
③ 집행정지는 공공복리에 중대한 영향을 미칠 우려가 있을 때에는 허용되지 아니한다.
④ 위원회는 집행정지를 결정한 후에 집행정지가 공공복리에 중대한 영향을 미치거나 그 정지사유가 없어진 경우에는 직권으로 또는 당사자의 신청에 의하여 집행정지 결정을 취소할 수 있다.
⑤ 집행정지 신청은 심판청구와 동시에 또는 심판청구에 대한 제7조 제6항 또는 제8조 제7항에 따른 위원회나 소위원회의 의결이 있기 전까지, 집행정지 결정의 취소신청은 심판청구에 대한 제7조 제6항 또는 제8조 제7항에 따른 위원회나 소위원회의 의결이 있기 전까지 신청의 취지와 원인을 적은 서면을 위원회에 제출하여야 한다. 다만, 심판청구서를 피청구인에게 제출한 경우로서 심판청구와 동시에 집행정지 신청을 할 때에는 심판청구서 사본과 접수증명서를 함께 제출하여야 한다.
⑥ 제2항과 제4항에도 불구하고 위원회의 심리・결정을 기다릴 경우 중대한 손해가 생길 우려가 있다고 인정되면 위원장은 직권으로 위원회의 심리・결정을 갈음하는 결정을 할 수 있다. 이 경우 위원장은 지체 없이 위원회에 그 사실을 보고하고 추인(追認)을 받아야 하며, 위원회의 추인을 받지 못하면 위원장은 집행정지 또는 집행정지 취소에 관한 결정을 취소하여야 한다.
⑦ 위원회는 집행정지 또는 집행정지의 취소에 관하여 심리・결정하면 지체 없이 당사자에게 결정서 정본을 송달하여야 한다.

1) 의의

집행정지란 그 처분의 집행 등으로 인하여 중대한 손해가 생길 경우에, 당사자의 권리·이익을 보전하기 위하여 위원회가 처분의 효력이나 그 집행 또는 절차의 속행의 전부 또는 일부를 잠정적으로 정지하는 제도를 말한다.

2) 집행부정지의 원칙

행정심판의 남용을 막고, 행정목적의 원활한 수행을 저해하지 않으려는 입법정책적 고려에서 행정심판의 청구는 처분의 효력, 집행 또는 절차의 속행에 영향을 주지 않음이 원칙이다(법 제30조 제1항). 그러나 청구인이 청구가 이유 있어 청구인용재결을 받는다 하더라도 이미 집행이 완료되어 중대한 손해를 입게 될 우려가 있으므로 집행정지를 인정할 필요가 있다. 따라서 행정심판법은 일정한 경우 처분에 대한 집행정지를 예외적으로 인정하고 있다.

3) 집행정지결정의 요건

(1) 적극적 요건

① 집행정지의 대상인 처분이 존재하여야 한다.
② 심판청구가 계속되고 있어야 한다.
③ 중대한 손해가 생길 우려가 있어야 한다.
④ 긴급한 필요의 존재가 있어야 한다.

(2) 소극적 요건

① 집행정지는 공공복리에 중대한 영향을 미칠 우려가 있을 때에는 허용되지 아니한다. 공공복리에 중대한 영향이 있는 것인지의 여부는 공공복리와 청구인의 손해를 비교·형량하여 개별적·구체적으로 판단한다.
② 본안청구의 이유 없음이 명백하지 않아야 한다. 집행정지는 인용 가능성에 대비하여 인정되는 것이므로 법률에 규정은 없지만 소극적 요건으로 보는 것이 다수설 및 판례의 입장이다.

4) 집행정지결정의 절차

집행정지는 당사자의 신청 또는 직권에 의하여 행정심판위원회가 결정한다. 다만, 위원회의 심리·결정을 기다릴 경우 중대한 손해가 생길 우려가 있다고 인정되면 위원장은 직권으로 위원회의 심리·결정을 갈음하는 결정을 할 수 있다. 이 경우 위원장은 지체 없이 위원회에 그 사실을 보고하고 추인을 받아야 하며, 위원회의 추인을 받지 못하면 위원장은 집행정지에 관한 결정을 취소하여야 한다.

5) 집행정지결정의 내용 및 효력

위원회는 처분, 처분의 집행 또는 절차의 속행 때문에 중대한 손해가 생기는 것을 예방할 필요성이 긴급하다고 인정할 때에는 직권으로 또는 당사자의 신청에 의하여 처분의 효력, 처분의 집행 또는 절차의 속행의 전부 또는 일부의 정지를 결정할 수 있다. 다만, 처분의 효력정지는 처분의 집행 또는 절차의 속행을 정지함으로써 그 목적을 달성할 수 있을 때에는 허용되지 아니한다. 집행정지결정은 당사자인 신청인과 피청구인은 물론 관계 행정청과 제3자에게도 미치며, 특별한 규정이 없는 때에는 당해 심판청구에 대한 재결이 확정될 때까지 존속하는 것으로 본다.

6) 집행정지결정의 취소

집행정지가 공공복리에 중대한 영향을 미치거나 그 정지사유가 없어진 때에는 위원회는 당사자의 신청 또는 직권에 의하여 당해 집행정지결정을 취소할 수 있다. 이 경우에도 행정심판위원회의 심리·의결을 거쳐야 하며, 위원장이 직권으로 위원회의 심리·의결에 갈음하는 결정을 한 경우에는 이에 대한 위원회의 추인을 받아야 한다.

7) 거부처분에 대한 집행정지 인정 여부

거부처분의 경우 처분의 효력, 처분의 집행 또는 절차속행의 전부 또는 일부의 정지를 잠정적으로 결정한다고 하여 신청이 인정되는 것이 아니라는 점에서 집행정지의 실효성이 없다. 또한 거부처분에 대해서는 행정심판법상 임시처분이 가능하다는 점에서 별도의 권리구제 수단이 존재한다. 따라서 거부처분에 대한 집행정지는 부정하는 것이 타당하다.

4. 임시처분

제31조【임시처분】 ① 위원회는 처분 또는 부작위가 위법·부당하다고 상당히 의심되는 경우로서 처분 또는 부작위 때문에 당사자가 받을 우려가 있는 중대한 불이익이나 당사자에게 생길 급박한 위험을 막기 위하여 임시지위를 정하여야 할 필요가 있는 경우에는 직권으로 또는 당사자의 신청에 의하여 임시처분을 결정할 수 있다.
② 제1항에 따른 임시처분에 관하여는 제30조 제3항부터 제7항까지를 준용한다. 이 경우 같은 조 제6항 전단 중 "중대한 손해가 생길 우려"는 "중대한 불이익이나 급박한 위험이 생길 우려"로 본다.
③ 제1항에 따른 임시처분은 제30조 제2항에 따른 집행정지로 목적을 달성할 수 있는 경우에는 허용되지 아니한다.

1) 의의

임시처분이란 처분 또는 부작위 때문에 당사자가 받을 우려가 있는 중대한 불이익이나 당사자에게 생길 급박한 위험을 막기 위하여 임시지위를 정해야 할 필요가 있는 경우 행정심판위원회가 발하는 가구제 수단을 말한다.

2) 취지

(1) 기존의 가구제 수단인 집행정지제도는 소극적인 현상유지적 기능만 있을 뿐이다. 따라서 행정청에게 일정한 처분의무를 지우는 기능이 없으므로 잠정적 권리구제 수단으로서 한계가 있었다.

(2) 임시처분제도의 도입은 거부처분이나 부작위에 대한 임시적 구제의 제도적 공백을 입법적으로 해소하고 이로써 청구인의 권리를 더욱 두텁게 보호하려는 데 그 취지가 있다.

3) 요건

(1) 심판청구가 계속되고 있어야 한다.

(2) 처분 또는 부작위가 위법·부당하다고 상당히 의심되는 경우여야 한다.

(3) 당사자에게 중대한 불이익이나 급박한 위험이 생길 우려가 있어야 한다.

(4) 공공복리에 중대한 영향을 미칠 우려가 없어야 한다.

4) 집행정지와의 관계(임시처분의 보충성)

임시처분은 집행정지로 목적을 달성할 수 있는 경우에는 허용되지 않는다.

5) 절차

(1) 임시처분의 결정 및 결정의 취소

위원회는 당사자의 직권으로 또는 신청에 의하여 임시처분을 결정할 수 있다. 위원회는 임시처분을 결정한 후에 임시조치가 공공복리에 중대한 영향을 미칠 우려가 있거나 그 처분사유가 없어진 경우에는 직권으로 또는 당사자의 신청에 의하여 임시처분결정을 취소할 수 있다.

(2) 임시처분의 신청 및 결정취소의 신청의 시기

① **심판청구서를 위원회에 제출한 경우**

임시처분의 신청은 심판청구와 동시에 또는 심판청구에 대한 위원회나 소위원회의 의결이 있기 전까지, 임시처분결정의 취소신청은 심판청구에 대한 위원회나 소위원회의 의결이 있기 전까지 신청의 취지와 원인을 적은 서면을 위원회에 제출하여야 한다.

② **심판청구서를 피청구인에게 제출한 경우**

심판청구서를 피청구인에게 제출한 경우, 심판청구와 동시에 임시처분 신청을 할 때에는 신청의 취지와 원인을 적은 서면과 심판청구서 사본, 접수증명서를 함께 제출하여야 한다.

(3) 위원장의 직권결정

위원회의 심리·결정을 기다릴 경우 중대한 불이익이나 급박한 위험이 생길 우려가 있다고 인정되면 위원장은 직권으로 위원회의 심리·결정을 갈음하는 결정을 할 수 있다.

(4) 위원회의 송달

위원회는 임시처분 또는 임시처분의 취소에 관하여 심리·의결하면 지체 없이 당사자에게 결정서 정본을 송달하여야 한다.

5. 심판청구의 변경

1) 의의

행정심판법은 청구인이 심판청구를 제기한 후 일정한 사유가 있는 경우에는 새로운 심판청구를 제기할 필요 없이 청구의 변경을 할 수 있도록 하여 청구인의 심판의 편의와 심판절차의 촉진을 도모하고 있다.

2) 종류

(1) 임의적 청구의 변경

청구인은 청구의 기초에 변경이 없는 범위에서 청구의 취지나 이유를 변경할 수 있다.

(2) 처분변경으로 인한 청구의 변경

행정심판이 청구된 후에 피청구인이 새로운 처분을 하거나 심판청구의 대상인 처분을 변경한 경우에는 청구인은 새로운 처분이나 변경된 처분에 맞추어 청구의 취지나 이유를 변경할 수 있다.

3) 청구변경의 절차

(1) 신청

청구의 변경은 서면으로 신청하여야 한다. 이 경우 피청구인과 참가인의 수만큼 청구변경신청서 부본을 함께 제출하여야 한다. 위원회는 이에 따른 청구변경신청서 부본을 피청구인과 참가인에게 송달하여야 한다.

(2) 의견제출

위원회는 기간을 정하여 피청구인과 참가인에게 청구변경신청에 대한 의견을 제출하도록 할 수 있으며, 피청구인과 참가인이 그 기간에 의견을 제출하지 아니하면 의견이 없는 것으로 본다.

(3) 결정

위원회는 청구변경신청에 대하여 허가할 것인지 여부를 결정하고, 지체 없이 신청인에게는 결정서 정본을, 당사자 및 참가인에게는 결정서 등본을 송달하여야 한다. 신청인은 송달을 받은 날부터 7일 이내에 위원회에 이의신청을 할 수 있다.

4) 효과

청구의 변경결정이 있으면 처음 행정심판이 청구되었을 때부터 변경된 청구의 취지나 이유로 행정심판이 청구된 것으로 본다.

6. 심판청구의 취하

청구인은 심판청구에 대하여 의결이 있을 때까지 서면으로 심판청구를 취하할 수 있다. 또한 참가인도 심판청구에 대하여 의결이 있을 때까지 서면으로 참가신청을 취하할 수 있다. 심판청구의 취하로 심판청구는 소급적으로 소멸된다.

Chapter

12 행정심판의 심리

제32조【보정】 ① 위원회는 심판청구가 적법하지 아니하나 보정(補正)할 수 있다고 인정하면 기간을 정하여 청구인에게 보정할 것을 요구할 수 있다. 다만, 경미한 사항은 직권으로 보정할 수 있다.
② 청구인은 제1항의 요구를 받으면 서면으로 보정하여야 한다. 이 경우 다른 당사자의 수만큼 보정서 부본을 함께 제출하여야 한다.
③ 위원회는 제2항에 따라 제출된 보정서 부본을 지체 없이 다른 당사자에게 송달하여야 한다.
④ 제1항에 따른 보정을 한 경우에는 처음부터 적법하게 행정심판이 청구된 것으로 본다.
⑤ 제1항에 따른 보정기간은 제45조에 따른 재결기간에 산입하지 아니한다.
⑥ 위원회는 청구인이 제1항에 따른 보정기간 내에 그 흠을 보정하지 아니한 경우에는 그 심판청구를 각하할 수 있다.

제32조의2【보정할 수 없는 심판청구의 각하】 위원회는 심판청구서에 타인을 비방하거나 모욕하는 내용 등이 기재되어 청구 내용을 특정할 수 없고 그 흠을 보정할 수 없다고 인정되는 경우에는 제32조 제1항에 따른 보정요구 없이 그 심판청구를 각하할 수 있다.

제33조【주장의 보충】 ① 당사자는 심판청구서 · 보정서 · 답변서 · 참가신청서 등에서 주장한 사실을 보충하고 다른 당사자의 주장을 다시 반박하기 위하여 필요하면 위원회에 보충서면을 제출할 수 있다. 이 경우 다른 당사자의 수만큼 보충서면 부본을 함께 제출하여야 한다.
② 위원회는 필요하다고 인정하면 보충서면의 제출기한을 정할 수 있다.
③ 위원회는 제1항에 따라 보충서면을 받으면 지체 없이 다른 당사자에게 그 부본을 송달하여야 한다.

제34조【증거서류 등의 제출】 ① 당사자는 심판청구서 · 보정서 · 답변서 · 참가신청서 · 보충서면 등에 덧붙여 그 주장을 뒷받침하는 증거서류나 증거물을 제출할 수 있다.
② 제1항의 증거서류에는 다른 당사자의 수만큼 증거서류 부본을 함께 제출하여야 한다.
③ 위원회는 당사자가 제출한 증거서류의 부본을 지체 없이 다른 당사자에게 송달하여야 한다.

제35조【자료의 제출 요구 등】 ① 위원회는 사건 심리에 필요하면 관계 행정기관이 보관 중인 관련 문서, 장부, 그 밖에 필요한 자료를 제출할 것을 요구할 수 있다.
② 위원회는 필요하다고 인정하면 사건과 관련된 법령을 주관하는 행정기관이나 그 밖의 관계 행정기관의 장 또는 그 소속 공무원에게 위원회 회의에 참석하여 의견을 진술할 것을 요구하거나 의견서를 제출할 것을 요구할 수 있다.
③ 관계 행정기관의 장은 특별한 사정이 없으면 제1항과 제2항에 따른 위원회의 요구에 따라야 한다.
④ 중앙행정심판위원회에서 심리 · 재결하는 심판청구의 경우 소관 중앙행정기관의 장은 의견서를 제출하거나 위원회에 출석하여 의견을 진술할 수 있다.

제36조【증거조사】 ① 위원회는 사건을 심리하기 위하여 필요하면 직권으로 또는 당사자의 신청에 의하여 다음 각 호의 방법에 따라 증거조사를 할 수 있다.

1. 당사자나 관계인(관계 행정기관 소속 공무원을 포함한다. 이하 같다)을 위원회의 회의에 출석하게 하여 신문(訊問)하는 방법
2. 당사자나 관계인이 가지고 있는 문서 · 장부 · 물건 또는 그 밖의 증거자료의 제출을 요구하고 영치(領置)하는 방법
3. 특별한 학식과 경험을 가진 제3자에게 감정을 요구하는 방법
4. 당사자 또는 관계인의 주소 · 거소 · 사업장이나 그 밖의 필요한 장소에 출입하여 당사자 또는 관계인에게 질문하거나 서류 · 물건 등을 조사 · 검증하는 방법

② 위원회는 필요하면 위원회가 소속된 행정청의 직원이나 다른 행정기관에 촉탁하여 제1항의 증거조사를 하게 할 수 있다.

③ 제1항에 따른 증거조사를 수행하는 사람은 그 신분을 나타내는 증표를 지니고 이를 당사자나 관계인에게 내보여야 한다.

④ 제1항에 따른 당사자 등은 위원회의 조사나 요구 등에 성실하게 협조하여야 한다.

제37조【절차의 병합 또는 분리】 위원회는 필요하면 관련되는 심판청구를 병합하여 심리하거나 병합된 관련 청구를 분리하여 심리할 수 있다.

제38조【심리기일의 지정과 변경】 ① 심리기일은 위원회가 직권으로 지정한다.

② 심리기일의 변경은 직권으로 또는 당사자의 신청에 의하여 한다.

③ 위원회는 심리기일이 변경되면 지체 없이 그 사실과 사유를 당사자에게 알려야 한다.

④ 심리기일의 통지나 심리기일 변경의 통지는 서면으로 하거나 심판청구서에 적힌 전화, 휴대전화를 이용한 문자전송, 팩시밀리 또는 전자우편 등 간편한 통지방법(이하 "간이통지방법"이라 한다)으로 할 수 있다.

제39조【직권심리】 위원회는 필요하면 당사자가 주장하지 아니한 사실에 대하여도 심리할 수 있다.

제40조【심리의 방식】 ① 행정심판의 심리는 구술심리나 서면심리로 한다. 다만, 당사자가 구술심리를 신청한 경우에는 서면심리만으로 결정할 수 있다고 인정되는 경우 외에는 구술심리를 하여야 한다.

② 위원회는 제1항 단서에 따라 구술심리 신청을 받으면 그 허가 여부를 결정하여 신청인에게 알려야 한다.

③ 제2항의 통지는 간이통지방법으로 할 수 있다.

제41조【발언 내용 등의 비공개】 위원회에서 위원이 발언한 내용이나 그 밖에 공개되면 위원회의 심리 · 재결의 공정성을 해칠 우려가 있는 사항으로서 대통령령으로 정하는 사항은 공개하지 아니한다.

제42조【심판청구 등의 취하】 ① 청구인은 심판청구에 대하여 제7조 제6항 또는 제8조 제7항에 따른 의결이 있을 때까지 서면으로 심판청구를 취하할 수 있다.

② 참가인은 심판청구에 대하여 제7조 제6항 또는 제8조 제7항에 따른 의결이 있을 때까지 서면으로 참가신청을 취하할 수 있다.

③ 제1항 또는 제2항에 따른 취하서에는 청구인이나 참가인이 서명하거나 날인하여야 한다.

④ 청구인 또는 참가인은 취하서를 피청구인 또는 위원회에 제출하여야 한다. 이 경우 제23조 제2항부터 제4항까지의 규정을 준용한다.

⑤ 피청구인 또는 위원회는 계속 중인 사건에 대하여 제1항 또는 제2항에 따른 취하서를 받으면 지체 없이 다른 관계 기관, 청구인, 참가인에게 취하 사실을 알려야 한다.

1. 의의

행정심판의 심리란 재결의 기초가 될 사실관계 및 법률관계를 명확히 하기 위하여 당사자 및 관계인의 주장과 반박을 듣고 증거, 기타의 자료를 수집·조사하는 일련의 절차를 말한다.

2. 심리절차의 사법화

행정심판법은 행정심판에 있어서 헌법 제107조 제3항에 따라 심리기관의 객관화와 심리절차의 대심구조화를 취하여 "심리절차의 사법화"를 도모하고 있다.

3. 요건심리

1) 의의

요건심리란 행정심판을 청구하는 데 있어 필요한 형식적 요건을 충족하고 있는지를 심사하는 것을 말한다. 부적법한 경우에는 재결로 각하한다.

2) 법적 성질

행정심판청구요건은 직권조사사항이다. 따라서 당사자의 주장이 없어도 위원회는 직권으로 조사할 수 있다.

3) 판단의 시기

행정심판청구요건 여부는 재결시를 기준으로 판단한다. 따라서 요건심리와 본안심리는 항상 시간적으로 전후관계에 있는 것은 아니다. 예컨대, 본안심리 중에서도 심판청구의 형식적 요건에 흠이 발견되면 언제든지 각하재결을 할 수 있다.

4) 보정

(1) 위원회는 심판청구가 적법하지 아니하나 보정(補正)할 수 있다고 인정하면 기간을 정하여 청구인에게 보정할 것을 요구할 수 있다. 다만, 경미한 사항은 직권으로 보정할 수 있다.

(2) 청구인은 위원회의 보정요구를 받으면 서면으로 보정하여야 한다. 이 경우 다른 당사자의 수만큼 보정서 부본을 함께 제출하여야 한다.

(3) 위원회는 제출된 보정서 부본을 지체 없이 다른 당사자에게 송달하여야 한다.

(4) 보정을 한 경우에는 처음부터 적법하게 행정심판이 청구된 것으로 본다.

01

판례

제목이 '진정서'로 되어 있더라도 실질이 행정심판에 해당한다면 행정심판청구로 본다.

비록 제목이 '진정서'로 되어 있고, 재결청의 표시, 심판청구의 취지 및 이유, 처분을 한 행정청의 고지의 유무 및 그 내용 등 행정심판법 제19조 제2항 소정의 사항들을 구분하여 기재하고 있지 아니하여 행정심판청구서로서의 형식을 다 갖추고 있다고 볼 수는 없으나, 피청구인인 처분청과 청구인의 이름과 주소가 기재되어 있고, 청구인의 기명이 되어 있으며, 문서의 기재 내용에 의하여 심판청구의 대상이 되는 행정처분의 내용과 심판청구의 취지 및 이유, 처분이 있은 것을 안 날을 알 수 있는 경우, 위 문서에 기재되어 있지 않은 재결청, 처분을 한 행정청의 고지의 유무 등의 내용과 날인 등의 불비한 점은 보정이 가능하므로 위 문서를 행정처분에 대한 행정심판청구로 보는 것이 옳다(대법원 2000. 6. 9. 98두2621).

4. 본안심리

1) 의의

본안심리란 심판청구의 본안, 즉 심판청구인의 청구의 당부에 대한 심리를 말한다. 이는 심판청구가 적법한 경우에 심판청구인의 청구의 당부에 대하여 실질적으로 심사하는 것을 말한다.

2) 본안심사(청구이유의 유무)

심리 결과 청구가 이유 있으면 인용, 이유 없으면 기각한다.

5. 심리의 범위

1) 불고불리의 원칙

행정심판의 심리에 있어서는 심판이 청구된 처분이나 부작위 이외의 사항에 대해서는 심리하지 못하는 것을 말한다.

2) 불이익변경금지의 원칙

심판청구의 대상이 되는 처분보다 청구인에게 불이익하게 심리하지 못하는 것을 말한다.

3) 법률문제, 재량문제, 사실문제

행정처분이나 부작위의 위법·적법 여부(법률문제)뿐만 아니라 공익에의 부합 여부인 당·부당의 재량문제나 사실문제도 심리할 수 있다.

6. 심리절차의 기본원칙

1) 대심주의(당사자주의)

행정심판법은 서로 대립하는 당사자인 청구인과 피청구인의 공격과 방어를 바탕으로 하여 심리를 진행시키는 대심주의(당사자주의)를 취하고 있다.

2) 처분권주의

행정심판의 개시, 진행(대상과 범위), 종료에 대하여 당사자가 주도권을 가지고 이들에 대하여 자유로이 결정할 수 있는 원칙을 말한다.
공익적 견지에서 심판청구기간은 제한을 받으며, 청구인낙 등이 부인되는 등 처분권주의는 많은 제한을 받고 있다.

3) 직권심리주의

(1) 법규정

행정심판법은 당사자주의를 원칙으로 하면서도, 심판청구의 심리를 위하여 필요하다고 인정되는 경우에는 심리기관인 위원회로 하여금 당사자가 주장하지 않은 사실에 대하여도 심리하고, 증거조사를 할 수 있도록 하고 있다.

(2) 동 규정의 의미

행정심판법이 직권심리주의(직권탐지주의) 원칙을 채택한 것으로 보는 견해가 있다. 그러나 행정심판법의 경우도 원칙적으로 변론주의가 지배하며, 행정심판은 당사자의 권리구제기능 이외에 행정작용의 자율적 통제를 통한 적법성 확보의 기능도 가지고 있다. 따라서 공익적인 측면에서 실체적 진실 확보에 필요한 경우에는 예외적으로 가미(보충)하여 인정된다는 견해가 일반적 견해이며 이 견해가 타당하다고 생각된다.

(3) 불고불리의 원칙과의 관계

직권심리주의는 행정심판의 심리에 있어서도 적용되는 불고불리의 원칙으로 인해, 행정심판의 청구대상인 처분이나 부작위 이외의 사항에 대해서는 인정되지 않는다.

4) 구술심리주의 또는 서면심리주의

행정심판의 심리는 구술심리나 서면심리로 한다. 다만, 당사자가 구술심리를 신청한 경우에는 서면심리만으로 결정할 수 있다고 인정되는 경우 외에는 구술심리를 하여야 한다.

5) 비공개주의

행정심판법에는 이에 관한 명문규정은 없으나, 행정심판에 있어서 심리의 능률화를 도모하는 관점에서 행정심판청구의 심리·재결을 일반인이 방청할 수 없는 상태에서 행하게 하는 것을 말한다.

7. 당사자의 절차적 권리

1) 위원·직원에 대한 기피신청권

당사자는 위원에게 공정한 심리·의결을 기대하기 어려운 사정이 있으면 위원장에게 기피신청을 할 수 있다.

2) 구술심리신청권

행정심판의 심리는 구술심리나 서면심리로 한다. 다만, 당사자가 구술심리를 신청한 경우에는 서면심리만으로 결정할 수 있다고 인정되는 경우 외에는 구술심리를 하여야 한다.

3) 보충서면제출권

당사자는 심판청구서·보정서·답변서·참가신청서 등에서 주장한 사실을 보충하고 다른 당사자의 주장을 다시 반박하기 위하여 필요하면 위원회에 보충서면을 제출할 수 있다. 이 경우 다른 당사자의 수만큼 보충서면 부본을 함께 제출하여야 한다.

4) 물적 증거제출권

당사자는 심판청구서·보정서·답변서·참가신청서·보충서면 등에 덧붙여 그 주장을 뒷받침하는 증거서류나 증거물을 제출할 수 있다.

5) 증거조사신청권

위원회는 사건을 심리하기 위하여 필요하면 직권으로 또는 당사자의 신청에 의하여 다음의 방법에 따라 증거조사를 할 수 있다.

(1) 당사자나 관계인을 위원회의 회의에 출석하게 하여 신문(訊問)하는 방법

(2) 당사자나 관계인이 가지고 있는 문서·장부·물건 또는 그 밖의 증거자료의 제출을 요구하고 영치(領置)하는 방법

(3) 특별한 학식과 경험을 가진 제3자에게 감정을 요구하는 방법

(4) 당사자 또는 관계인의 주소・거소・사업장이나 그 밖의 필요한 장소에 출입하여 당사자 또는 관계인에게 질문하거나 서류・물건 등을 조사・검증하는 방법

6) 이의신청권

행정심판위원회의 결정 중 당사자 또는 심판참가인의 절차적 권리에 중대한 영향을 미치는 지위승계의 불허가, 참가신청의 불허가 또는 청구의 변경 불허가 등에 대하여는 행정심판위원회에 이의신청을 할 수 있다.

8. 처분사유 추가・변경

1) 의의

처분사유의 추가・변경이란 행정심판의 심리 중에 처분청이 처분 당시 근거로 삼았던 사유와 다른 사유를 추가적으로 주장하거나 처분 근거 사유를 변경하는 것을 말한다.

2) 인정 여부

처분사유의 추가・변경을 전혀 허용하지 않으면 청구인이 행정심판의 인용 결정을 받은 후에 처분청이 다른 사유를 근거로 동일(또는 유사한) 처분을 할 수 있다는 점에서 분쟁의 1회적 해결이 어렵게 된다. 반면에 처분사유의 추가・변경을 허용하면 청구인이 심판 준비에 어려움을 겪게 된다. 이에 판례는 당초에 처분의 근거로 삼은 것과 기본적 사실관계의 동일성이 인정되는 범위 내에서 처분사유의 추가・변경을 허용함으로써 제한적으로 긍정하고 있다.

3) 인정요건

(1) 처분의 기본적 사실관계의 동일성이 유지되어야 한다.

이때 기본적 사실관계의 동일성 유무는 처분사유를 법률적으로 평가하기 이전의 구체적인 사실에 착안하여 그 기초가 되는 사회적 사실관계가 기본적인 점에서 동일한지 여부에 따라 결정된다. 구체적 판단은 시간적・장소적 근접성, 행위의 태양, 결과 등의 제반사정을 종합적으로 고려해야 한다.

(2) 처분시에 존재하였던 사유여야 한다.

추가・변경되는 사유는 처분 당시에 객관적으로 존재하고 있었던 사유여야 하므로 처분 후에 발생한 사실관계나 법률관계는 제외된다.

(3) 처분사유의 추가 · 변경은 재결시까지 하여야 한다.

판례

기본적 사실관계의 동일성 이론은 행정심판 단계에서도 그대로 적용된다.

행정처분의 취소를 구하는 항고소송에서 처분청은 당초 처분의 근거로 삼은 사유와 기본적 사실관계가 동일성이 있다고 인정되는 한도 내에서만 다른 사유를 추가 또는 변경할 수 있고, 이러한 기본적 사실관계의 동일성 유무는 처분사유를 법률적으로 평가하기 이전의 구체적 사실에 착안하여 그 기초인 사회적 사실관계가 기본적인 점에서 동일한지에 따라 결정되므로, 추가 또는 변경된 사유가 처분 당시에 이미 존재하고 있었다거나 당사자가 그 사실을 알고 있었다고 하여 당초의 처분사유와 동일성이 있다고 할 수 없다. 그리고 이러한 법리는 행정심판 단계에서도 그대로 적용된다(대법원 2014. 5. 16. 2013두26118).

9. 위법성 판단 시기

적극적 처분의 경우에는 원칙적으로 처분시를 기준으로 위법 또는 부당 여부를 판단한다. 거부처분 또는 부작위의 경우에는 과거에 행하여진 거부처분이나 부작위를 계속 유지하는 것이 위법 · 부당한지 여부가 판단의 핵심이므로 재결시를 기준으로 위법 또는 부당 여부를 판단한다.

10. 비례의 원칙(행정기본법 제10조)

1) 의의

행정목적과 이를 실현하는 수단 사이에는 합리적인 비례관계가 있어야 한다.

2) 내용

(1) 적합성의 원칙

행정작용은 행정목적을 달성하는 데 유효하고 적절하여야 한다.

(2) 필요성의 원칙

행정작용은 행정목적을 달성하는 데 필요한 최소한도에 그쳐야 한다.

(3) 상당성의 원칙

행정작용으로 인한 국민의 이익 침해가 그 행정작용이 의도하는 공익보다 크지 않아야 한다.

11. 신뢰보호원칙(행정기본법 제12조)

1) 의의

행정청은 공익 또는 제3자의 이익을 현저히 해칠 우려가 있는 경우를 제외하고는 행정에 대한 국민의 정당하고 합리적인 신뢰를 보호하여야 한다.

2) 요건

(1) 행정청의 선행행위

사인의 신뢰가 형성될 수 있는 대상인 행정청의 선행행위가 있어야 한다. 이때 행정청은 행정조직법상의 형식적인 권한분장에 구애될 것이 아니라 상대방의 신뢰가능성에 비추어 실질에 의해서 판단되어야 한다. 그리고 선행행위는 명시적 혹은 묵시적 행위뿐만 아니라 적극적 혹은 소극적 행위 모두를 가리킨다.

(2) 보호가치 있는 사인의 신뢰

행정청의 선행조치에 대한 사인의 신뢰는 보호할 만한 가치가 있어야 하며, 사후에 선행조치가 변경될 것을 사인이 예상하거나 중대한 과실로 알지 못한 경우 또는 사인의 사위나 사실은폐 등이 있는 경우에는 보호가치 있는 신뢰라고 보기 어렵다.

(3) 사인의 행위와 인과관계

행정청의 선행조치를 믿고 사인이 어떤 행위를 하여야 하고, 그 행위가 행정청의 선행조치에 대한 신뢰에 근거한 것이어야 한다.

(4) 선행행위에 반하는 후행처분

선행행위에 반하는 행정청의 처분이 있는 경우에 사인의 신뢰는 현실적으로 침해된다.

(5) 제한

공익 또는 제3자의 이익을 현저히 해칠 우려가 있는 경우에는 신뢰보호원칙을 적용하지 않는다.

3) 실효의 원칙

행정청은 권한행사의 기회가 있음에도 불구하고 장기간 권한을 행사하지 아니하여 국민이 그 권한이 행사되지 아니할 것으로 믿을 만한 정당한 사유가 있는 경우에는 그 권한을 행사해서는 아니 된다. 다만, 공익 또는 제3자의 이익을 현저히 해칠 우려가 있는 경우는 예외로 한다.

12. 부당결부금지의 원칙(행정기본법 제13조)

1) 의의

행정청은 행정작용을 할 때 상대방에게 해당 행정작용과 실질적인 관련이 없는 의무를 부과해서는 아니 된다.

2) 요건

① 행정기관의 공권력 행사에 해당하며, ② 권한행사는 상대방의 반대급부와 결부되어 있어야 한다. 그리고 ③ 공권력 행사와 반대급부 사이에 실체적 관련성이 존재하지 않아야 한다.

13. 자기구속의 원칙

1) 의의 및 근거

재량행위의 영역에서 행정청은 같은 사안에서 이미 제3자에게 행한 결정과 같은 결정을 상대방에게 하여야 한다. 평등의 원칙이나 신뢰보호의 원칙에서 그 근거가 도출된다.

2) 요건

① 재량영역에서의 행정작용일 것, ② 동일 행정청이 동종 사안에 대하여 재량준칙을 적용할 것, ③ 선례가 존재할 것, ④ 행정관행이 적법할 것이 요구된다.

Chapter

13 행정심판의 재결

제43조 【재결의 구분】 ① 위원회는 심판청구가 적법하지 아니하면 그 심판청구를 각하(却下)한다.
② 위원회는 심판청구가 이유가 없다고 인정하면 그 심판청구를 기각(棄却)한다.
③ 위원회는 취소심판의 청구가 이유가 있다고 인정하면 처분을 취소 또는 다른 처분으로 변경하거나 처분을 다른 처분으로 변경할 것을 피청구인에게 명한다.
④ 위원회는 무효등확인심판의 청구가 이유가 있다고 인정하면 처분의 효력 유무 또는 처분의 존재 여부를 확인한다.
⑤ 위원회는 의무이행심판의 청구가 이유가 있다고 인정하면 지체 없이 신청에 따른 처분을 하거나 처분을 할 것을 피청구인에게 명한다.

제43조의2 【조정】 ① 위원회는 당사자의 권리 및 권한의 범위에서 당사자의 동의를 받아 심판청구의 신속하고 공정한 해결을 위하여 조정을 할 수 있다. 다만, 그 조정이 공공복리에 적합하지 아니하거나 해당 처분의 성질에 반하는 경우에는 그러하지 아니하다.
② 위원회는 제1항의 조정을 함에 있어서 심판청구된 사건의 법적·사실적 상태와 당사자 및 이해관계자의 이익 등 모든 사정을 참작하고, 조정의 이유와 취지를 설명하여야 한다.
③ 조정은 당사자가 합의한 사항을 조정서에 기재한 후 당사자가 서명 또는 날인하고 위원회가 이를 확인함으로써 성립한다.
④ 제3항에 따른 조정에 대하여는 제48조부터 제50조까지, 제50조의2, 제51조의 규정을 준용한다.

제44조 【사정재결】 ① 위원회는 심판청구가 이유가 있다고 인정하는 경우에도 이를 인용(認容)하는 것이 공공복리에 크게 위배된다고 인정하면 그 심판청구를 기각하는 재결을 할 수 있다. 이 경우 위원회는 재결의 주문(主文)에서 그 처분 또는 부작위가 위법하거나 부당하다는 것을 구체적으로 밝혀야 한다.
② 위원회는 제1항에 따른 재결을 할 때에는 청구인에 대하여 상당한 구제방법을 취하거나 상당한 구제방법을 취할 것을 피청구인에게 명할 수 있다.
③ 제1항과 제2항은 무효등확인심판에는 적용하지 아니한다.

제45조 【재결 기간】 ① 재결은 제23조에 따라 피청구인 또는 위원회가 심판청구서를 받은 날부터 60일 이내에 하여야 한다. 다만, 부득이한 사정이 있는 경우에는 위원장이 직권으로 30일을 연장할 수 있다.
② 위원장은 제1항 단서에 따라 재결 기간을 연장할 경우에는 재결 기간이 끝나기 7일 전까지 당사자에게 알려야 한다.

제46조 【재결의 방식】 ① 재결은 서면으로 한다.
② 제1항에 따른 재결서에는 다음 각 호의 사항이 포함되어야 한다.
1. 사건번호와 사건명
2. 당사자·대표자 또는 대리인의 이름과 주소
3. 주문
4. 청구의 취지
5. 이유
6. 재결한 날짜

③ 재결서에 적는 이유에는 주문 내용이 정당하다는 것을 인정할 수 있는 정도의 판단을 표시하여야 한다.

제47조 【재결의 범위】 ① 위원회는 심판청구의 대상이 되는 처분 또는 부작위 외의 사항에 대하여는 재결하지 못한다.
② 위원회는 심판청구의 대상이 되는 처분보다 청구인에게 불리한 재결을 하지 못한다.

제48조 【재결의 송달과 효력 발생】 ① 위원회는 지체 없이 당사자에게 재결서의 정본을 송달하여야 한다. 이 경우 중앙행정심판위원회는 재결 결과를 소관 중앙행정기관의 장에게도 알려야 한다.
② 재결은 청구인에게 제1항 전단에 따라 송달되었을 때에 그 효력이 생긴다.
③ 위원회는 재결서의 등본을 지체 없이 참가인에게 송달하여야 한다.
④ 처분의 상대방이 아닌 제3자가 심판청구를 한 경우 위원회는 재결서의 등본을 지체 없이 피청구인을 거쳐 처분의 상대방에게 송달하여야 한다.

제49조 【재결의 기속력 등】 ① 심판청구를 인용하는 재결은 피청구인과 그 밖의 관계 행정청을 기속(羈束)한다.
② 재결에 의하여 취소되거나 무효 또는 부존재로 확인되는 처분이 당사자의 신청을 거부하는 것을 내용으로 하는 경우에는 그 처분을 한 행정청은 재결의 취지에 따라 다시 이전의 신청에 대한 처분을 하여야 한다.
③ 당사자의 신청을 거부하거나 부작위로 방치한 처분의 이행을 명하는 재결이 있으면 행정청은 지체 없이 이전의 신청에 대하여 재결의 취지에 따라 처분을 하여야 한다.
④ 신청에 따른 처분이 절차의 위법 또는 부당을 이유로 재결로써 취소된 경우에는 제2항을 준용한다.
⑤ 법령의 규정에 따라 공고하거나 고시한 처분이 재결로써 취소되거나 변경되면 처분을 한 행정청은 지체 없이 그 처분이 취소 또는 변경되었다는 것을 공고하거나 고시하여야 한다.
⑥ 법령의 규정에 따라 처분의 상대방 외의 이해관계인에게 통지된 처분이 재결로써 취소되거나 변경되면 처분을 한 행정청은 지체 없이 그 이해관계인에게 그 처분이 취소 또는 변경되었다는 것을 알려야 한다.

제51조 【행정심판 재청구의 금지】 심판청구에 대한 재결이 있으면 그 재결 및 같은 처분 또는 부작위에 대하여 다시 행정심판을 청구할 수 없다.

1. 의의

재결이란 행정심판의 청구에 대하여 행정심판위원회가 행하는 판단을 말한다.

2. 재결기간

재결은 피청구인인 행정청 또는 위원회가 심판청구서를 받은 날부터 60일 이내에 하여야 하나, 부득이한 사정이 있는 때에는 위원장이 직권으로 30일을 연장할 수 있다. 다만, 이 재결기간에는 심판청구가 부적법하여 보정을 명한 경우의 보정기간은 산입하지 않는다.

3. 재결의 종류

1) 각하재결

심판청구의 요건심리의 결과 그 제기요건이 갖추어져 있지 않아 적법하지 않은 청구라는 이유로 본안심리를 거부하는 행정심판위원회의 판단을 말한다.

2) 기각재결

본안심리를 한 후 청구인이 신청한 내용을 받아들이지 않고 행정청이 했던 원래의 처분을 그대로 유지시키기로 하는 행정심판위원회의 판단을 말한다.

3) 사정재결

(1) 의의

행정심판위원회가 심리의 결과 그 심판청구가 이유가 있다고 인정하는 경우에도 이를 인용하는 것이 공공복리에 크게 위배된다고 인정하면 그 심판청구를 기각하는 재결을 말한다. 따라서 사정재결도 기각재결의 일종이다.

(2) 인정 이유

사정재결은 청구를 인용하여 사익을 보호하면 결과적으로 공익에 중대한 침해를 가져올 때 이를 시정하여 다수인 또는 국가 전체의 이익을 우선해 전체로써 공익보호를 확보하기 위한 것이다. 사정재결은 공익과 사익을 조화시키는 제도라고 할 수 있다.

(3) 적용범위

사정재결은 취소심판 및 의무이행심판에만 인정되고, 무효등확인심판에는 인정되지 아니한다.

(4) 요건

① **실질적 요건**

사정재결은 심판청구를 인용하는 것이 공공복리에 크게 위배된다고 인정되는 경우에 한하여 행해질 수 있다.

② **형식적 요건**

사정재결을 함에 있어서 행정심판위원회는 그 재결의 주문(主文)에서 그 처분 또는 부작위가 위법 또는 부당함을 명시하여야 한다.

(5) 구제방법

행정심판위원회는 사정재결을 함에 있어서, 직접 청구인에 대하여 상당한 구제방법을 취하거나 피청구인에게 상당한 구제방법을 취할 것을 명할 수 있다.

4) 인용재결

(1) 의의

본안심리의 결과 심판청구가 이유 있다고 판단하여 청구인의 청구 취지를 받아들이는 재결을 말한다.

(2) 종류

① **취소심판(취소재결 · 변경재결 및 변경명령재결)**
취소심판의 청구가 이유가 있다고 인정하면 행정심판위원회는 그 심판청구를 인용하는 재결로써 심판청구의 대상이 된 처분을 직접 취소 · 변경(= 취소재결, 변경재결－형성재결)하거나 처분청에게 변경(변경명령재결－이행재결)을 명할 수 있다.

② **무효등확인심판(무효등확인재결)**
무효등확인심판의 청구가 이유 있다고 인정하면 행정심판위원회는 처분의 효력 유무 또는 존재 여부를 확인한다.

③ **의무이행심판(처분재결 · 처분명령재결)**
의무이행심판의 청구가 이유가 있다고 인정하면 행정심판위원회는 그 심판청구를 인용하는 재결로써 신청에 따른 처분을 하거나(처분재결－형성재결), 처분을 할 것을 피청구인에게 명한다(처분명령재결－이행재결).

4. 재결의 효력

1) 일반적 효력

재결은 행정행위의 하나이므로 그것이 당연무효인 경우를 제외하고는 불가쟁력 · 공정력 · 자력집행력을 갖는 이외에 쟁송판단행위의 특성으로서 형성력 · 불가변력 · 기속력(구속력)을 가진다. 특히 구속력이 인정되는 인용재결에 대하여 행정관청은 이의를 제기할 수 없으므로 청구인이 확정적으로 구제받게 된다.

2) 기속력

(1) 의의

행정심판법은 "심판청구를 인용하는 재결은 피청구인과 그 밖의 관계 행정청을 기속한다(법 제49조 제1항)."라고 하여 재결의 기속력을 규정하고 있다.
재결의 기속력이란 처분청 및 관계 행정청이 재결의 취지에 따르도록 처분청 및 관계 행정청을 구속하는 효력으로서, 재결의 기속력은 인용재결의 경우에만 인정되고 각하 · 기각재결에는 인정되지 않는다.

(2) 내용

① 반복금지의무(소극적 효력)

처분청은 동일한 사정 아래서 같은 사유로 동일인에 대하여 같은 내용의 처분을 반복할 수 없다.

판례

인용재결이 있는 경우에도 재결의 취지에 반하지 아니하는 새로운 처분은 가능하다.

택지초과소유부담금 부과처분을 취소하는 재결이 있는 경우 당해 처분청은 재결의 취지에 반하지 아니하는 한, 즉 당초 처분과 동일한 사정 아래에서 동일한 내용의 처분을 반복하는 것이 아닌 이상, 그 재결에 적시된 위법사유를 시정·보완하여 정당한 부담금을 산출한 다음 새로이 부담금을 부과할 수 있는 것이고, 이러한 새로운 부과처분은 재결의 기속력에 저촉되지 아니한다(대법원 1997. 2. 25. 96누14784).

② 재처분의무(적극적 효력)

㉠ 거부처분취소심판에 대한 재처분의무

재결에 의하여 취소되거나 무효 또는 부존재로 확인되는 처분이 당사자의 신청을 거부하는 것을 내용으로 하는 경우에는 그 처분을 한 행정청은 재결의 취지에 따라 다시 이전의 신청에 대한 처분을 하여야 한다.

㉡ 재결의 취지에 따른 재처분의무(처분명령재결의 경우)

당사자의 신청을 거부하거나 부작위로 방치한 처분의 이행을 명하는 재결이 있는 경우에는 행정청은 지체 없이 그 재결의 취지에 따라 다시 이전의 신청에 대한 처분을 하여야 한다. 이때 기속행위의 경우에는 신청된 대로의 처분을, 재량행위의 경우에는 신청에 대한 하자 없는 처분을, 영으로의 재량수축의 경우에는 기속행위와 동일한 처분, 즉 신청한 대로의 처분을 하여야 한다.

㉢ 절차위법의 경우

신청에 따른 처분이 절차의 위법 또는 부당을 이유로 재결로써 취소된 경우에는 재결의 취지에 따라 다시 처분을 하여야 한다. 이때 기속행위의 경우에는 사실상 동일한 처분이 이루어지게 될 것이다.

③ 결과제거의무(원상회복의무)

행정심판에서 취소 또는 무효확인 등의 재결이 행하여지면, 당해 처분과 관련하여 행하여진 법률관계 또는 사실관계는 위법한 것이 되므로, 처분청은 이를 원상으로 회복시킬 의무를 진다.

(3) 범위

기속력이 미치는 주관적 범위는 피청구인인 행정청뿐만 아니라 그 밖의 모든 관계 행정청이다. 기속력의 객관적 범위는 재결의 주문 및 그 전제가 되는 요건사실의 인정과 효력의 판단에 한정되며, 재결의 결론과 직접 관계없는 방론이나 간접사실에 대한 판단에까지 미치지 않는다. 기속력은 처분 당시를 기준으로 그 당시까지 존재하였던 처분사유에만 미치고 그 이후에 생긴 사유에는 미치지 않는다. 따라서 처분시 이후에 생긴 새로운 처분사유(새로운 사실관계나 개정된 법령)를 들어 동일한 내용의 처분을 하는 것은 무방하다. 다만, 의무이행재결의 경우에는 재결시가 기준이 된다.

판례

처분에 관하여 위법한 것으로 재결에서 판단된 사유와 기본적 사실관계에 있어 동일성이 인정되는 사유를 내세워 다시 동일한 내용의 처분을 하는 것은 허용되지 않는다.

[1] 인용재결은 당해 처분에 관하여 재결주문 및 그 전제가 된 요건사실의 인정과 판단에 대하여 처분청을 기속하므로, 당해 처분에 관하여 위법한 것으로 재결에서 판단된 사유와 기본적 사실관계에 있어 동일성이 인정되는 사유를 내세워 다시 동일한 내용의 처분을 하는 것은 허용되지 않는다.

[2] 건축허가권자는 건축허가신청이 건축법, 도시계획법 등 관계 법규에서 정하는 어떠한 제한에 배치되지 않는 이상 당연히 같은 법조에서 정하는 건축허가를 하여야 하고, 중대한 공익상의 필요가 없음에도 불구하고, 요건을 갖춘 자에 대한 허가를 관계 법령에서 정하는 제한사유 이외의 사유를 들어 거부할 수는 없다(대법원 2003. 4. 25. 2002두3201).

동일 사유인지 다른 사유인지는 종전 처분에 관하여 위법한 것으로 재결에서 판단된 사유와 기본적 사실관계에 있어 동일성이 인정되는 사유인지 여부에 따라 판단되어야 한다.

재결의 기속력은 재결의 주문 및 그 전제가 된 요건사실의 인정과 판단, 즉 처분 등의 구체적 위법사유에 관한 판단에만 미친다고 할 것이고, 종전 처분이 재결에 의하여 취소되었다 하더라도 종전 처분 시와는 다른 사유를 들어서 처분을 하는 것은 기속력에 저촉되지 않는다고 할 것이며, 여기에서 동일 사유인지 다른 사유인지는 종전 처분에 관하여 위법한 것으로 재결에서 판단된 사유와 기본적 사실관계에 있어 동일성이 인정되는 사유인지 여부에 따라 판단되어야 한다. 기록에 의하면, 이 사건 종전 처분의 처분사유는 이 사건 사업이 주변의 환경, 풍치, 미관 등을 해할 우려가 있다는 것이고, 그에 대한 재결은 이 사건 사업이 환경, 풍치, 미관 등을 정한 고시와 군산시 건축조례에 위반되지 않고, 환경·풍치·미관 등을 유지하여야 하는 공익보다는 이 사건 사업으로 인한 지역경제 승수효과와 도시서민들을 위한 임대주택 공급이라는 또 다른 공익과 재산권행사의 보장이라는 사익까지 더해 보면 결국 종전 처분은 비례의 원칙에 위배되어 재량권을 남용하였다는 것이므로 종전 처분에 대한 재결의 기속력은 그 주문과 재결에서 판단된 이와 같은 사유에 대해서만 생긴다고 할 것이고, 한편 이 사건 처분의 처분사유는 공단대로 및 교통여건상 예정 진입도로계획이 불합리하여 대체 진입도로를 확보하도록 한 보완요구를 이행하지 아니하였다는 것 등인 사실을 알 수 있는바, 그렇다면 이 사건 처분의 처분사유와 종전 처분에 관하여 위법한 것으로 재결에서 판단된 사유와는 기본적 사실관계에 있어 동일성이 없다고 할 것이므로 이 사건 처분이 종전 처분에 대한 재결의 기속력에 저촉되는 처분이라고 할 수 없다(대법원 2005. 12. 9. 3두7705).

5. 부수적 효과

1) 처분의 취소 · 변경의 공고

법령의 규정에 의하여 공고한 처분이 재결로써 취소 또는 변경된 때에는 처분을 행한 행정청은 지체 없이 그 처분이 취소 또는 변경되었음을 공고하여야 한다.

2) 취소 · 변경의 통지

(1) 법령의 규정에 따라 공고하거나 고시한 처분이 재결로써 취소되거나 변경되면 처분을 한 행정청은 지체 없이 그 처분이 취소 또는 변경되었다는 것을 공고하거나 고시하여야 한다.

(2) 법령의 규정에 따라 처분의 상대방 외의 이해관계인에게 통지된 처분이 재결로써 취소되거나 변경되면 처분을 한 행정청은 지체 없이 그 이해관계인에게 그 처분이 취소 또는 변경되었다는 것을 알려야 한다.

6. 재결에 대한 불복

1) 재심판청구의 금지

행정심판법상 행정심판의 단계는 단일화되어 있어 심판청구에 대한 재결이 있으면 그 재결 및 같은 처분 또는 부작위에 대하여 다시 행정심판을 청구할 수 없다. 다만, 국세기본법 등의 개별법에서는 다단계의 행정심판을 인정하고 있다.

2) 재결에 대한 행정소송

재결 자체에 고유한 위법이 있을 때에는 재결 그 자체에 대한 취소소송 및 무효등확인소송을 제기할 수 있다.

7. 조정

1) 의의

위원회는 당사자의 권리 및 권한의 범위에서 당사자의 동의를 받아 심판청구의 신속하고 공정한 해결을 위하여 조정을 할 수 있다. 다만, 그 조정이 공공복리에 적합하지 아니하거나 해당 처분의 성질에 반하는 경우에는 그러하지 아니하다.

2) 절차

(1) 개시

위원회는 결정으로써 조정을 개시한다.

(2) 진행

위원회는 심판청구된 사건의 법적・사실적 상태와 당사자 및 이해관계자의 이익 등 모든 사정을 참작하고, 조정의 이유와 취지를 설명하여야 한다.

(3) 조정의 성립

조정은 당사자가 합의한 사항을 조정서에 기재한 후 당사자가 서명 또는 날인하고 위원회가 이를 확인함으로써 성립한다.

(4) 조정의 효력발생

위원회는 지체 없이 당사자에게 조정서의 정본을 송달하여야 한다. 조정은 청구인에게 조정서가 송달되었을 때에 그 효력이 생긴다.

(5) 심리기일 지정

위원회는 조정이 성립하지 아니한 경우에는 행정심판절차의 진행을 위해 심리기일을 직권으로 지정한다.

3) 효과

(1) 기속력

조정 역시 재결과 동일하게 기속력이 발생한다. 따라서 위원회는 피청구인이 처분을 하지 아니하는 경우에는 당사자가 신청하면 기간을 정하여 서면으로 시정을 명하고 그 기간에 이행하지 아니하면 직접처분을 할 수 있으며, 청구인의 신청에 의하여 결정으로 상당한 기간을 정하고 피청구인이 그 기간 내에 이행하지 아니하는 경우에는 그 지연기간에 따라 일정한 배상을 하도록 명하거나 즉시배상을 할 것을 명할 수 있다.

(2) 행정심판 재청구의 금지

심판청구에 대한 조정이 있으면 그 조정 및 같은 처분 또는 부작위에 대하여 다시 행정심판을 청구할 수 없다.

Chapter

14 직접처분

제50조【위원회의 직접 처분】 ① 위원회는 피청구인이 제49조 제3항에도 불구하고 처분을 하지 아니하는 경우에는 당사자가 신청하면 기간을 정하여 서면으로 시정을 명하고 그 기간에 이행하지 아니하면 직접처분을 할 수 있다. 다만, 그 처분의 성질이나 그 밖의 불가피한 사유로 위원회가 직접처분을 할 수 없는 경우에는 그러하지 아니하다.
② 위원회는 제1항 본문에 따라 직접처분을 하였을 때에는 그 사실을 해당 행정청에 통보하여야 하며, 그 통보를 받은 행정청은 위원회가 한 처분을 자기가 한 처분으로 보아 관계 법령에 따라 관리 · 감독 등 필요한 조치를 하여야 한다.

1. 의의

직접처분이란 행정청이 재결의 취지에 따라 이전의 신청에 대한 처분을 하지 아니하는 때에 위원회가 당해 처분을 직접 행하는 것을 말한다.

2. 성질

직접처분은 처분명령재결의 실효성을 확보하기 위한 행정심판작용이면서 동시에 행정처분으로서의 성질을 갖는다.

3. 제도의 취지

상대방의 신청에 대한 피청구인의 거부처분 또는 부작위에 대하여 행정심판위원회의 이행명령이 있는 경우 처분청 또는 부작위청은 상대방의 신청 내용에 따라 허가 등을 하여야 한다. 그러나 당해 행정청이 재결에 따른 의무를 이행하지 않을 수도 있으며, 이 경우 관계인의 실효적 권리보호는 실현되지 않을 수도 있다. 이에 행정심판법은 실효적인 권리구제, 사법부의 업무 경감, 처분에 대한 감독기능 강화 등의 측면에서 직접처분제도를 두고 있다.

4. 요건

위원회가 직접처분을 하기 위해서는 ① 처분명령재결이 있었고, ② 위원회가 당사자의 신청에 따라 기간을 정하여 시정을 명한 뒤에도 ③ 해당 행정청이 그 기간 내에 시정명령을 이행하지 아니하였어야 한다.

판례

행정청이 어떠한 처분을 하였다면 직접처분을 할 수는 없다.

재결청이 직접처분을 하기 위하여는 처분의 이행을 명하는 재결이 있었음에도 당해 행정청이 아무런 처분을 하지 아니하였어야 하므로, 당해 행정청이 어떠한 처분을 하였다면 그 처분이 재결의 내용에 따르지 아니하였다고 하더라도 재결청이 직접처분을 할 수는 없다(대법원 2002. 7. 23. 2000두9151).

5. 형식 및 절차

1) 위원회가 직접처분을 하였을 때에는 그 사실을 해당 행정청에 통보하여야 하며, 그 통보를 받은 행정청은 위원회가 한 처분을 자기가 한 처분으로 보아 관계 법령에 따라 관리·감독 등 필요한 조치를 하여야 한다.

2) 위원회가 직접처분을 할 경우에는 재결의 취지에 따라야 하며, 직접처분할 수 없는 경우에는 지체 없이 당사자에게 그 사실 및 사유를 알려야 한다.

3) 위원회가 직접처분을 하는 경우 그 처분서에 직접처분을 하는 취지와 해당 처분에 관하여 관계 법령에서 정하고 있는 허가증 등 처분증명서에 적혀 있는 사항이 포함되어야 한다.

6. 직접처분의 범위

위원회가 직접처분을 할 수 있는 범위는 재결의 기속력이 미치는 범위 내로서 주문 및 요건사실의 내용에 한정된다.

7. 한계

위원회는 처분의 성질이나 그 밖의 불가피한 사유로 위원회가 직접처분을 할 수 없는 경우에는 직접처분을 하지 아니한다. 처분과 관련된 행정조직이 없는 위원회가 처분과 관련된 구체적인 제반 여건을 고려하여 능동적으로 직접처분을 하기에는 일정한 한계가 있다. '처분의 성질상 직접처분이 불가능한 경우'로는 '재량권 행사', '자치사무', '정보공개', '예산이 수반되는 경우' 등을 들 수 있다.

8. 기속력에 반하는 재처분을 한 경우

재결의 취지에 따르지 않고 동일한 사유로 다시 거부처분 등을 한 경우 그러한 거부처분은 무효이다. 이 경우에도 행정심판위원회는 시정명령 및 직접처분을 할 수 있다.

Chapter

15 간접강제

제50조의2【위원회의 간접강제】 ① 위원회는 피청구인이 제49조 제2항(제49조 제4항에서 준용하는 경우를 포함한다) 또는 제3항에 따른 처분을 하지 아니하면 청구인의 신청에 의하여 결정으로 상당한 기간을 정하고 피청구인이 그 기간 내에 이행하지 아니하는 경우에는 그 지연기간에 따라 일정한 배상을 하도록 명하거나 즉시 배상을 할 것을 명할 수 있다.
② 위원회는 사정의 변경이 있는 경우에는 당사자의 신청에 의하여 제1항에 따른 결정의 내용을 변경할 수 있다.
③ 위원회는 제1항 또는 제2항에 따른 결정을 하기 전에 신청 상대방의 의견을 들어야 한다.
④ 청구인은 제1항 또는 제2항에 따른 결정에 불복하는 경우 그 결정에 대하여 행정소송을 제기할 수 있다.
⑤ 제1항 또는 제2항에 따른 결정의 효력은 피청구인인 행정청이 소속된 국가·지방자치단체 또는 공공단체에 미치며, 결정서 정본은 제4항에 따른 소송제기와 관계없이 「민사집행법」에 따른 강제집행에 관하여는 집행권원과 같은 효력을 가진다. 이 경우 집행문은 위원장의 명에 따라 위원회가 소속된 행정청 소속 공무원이 부여한다.
⑥ 간접강제 결정에 기초한 강제집행에 관하여 이 법에 특별한 규정이 없는 사항에 대하여는 「민사집행법」의 규정을 준용한다. 다만, 「민사집행법」 제33조(집행문부여의 소), 제34조(집행문부여 등에 관한 이의신청), 제44조(청구에 관한 이의의 소) 및 제45조(집행문부여에 대한 이의의 소)에서 관할법원은 피청구인의 소재지를 관할하는 행정법원으로 한다.

1. 의의

행정심판 인용재결에 따른 행정청의 재처분의무에도 불구하고 행정청이 인용재결에 따른 처분을 하지 아니하면 행정심판위원회는 당사자의 신청에 의하여 결정으로 상당한 기간을 정하고, 행정청이 그 기간 내에 이행하지 아니하는 경우에는 지연기간에 따라 일정한 배상을 하도록 명하거나 즉시배상을 할 것을 명할 수 있다.

2. 취지

간접강제는 인용재결의 실효성을 확보하기 위한 행정심판작용이며 동시에 직접강제의 한계를 보완한다.

3. 절차

1) 위원회는 간접강제결정을 하기 전에 신청 상대방의 의견을 들어야 한다.

2) 청구인은 간접강제결정에 불복하는 경우 그 결정에 대하여 행정소송을 제기할 수 있다.

3) 위원회는 사정의 변경이 있는 경우에는 당사자의 신청에 의하여 결정의 내용을 변경할 수 있다.

4. 효과

1) 간접강제결정의 효력은 피청구인인 행정청이 소속된 국가·지방자치단체 또는 공공단체에 미치며, 결정서 정본은 소송제기와 관계없이 민사집행법에 따른 강제집행에 관하여는 집행권원과 같은 효력을 가진다. 이 경우 집행문은 위원장의 명에 따라 위원회가 소속된 행정청 소속 공무원이 부여한다.

2) 간접강제결정에 기초한 강제집행에 관하여 이 법에 특별한 규정이 없는 사항에 대하여는 민사집행법의 규정을 준용한다. 다만, 민사집행법 제33조(집행문부여의 소), 제34조(집행문부여 등에 관한 이의신청), 제44조(청구에 관한 이의의 소) 및 제45조(집행문부여에 대한 이의의 소)에서 관할법원은 피청구인의 소재지를 관할하는 행정법원으로 한다.

5. 배상금의 성격

간접강제결정에 근거한 배상금은 재결의 취지에 따른 재처분의 지연에 대한 제재나 손해배상이 아니라 재처분의 이행에 관한 심리적 강제수단이다. 따라서 행정소송에서와 마찬가지로 행정청이 간접강제결정에서 정한 기간이 경과한 후에라도 재처분을 한다면 이로써 간접강제의 목적은 달성되는 것이므로 처분상대방이 더 이상 배상금을 추심하는 것은 허용되지 않는다고 보아야 할 것이다.

Chapter

16 고지제도

제58조【행정심판의 고지】 ① 행정청이 처분을 할 때에는 처분의 상대방에게 다음 각 호의 사항을 알려야 한다.

1. 해당 처분에 대하여 행정심판을 청구할 수 있는지
2. 행정심판을 청구하는 경우의 심판청구 절차 및 심판청구 기간

② 행정청은 이해관계인이 요구하면 다음 각 호의 사항을 지체 없이 알려주어야 한다. 이 경우 서면으로 알려줄 것을 요구받으면 서면으로 알려주어야 한다.

1. 해당 처분이 행정심판의 대상이 되는 처분인지
2. 행정심판의 대상이 되는 경우 소관 위원회 및 심판청구 기간

1. 의의

고지제도란 행정청이 처분을 함에 있어 그 상대방 또는 이해관계인에게 당해 처분에 대한 불복청구의 가능성 및 그를 위한 필요사항을 알려주는 제도를 말한다.

2. 성질

1) 비권력적 사실행위이므로 그 자체로는 아무런 법적 효과도 발생하지 않는다.

2) 행정심판법에 기하여 처분의 통지시에 이행해야 할 법정절차이나, 행정처분 자체의 절차는 아니므로 고지를 하지 않았더라도 그것은 당해 처분의 위법사유 내지 취소사유로 되는 것은 아니다.

3. 필요성

1) 행정불복절차를 밟을 수 있는 기회를 실질적으로 보장해 준다.

2) 행정쟁송의 제기를 예상하여 처분에 신중을 기하게 됨으로써, 결과적으로 행정의 적정화를 도모할 수 있다.

4. 고지의 종류

1) 직권에 의한 고지

(1) 개념

직권에 의한 고지란 법령에 의하여 행정청이 당사자의 신청을 전제로 하지 않고 행정심판의 청구가능성 등에 대해 당사자에게 고지해야 하는 것을 말한다.

(2) 고지의 대상

① 부담적(침해적, 침익적) 처분인 경우에는 불복제기의 필요성이 인정되므로 고지의 대상이 된다.

② 수익적 처분인 경우에는 불복제기의 필요성이 인정되지 않으므로 고지의 대상이 되지 않으나, 수익적 처분에 부관이 붙어있거나 복효적 행정행위로서 부담적 효과가 수반되는 경우에는 고지의 대상이 된다.

(3) 고지의 내용

고지되어야 할 내용은 행정심판을 제기할 수 있는지의 여부, 행정심판을 신청할 기관, 행정심판 청구기간 및 기타 필요한 절차적 사항이다.

(4) 고지의 주체 및 상대방

고지는 행정청이 주체가 되어 처분의 직접 상대방에게 행하며 복효적 행정행위의 제3자는 대상이 아니다.

판례

고지신청을 하지 아니한 제3자에 대하여는 청구기간의 특례가 인정되지 아니한다.

구 행정심판법 제18조 제6항은 행정청에게 행정심판 고지의무를 부과하고 있는 행정심판법 제42조의 실효성을 확보하고 국민의 권리구제의 기회를 보장하려는 데에 입법취지가 있으므로, 행정처분이 있음을 알고서도 고지신청을 하지 아니한 제3자에 대하여는 행정청의 고지의무가 없기 때문에 행정청이 청구기간 등을 알릴 필요가 없어서 청구기간의 특례가 인정되지 아니한다(헌재 1999. 11. 25. 98헌바36).

(5) 고지의 방법

고지의 방법에 대해서는 법령에 규정을 두고 있지 않다. 따라서 서면에 의하든 구두에 의하든 자유롭다고 볼 것이다.

⑹ 고지의 시기

① 고지는 처분시에 행하여야 한다.

② 처분시에 하지 못하고 그 후에 고지하더라도 이로 인해 행정심판청구에 있어서 당사자에게 현실적으로 불이익이 발생하지 않는 한, 이러한 하자는 치유된다고 보는 것이 타당하다.

2) 신청에 의한 고지

⑴ 개념

신청에 의한 고지란 이해관계인의 요청에 의하여 행하여지는 고지를 말한다.

⑵ 고지의 청구권자

① 고지의 청구권자는 당해 처분의 이해관계인이다.

② 여기에서의 이해관계인은 당해 조문의 취지에 비추어 원칙적으로 제3자효 행정행위에서의 제3자가 이에 해당한다. 또한 경우에 따라서는 직권고지의무를 행정청이 이행하지 않는 경우에 처분의 직접 상대방이 신청하는 경우도 제3자에 포함된다.

⑶ 고지의 대상

고지의 대상은 서면 형식의 처분에 한정되지 않으며, 그 고지의 청구권자와 이해관계가 있는 모든 처분이 그에 해당된다 할 것이다.

⑷ 고지의 내용

고지의 내용으로는 청구권자의 청구내용에 상응하는 것이 될 것이나, ① 당해 처분이 행정심판의 대상이 되는 처분인지의 여부와 ② 행정심판의 대상이 되는 경우에는 소관 위원회, 청구기간에 관한 사항이 된다.

⑸ 고지의 방법

고지의 방법은 법률상의 제한이 없으므로 자유로우나, 청구권자가 서면에 의한 고지를 요구한 경우에는 반드시 서면으로 고지하도록 하고 있다.

⑹ 고지의 시기

행정청은 청구권자로부터 고지를 요청받은 경우 지체 없이 하여야 한다.

5. 고지의무 위반의 효과 – 불고지 · 오고지의 효과

1) 의의

불고지 · 오고지란 행정청이 처분을 하는 경우에 일정한 사항의 고지의무에도 불구하고 고지를 하지 않거나(불고지), 잘못 고지하는 것(오고지)을 말한다. 이는 고지의무를 위반한 것으로 행정심판법상 일정한 효과가 발생한다.

2) 제출기관의 불고지

(1) 정당한 권한이 있는 피청구인에게 송부

행정청이 행정심판에 관한 사항을 고지하지 아니하여 청구인이 다른 행정기관에 심판청구서를 제출한 경우에는 당해 행정기관은 그 심판청구서를 지체 없이 정당한 권한이 있는 피청구인에게 보내고 그 사실을 청구인에게 알려야 한다.

(2) 행정심판의 청구기간 내의 청구 간주

제출기관의 불고지에 관한 심판청구기간을 계산할 때에는 다른 행정기관에 제출되었을 때에 행정심판의 청구기간 내에 행정심판이 청구된 것으로 본다.

3) 청구기간의 불고지

(1) 불고지의 청구기간

행정청이 심판청구기간을 알리지 아니한 경우에는 심판청구기간은 처분이 있었던 날부터 180일이 된다. 이 경우 청구인이 실제로 처분이 있었음을 알았는지 여부와 심판청구기간에 관하여 알았는지 여부는 묻지 아니하고 처분이 있었던 날부터 180일이 적용된다.

(2) 개별법상 짧은 심판청구기간의 불고지

판례는 개별 법률에서 정한 심판청구기간이 행정심판법이 정한 심판청구기간보다 짧은 경우라도 행정청이 그 개별 법률상의 심판청구기간을 알려주지 아니하였다면 행정심판법이 정한 심판청구기간 내에 심판청구가 가능하다고 본다.

4) 제출기관의 오고지

(1) 정당한 권한이 있는 피청구인에게 송부

행정청이 행정심판에 관한 사항을 잘못 고지하여 청구인이 다른 행정기관에 심판청구서를 제출한 경우에는 당해 행정기관은 그 심판청구서를 지체 없이 정당한 권한이 있는 피청구인에게 보내고 그 사실을 청구인에게 알려야 한다(법 제23조 제2항 · 제3항).

(2) 행정심판의 청구기간 내의 청구 간주

제출기관의 오고지에 관한 심판청구기간을 계산할 때에는 다른 행정기관에 제출되었을 때에 행정심판의 청구기간 내에 행정심판이 청구된 것으로 본다(법 제23조 제4항).

5) 청구기간의 오고지

(1) 오고지의 청구기간

행정청이 심판청구기간을 처분이 있음을 알게 된 날부터 90일보다 긴 기간으로 잘못 알린 경우, 그 잘못 알린 기간에 심판청구가 있으면 그 행정심판은 처분이 있음을 알게 된 날부터 90일 내에 청구된 것으로 본다.

(2) 청구기간보다 짧게 고지한 경우

법정기간보다 짧게 고지한 경우에 대하여는 명문의 규정이 없으나, 법정기간 내에 제기하면 족하다는 것이 일반적인 견해이다.

Chapter

17 전자정보처리조직을 통한 행정심판

제52조【전자정보처리조직을 통한 심판청구 등】 ① 이 법에 따른 행정심판 절차를 밟는 자는 심판청구서와 그 밖의 서류를 전자문서화하고 이를 정보통신망을 이용하여 위원회에서 지정·운영하는 전자정보처리조직(행정심판 절차에 필요한 전자문서를 작성·제출·송달할 수 있도록 하는 하드웨어, 소프트웨어, 데이터베이스, 네트워크, 보안요소 등을 결합하여 구축한 정보처리능력을 갖춘 전자적 장치를 말한다. 이하 같다)을 통하여 제출할 수 있다.
② 제1항에 따라 제출된 전자문서는 이 법에 따라 제출된 것으로 보며, 부본을 제출할 의무는 면제된다.
③ 제1항에 따라 제출된 전자문서는 그 문서를 제출한 사람이 정보통신망을 통하여 전자정보처리조직에서 제공하는 접수번호를 확인하였을 때에 전자정보처리조직에 기록된 내용으로 접수된 것으로 본다.
④ 전자정보처리조직을 통하여 접수된 심판청구의 경우 제27조에 따른 심판청구 기간을 계산할 때에는 제3항에 따른 접수가 되었을 때 행정심판이 청구된 것으로 본다.
⑤ 전자정보처리조직의 지정내용, 전자정보처리조직을 이용한 심판청구서 등의 접수와 처리 등에 관하여 필요한 사항은 국회규칙, 대법원규칙, 헌법재판소규칙, 중앙선거관리위원회규칙 또는 대통령령으로 정한다.

제53조【전자서명 등】 ① 위원회는 전자정보처리조직을 통하여 행정심판 절차를 밟으려는 자에게 본인(本人)임을 확인할 수 있는 「전자서명법」 제2조 제2호에 따른 전자서명(서명자의 실지명의를 확인할 수 있는 것을 말한다)이나 그 밖의 인증(이하 이 조에서 "전자서명등"이라 한다)을 요구할 수 있다.
② 제1항에 따라 전자서명등을 한 자는 이 법에 따른 서명 또는 날인을 한 것으로 본다.
③ 전자서명등에 필요한 사항은 국회규칙, 대법원규칙, 헌법재판소규칙, 중앙선거관리위원회규칙 또는 대통령령으로 정한다.

제54조【전자정보처리조직을 이용한 송달 등】 ① 피청구인 또는 위원회는 제52조 제1항에 따라 행정심판을 청구하거나 심판참가를 한 자에게 전자정보처리조직과 그와 연계된 정보통신망을 이용하여 재결서나 이 법에 따른 각종 서류를 송달할 수 있다. 다만, 청구인이나 참가인이 동의하지 아니하는 경우에는 그러하지 아니하다.
② 제1항 본문의 경우 위원회는 송달하여야 하는 재결서 등 서류를 전자정보처리조직에 입력하여 등재한 다음 그 등재 사실을 국회규칙, 대법원규칙, 헌법재판소규칙, 중앙선거관리위원회규칙 또는 대통령령으로 정하는 방법에 따라 전자우편 등으로 알려야 한다.
③ 제1항에 따른 전자정보처리조직을 이용한 서류 송달은 서면으로 한 것과 같은 효력을 가진다.
④ 제1항에 따른 서류의 송달은 청구인이 제2항에 따라 등재된 전자문서를 확인한 때에 전자정보처리조직에 기록된 내용으로 도달한 것으로 본다. 다만, 제2항에 따라 그 등재 사실을 통지한 날부터 2주 이내(재결서 외의 서류는 7일 이내)에 확인하지 아니하였을 때에는 등재 사실을 통지한 날부터 2주가 지난 날(재결서 외의 서류는 7일이 지난 날)에 도달한 것으로 본다.
⑤ 서면으로 심판청구 또는 심판참가를 한 자가 전자정보처리조직의 이용을 신청한 경우에는 제52조·제53조 및 이 조를 준용한다.
⑥ 위원회, 피청구인, 그 밖의 관계 행정기관 간의 서류의 송달 등에 관하여는 제52조·제53조 및 이 조를 준용한다.
⑦ 제1항 본문에 따른 송달의 방법이나 그 밖에 필요한 사항은 국회규칙, 대법원규칙, 헌법재판소규칙, 중앙선거관리위원회규칙 또는 대통령령으로 정한다.

Chapter

18 특별행정심판

1. 의의

특별행정심판이란 특정 분야의 행정청의 처분 또는 부작위에 대하여 행정심판법에 의한 일반적인 행정심판절차에 따라 심판하지 아니하고 각 개별법에서 따로 정한 특별절차에 따라 행하는 행정심판을 말한다.

2. 필요성

오늘날 현대 행정의 복잡성과 다양성 등으로 인하여 행정심판절차에 있어서도 전문성과 특수성을 고려하여야 할 필요성이 있는 분야가 인정되고 있다. 따라서 이러한 분야에 대한 행정심판절차는 행정심판법에 의한 일반 행정심판절차보다는 해당 분야의 전문성과 특수성에 맞는 행정심판제도를 채택하여 행정심판절차를 거치게 하는 것이 국민의 권리구제에 보다 효과적이라고 할 수 있다.

3. 행정심판법상의 근거 규정

행정심판법 제3조 제1항은 "행정청의 처분 또는 부작위에 대하여는 다른 법률에 특별한 규정이 있는 경우 외에는 이 법에 따라 행정심판을 청구할 수 있다."라고 규정하여 다른 법률에서 행정심판에 관한 특례를 규정하는 경우에는 해당 특별행정심판절차에 관한 규정이 우선 적용됨을 명시하고 있다.

4. 개별법상 특별행정심판절차

행정심판법에 의한 행정심판절차에 버금가는 특별행정심판절차를 규정하고 있는 경우로서 조세심판(국세기본법, 관세법), 특허심판(특허법, 상표법), 소청제도(국가공무원법, 지방공무원법, 교육공무원법) 등이 이에 속한다.

조세심판, 특허심판, 소청제도와 같이 개별법에서 행정심판절차에 버금가는 특별행정심판절차를 정하고 있는 경우에는 그 불복절차가 행정심판법에 의한 행정심판을 대체하는 특별행정심판에 속하여 당해 특별행정심판이 행정심판을 대체한다.

따라서 행정심판법에 의한 행정심판을 제기할 수 없으므로 당해 법률에 의한 불복절차를 거치지 아니하거나 당해 법률에 의한 불복절차를 거친 후에 행정심판법에 의한 행정심판을 청구하는 때에는 부적법한 심판청구로서 각하대상이 된다.

5. 특별행정심판의 신설

1) 특별행정심판의 제한

특별행정심판 또한 행정심판의 일종이므로 헌법 제107조 제3항의 취지에 따라 특별행정심판 절차에도 준사법절차가 보장되어야 하며, 이에 따라 현행 행정심판법 제4조 제1항에서 "사안의 전문성과 특수성을 살리기 위하여 특히 필요한 경우 외에는 이 법에 따른 행정심판을 갈음하는 특별한 행정불복절차(특별행정심판)나 이 법에 따른 행정심판절차에 대한 특례를 다른 법률로 정할 수 없다."라고 규정하여 특별행정심판에 있어서도 정당한 사유가 있는 경우가 아니라면 청구인에게 불리한 내용의 특례를 두지 못하도록 제한을 두고 있다.

2) 중앙행정심판위원회와 협의

현행 행정심판법 제4조에서는 특별행정심판절차를 신설하거나 변경하고자 하는 경우에는 중앙행정심판위원회와 협의하도록 규정하고 있다.

Chapter

19 토지수용의 재결에 대한 이의신청 (공익사업을 위한 토지 등의 취득 및 보상에 관한 법률)

1. 협의전치주의

1) 협의

공익사업시행자는 수용 또는 사용할 토지의 소유자 및 관계인과 보상액, 수용의 개시일 등에 관하여 협의하여야 한다. 협의가 성립되면 그것으로 공용수용의 절차는 종결되고, 협의의 내용에 따라 수용의 효과가 발생한다.

2) 협의 성립의 확인

협의가 성립하는 경우에는 사업시행자는 관할 토지수용위원회에 협의 성립의 확인을 신청할 수 있다. 협의 성립을 확인받은 경우에는 수용재결로 보게 되므로 사업시행자, 토지소유자 및 관계인은 그 확인된 협의의 성립이나 내용을 다툴 수 없다.

2. 토지수용위원회의 재결

1) 재결의 신청

협의가 성립되지 아니하거나 협의를 할 수 없을 때에는 사업시행자는 사업인정고시가 된 날부터 1년 이내에 관할 토지수용위원회에 재결을 신청할 수 있다.

2) 신청권자

토지소유자 및 관계인은 토지수용위원회에 재결을 신청할 수 없다. 이들은 공익사업시행자에게 재결을 신청할 것을 청구할 수 있고, 이 경우 사업시행자는 그 청구를 받은 날부터 60일 이내에 재결을 신청하여야 한다.

3) 재결

(1) 토지수용위원회의 재결에 의해 보상액, 수용시기가 정해진다. 수용재결이 있는 경우 사업시행자는 재결서에 기재된 수용의 개시일까지 보상금을 지급 또는 공탁하면 수용의 개시일에 토지에 관한 권리를 취득한다.

(2) 토지수용위원회는 사업시행자, 토지소유자 또는 관계인이 신청한 범위에서 재결하여야 한다. 다만, 손실보상의 경우에는 증액재결을 할 수 있다.

3. 이의의 신청

1) 신청권자

중앙토지수용위원회의 원처분인 수용재결에 이의가 있는 자는 재결서의 정본을 받은 날부터 30일 이내에 중앙토지수용위원회에 이의를 신청할 수 있다. 지방토지수용위원회의 원처분인 수용재결에 이의가 있는 자는 해당 지방토지수용위원회를 거쳐 중앙토지수용위원회에 이의를 신청할 수 있다.

2) 이의신청의 성격

이의신청은 행정심판으로서의 성질을 가진다. 토지보상법상의 이의신청에 대한 규정은 행정심판법에 대한 특별규정이다.

4. 이의신청에 대한 재결

1) 의의

중앙토지수용위원회는 이의신청을 받은 경우 재결이 위법하거나 부당하다고 인정할 때에는 그 재결의 전부 또는 일부를 취소하거나 보상액을 변경할 수 있다.

2) 보상금이 늘어난 경우

보상금이 늘어난 경우 사업시행자는 재결의 취소 또는 변경의 재결서 정본을 받은 날부터 30일 이내에 보상금을 받을 자에게 그 늘어난 보상금을 지급하여야 한다. 다만, 보상금을 받을 자가 그 수령을 거부하거나 보상금을 수령할 수 없을 때, 사업시행자의 과실 없이 보상금을 받을 자를 알 수 없을 때, 그리고 압류나 가압류에 의하여 보상금의 지급이 금지되었을 때에는 그 금액을 공탁할 수 있다.

5. 행정소송의 제기

사업시행자, 토지소유자 또는 관계인은 재결에 불복할 때에는 재결서를 받은 날부터 90일 이내에, 이의신청을 거쳤을 때에는 이의신청에 대한 재결서를 받은 날부터 60일 이내에 각각 행정소송을 제기할 수 있다. 이 경우 사업시행자는 행정소송을 제기하기 전에 이의신청으로 늘어난 보상금을 공탁하여야 하며, 보상금을 받을 자는 공탁된 보상금을 소송이 종결될 때까지 수령할 수 없다.

Chapter

20 공무원 소청심사

1. 의의

소청이란 공무원의 징계처분, 기타 그 의사에 반하는 불리한 처분이나 부작위에 대하여 소청심사위원회에 제기하는 불복신청을 말한다. 소청은 행정심판의 일종(특별행정심판)이다.

2. 소청사항

징계처분, 그 밖에 공무원의 의사에 반하는 불리한 처분이나 부작위가 소청의 대상이 된다.

3. 소청심사의 절차

1) 처분사유설명서의 교부

임용권자가 공무원에 대하여 징계처분 등을 할 때와 강임·휴직·직위해제 또는 면직처분을 할 때에는 그 공무원에게 처분의 사유를 적은 설명서를 교부하여야 한다. 다만, 본인의 원(願)에 따른 강임·휴직 또는 면직처분의 경우에는 그러하지 아니하다.

2) 소청심사청구와 후임자 보충발령제한

(1) 소청심사청구

공무원이 징계처분 등을 받았을 때와 강임·휴직·직위해제 또는 면직처분을 할 때에는 처분사유설명서를 받은 날부터 30일 이내에, 그 밖의 본인의 의사에 반하는 불이익 처분을 받았을 때에는 그 처분이 있음을 안 날부터 30일 이내에 소청심사위원회에 심사청구서를 제출해야 한다.

(2) 후임자 보충발령제한

본인의 의사에 반하여 파면 또는 해임이나 면직처분을 하였을 때에는 그 처분을 한 날부터 40일 이내에는 후임자를 보충발령하지 못한다. 다만, 인력 관리상 후임자를 보충하여야 할 불가피한 사유가 있는 경우(임시결정을 한 경우는 제외한다)에 국가공무원인 경우는 행정안전부장관 등과 협의를 거쳐서, 지방공무원과 교원인 경우는 해당 인사위원회의 의결을 거쳐 후임자를 보충발령할 수 있다.

3) 심사

(1) 소청의 심사

소청심사위원회는 소청을 접수하면 지체 없이 심사하여야 하며, 소청사건의 심사에 필요한 경우에 검정·감정, 기타 사실조사 또는 증인의 소환질문을 하거나 관계서류의 제출을 명할 수 있고, 징계요구기관이나 관계기관의 소속 공무원을 증인으로 소환 등을 할 수 있다. 소청인은 진술권이 부여되고, 진술의 기회를 부여하지 아니한 결정은 무효가 된다.

(2) 위원의 제척·기피·회피

소청에 대한 심사·결정에서도 일정한 경우 위원의 제척·기피·회피제도가 인정되고 있다.

4) 결정

(1) 결정서

소청심사위원회의 결정은 그 이유를 구체적으로 밝힌 결정서로 하여야 한다.

(2) 결정기간

소청심사위원회는 임시결정을 한 경우 외에는 소청심사청구를 접수한 날부터 60일 이내에 이에 대한 결정을 하여야 한다. 다만, 불가피하다고 인정되면 소청심사위원회의 의결로 30일을 연장할 수 있다.

(3) 결정정족수

소청사건의 결정은 재적위원 3분의 2 이상의 출석과 출석위원 과반수의 합의에 따르되, 의견이 나뉘어 출석위원 과반수의 합의에 이르지 못하였을 때에는 과반수에 이를 때까지 소청인에게 가장 불리한 의견에 유리한 의견을 차례로 더하여 그중 가장 유리한 의견을 합의된 의견으로 본다.

(4) 임시결정

① **보충발령유예**

심사청구가 파면 또는 해임이나 면직처분으로 인한 경우에는 소청심사위원회는 그 청구를 접수한 날부터 5일 이내에 해당 사건의 최종결정이 있을 때까지 후임자의 보충발령을 유예하게 하는 임시결정을 할 수 있다.

② **최종결정기간 및 보충발령제한**

소청심사위원회가 임시결정을 한 경우에는 임시결정을 한 날부터 20일 이내에 최종결정을 하여야 하며, 각 임용권자는 그 최종결정이 있을 때까지 후임자를 보충발령하지 못한다.

(5) **종국결정**

① **각하결정**

처분 등에 대한 소청심사의 결과 청구요건의 흠결의 경우에는 각하결정을 한다.

② **본안결정**

㉠ 기각결정

청구이유가 없는 경우에는 기각결정을 한다.

㉡ 인용결정

청구이유가 있는 경우에는 인용결정으로서 처분의 취소・변경청구에 대한 취소・변경결정 및 취소・변경명령결정, 처분의 효력 유무 또는 존재 여부 확인청구에 대한 무효・실효・유효 또는 존재・부존재 확인결정, 거부처분이나 부작위의 의무이행청구에 대한 처분결정・처분명령결정을 한다.

5) 결정의 효력

소청심사위원회의 결정은 처분행정청을 기속한다. 이 소청결정의 기속력은 행정심판의 기속력과 동일하다.

4. 행정소송

1) 소청전치주의

공무원이 그에 대한 불리한 처분을 다투는 경우에는 소청전치주의가 적용된다. 즉, 소청심사위원회(교육공무원인 경우 교원소청심사위원회)의 심사・결정을 거치지 아니하면 행정소송을 제기할 수 없다.

2) 항고소송의 대상

소청심사위원회의 결정에 불복하여 행정소송을 제기하는 경우 행정소송은 원징계처분과 소청결정 중 어느 것을 대상으로 하여야 하는가에 대하여 특별한 규정이 없으므로 행정소송법 제19조에 따라 원처분(불이익처분)을 대상으로 하여야 하고, 다만 소청심사위원회의 결정에 고유한 위법이 있는 경우에는 위원회의 결정을 대상으로 하여야 한다.

3) 교육공무원의 경우

(1) 교육공무원의 경우 교원소청심사위원회의 소청결정을 거쳐 행정소송을 제기한다. 행정소송(항고소송)의 대상은 일반공무원의 경우와 동일하다.

(2) 사립학교 교원의 경우 교원소청심사위원회의 결정에 불복하는 경우 교원소청심사위원회를 피고로 동위원회의 결정(원처분)을 대상으로 항고소송을 제기할 수 있으며, 이외에도 학교법인을 피고로 징계를 다투는 민사소송을 제기할 수 있다. 학교법인 또는 사립학교 경영자는 그 결정서를 송달받은 날부터 90일 이내에 행정소송법으로 정하는 바에 따라 소송을 제기할 수 있다.

행정사
이준희 행정사실무법

PART

02

행정사법

Chapter 01 행정사의 업무
Chapter 02 행정사의 자격과 결격사유
Chapter 03 행정사의 업무신고와 업무신고확인증
Chapter 04 행정사의 사무소 설치
Chapter 05 폐업신고·휴업신고
Chapter 06 행정사의 권리
Chapter 07 행정사의 업무와 관련된 의무와 책임
Chapter 08 행정사법인
Chapter 09 대한행정사회
Chapter 10 지도·감독
Chapter 11 벌칙과 과태료의 부과대상자의 유형 및 내용

Chapter

01 행정사의 업무

제1장 총칙

제1조 【목적】 이 법은 행정사(行政士) 제도를 확립하여 행정과 관련한 국민의 편익을 도모(圖謀)하고 행정제도의 건전한 발전에 이바지함을 목적으로 한다.

제2조 【업무】 ① 행정사는 다른 사람의 위임을 받아 다음 각 호의 업무를 수행한다. 다만, 다른 법률에 따라 제한된 업무는 할 수 없다.

1. 행정기관에 제출하는 서류의 작성
2. 권리·의무나 사실증명에 관한 서류의 작성
3. 행정기관의 업무에 관련된 서류의 번역
4. 제1호부터 제3호까지의 규정에 따라 작성된 서류의 제출 대행(代行)
5. 인가·허가 및 면허 등을 받기 위하여 행정기관에 하는 신청·청구 및 신고 등의 대리(代理)
6. 행정 관계 법령 및 행정에 대한 상담 또는 자문에 대한 응답
7. 법령에 따라 위탁받은 사무의 사실 조사 및 확인

② 제1항에 따른 업무의 내용과 범위는 대통령령으로 정한다.

시행령 제2조 【업무의 내용과 범위】 「행정사법」(이하 "법"이라 한다) 제2조 제1항 각 호에 따른 행정사 업무의 내용과 범위는 다음 각 호와 같다.

1. 법 제2조 제1항 제1호의 사무: 행정기관에 제출하는 다음 각 목의 서류를 작성하는 일
   가. 진정·건의·질의·청원 및 이의신청에 관한 서류
   나. 출생·혼인·사망 등 가족관계의 발생 및 변동사항에 관한 신고 등의 각종 서류
2. 법 제2조 제1항 제2호의 사무: 개인(법인을 포함한다. 이하 이 호에서 같다) 간 또는 국가나 지방자치단체와 개인 간의 다음 각 목의 서류를 작성하는 일
   가. 각종 계약·협약·확약 및 청구 등 거래에 관한 서류
   나. 그 밖에 권리관계에 관한 각종 서류 또는 일정한 사실관계가 존재함을 증명하는 각종 서류
3. 법 제2조 제1항 제3호의 사무: 행정기관에 제출하는 각종 서류를 번역하는 일
4. 법 제2조 제1항 제4호의 사무: 다른 사람의 위임에 따라 행정사가 제1호부터 제3호까지의 규정에 따라 작성하거나 번역한 서류를 행정기관 등에 제출하는 일
5. 법 제2조 제1항 제5호의 사무: 다른 사람의 위임을 받아 인가·허가·면허 및 승인의 신청·청구 등 행정기관에 일정한 행위를 요구하거나 신고하는 일을 대리하는 일
6. 법 제2조 제1항 제6호의 사무: 행정 관계 법령 및 제도·절차 등 행정업무에 대하여 설명하거나 자료를 제공하는 일
7. 법 제2조 제1항 제7호의 사무: 법령에 따라 위탁받은 사무의 사실을 조사하거나 확인하고 그 결과를 서면으로 작성하여 위탁한 사람에게 제출하는 일

제3조 【행정사가 아닌 사람에 대한 금지 사항】 ① 행정사가 아닌 사람은 다른 법률에 따라 허용되는 경우를 제외하고는 제2조에 따른 업무를 업(業)으로 하지 못한다.

② 행정사가 아닌 사람은 행정사 또는 이와 비슷한 명칭을 사용하지 못한다.

제4조 【행정사의 종류】 행정사는 소관 업무에 따라 일반행정사, 해사행정사 및 외국어번역행정사로 구분하고, 종류별 업무의 범위와 내용은 대통령령으로 정한다.

시행령 제3조 【행정사의 종류별 업무의 범위와 내용】 법 제4조에 따른 행정사의 종류별 업무의 범위와 내용은 다음 각 호와 같다.

1. 일반행정사 : 법 제2조 제1항 각 호(제3호는 제외한다)의 업무(해운 또는 해양안전심판에 관한 업무는 제외한다)
2. 해사행정사 : 해운 또는 해양안전심판에 관한 법 제2조 제1항 각 호(제3호는 제외한다)의 업무
3. 외국어번역행정사 : 법 제2조 제1항 제3호 및 제4호의 업무

02

1. 업무

행정사는 다른 사람의 위임을 받아 다음의 업무를 수행한다. 다만, 다른 법률에 따라 제한된 업무는 할 수 없다.

1) 행정기관에 제출하는 서류의 작성

행정기관에 제출하는 다음의 서류를 작성하는 일을 수행한다.

(1) 진정 · 건의 · 질의 · 청원 및 이의신청에 관한 서류

(2) 출생 · 혼인 · 사망 등 가족관계의 발생 및 변동사항에 관한 신고 등의 각종 서류

2) 권리 · 의무나 사실증명에 관한 서류의 작성

개인(법인을 포함) 간 또는 국가나 지방자치단체와 개인 간의 다음의 서류를 작성하는 일을 수행한다.

(1) 각종 계약 · 협약 · 확약 및 청구 등 거래에 관한 서류

(2) 그 밖에 권리관계에 관한 각종 서류 또는 일정한 사실관계가 존재함을 증명하는 각종 서류

3) 행정기관의 업무에 관련된 서류의 번역

행정기관에 제출하는 각종 서류를 번역하는 일을 수행한다.

4) 작성된 서류의 제출 대행

다른 사람의 위임에 따라 행정사가 **1)**부터 **3)**까지의 규정에 따라 작성하거나 번역한 서류를 행정기관 등에 제출하는 일을 수행한다.

5) 인가 · 허가 및 면허 등을 받기 위하여 행정기관에 하는 신청 · 청구 및 신고 등의 대리

다른 사람의 위임을 받아 인가 · 허가 · 면허 및 승인의 신청 · 청구 등 행정기관에 일정한 행위를 요구하거나 신고하는 일을 대리하는 일을 수행한다.

6) 행정 관계 법령 및 행정에 대한 상담 또는 자문에 대한 응답

행정 관계 법령 및 제도 · 절차 등 행정업무에 대하여 설명하거나 자료를 제공하는 일을 수행한다.

7) 법령에 따라 위탁받은 사무의 사실 조사 및 확인

법령에 따라 위탁받은 사무의 사실을 조사하거나 확인하고 그 결과를 서면으로 작성하여 위탁한 사람에게 제출하는 일을 수행한다.

2. 행정사의 종류별 업무의 범위와 내용

1) 일반행정사

행정사의 업무 중 행정기관의 업무에 관련된 서류의 번역과 해운 및 해양안전심판과 관련한 업무를 제외한 업무를 하는 행정사이다.

2) 해사행정사

행정사의 업무 중 행정기관의 업무에 관련된 서류의 번역을 제외한 해운 및 해양안전심판과 관련한 업무를 하는 행정사이다.

3) 외국어번역행정사

행정사의 업무 중 행정기관의 업무에 관련된 서류의 번역과 번역한 서류를 위촉자를 대행하여 행정기관에 제출하는 일을 하는 행정사이다.

3. 행정사가 아닌 사람에 대한 금지사항

1) 행정사가 아닌 사람은 다른 법률에 따라 허용되는 경우를 제외하고는 행정사의 업무를 업으로 하지 못한다.

2) 행정사가 아닌 사람은 행정사 또는 이와 비슷한 명칭을 사용하지 못한다.

4. 벌칙 부과

1) 다른 법률에 따라 허용되는 경우를 제외하고 행정사가 아닌 사람이 행정사의 업무를 업으로 한 경우 3년 이하의 징역 또는 3천만 원 이하의 벌금에 처한다.

2) 행정사가 아닌 사람이 행정사 또는 이와 비슷한 명칭을 사용하면 500만 원 이하의 과태료를 부과한다.

Chapter

02 행정사의 자격과 결격사유

제2장 행정사의 자격과 시험

제5조【행정사의 자격】 행정사 자격시험에 합격한 사람은 행정사 자격이 있다.

제6조【결격사유】 다음 각 호의 어느 하나에 해당하는 사람은 행정사가 될 수 없다.

1. 피성년후견인 또는 피한정후견인
2. 파산선고를 받고 복권(復權)되지 아니한 사람
3. 금고 이상의 실형을 선고받고 그 집행이 끝나거나(집행이 끝난 것으로 보는 경우를 포함한다) 집행이 면제된 날부터 3년이 지나지 아니한 사람
4. 금고 이상의 형의 집행유예를 선고받고 그 유예기간이 끝난 날부터 2년이 지나지 아니한 사람
5. 금고 이상의 형의 선고유예를 받고 그 유예기간에 있는 사람
6. 공무원으로서 징계처분에 따라 파면되거나 해임된 후 3년이 지나지 아니한 사람
7. 제30조에 따라 행정사 자격이 취소된 후 3년이 지나지 아니한 사람

제7조【행정사자격심의위원회】 ① 행정사 자격의 취득과 관련된 다음 각 호의 사항을 심의하기 위하여 행정안전부에 행정사자격심의위원회를 둘 수 있다.

1. 행정사 자격시험 과목 등 시험에 관한 사항
2. 행정사 자격시험 선발 인원의 결정에 관한 사항
3. 행정사 자격시험의 일부면제 대상자의 요건에 관한 사항
4. 그 밖에 행정사 자격의 취득과 관련한 중요 사항

② 행정사자격심의위원회의 구성 및 운영에 필요한 사항은 대통령령으로 정한다.

제8조【행정사 자격시험】 ① 행정사 자격시험은 행정안전부장관이 실시한다.

② 행정사 자격시험은 제1차시험과 제2차시험으로 구분하여 실시한다.

③ 행정안전부장관은 행정사 자격시험의 관리에 관한 업무를 「한국산업인력공단법」에 따른 한국산업인력공단에 위탁할 수 있다.

④ 행정사 자격시험의 시험과목, 시험방법, 그 밖에 시험에 관하여 필요한 사항은 대통령령으로 정한다.

제9조【시험의 일부 면제】 ① 다음 각 호의 어느 하나에 해당하는 사람은 제1차시험을 면제한다.

1. 공무원으로 재직한 사람 중 다음 각 목의 어느 하나에 해당하는 사람
   가. 경력직공무원(특정직공무원 중 대통령령으로 정하는 공무원은 제외한다. 이하 같다)으로 10년 이상 근무한 사람 중 7급(이에 상당하는 계급을 포함한다) 이상의 직에 5년 이상 근무한 사람
   나. 대통령령으로 정하는 특수경력직공무원으로 10년 이상 근무한 사람 중 7급 이상에 상당하는 직에 5년 이상 근무한 사람
2. 「고등교육법」에 따른 대학에서 외국어 전공 학사학위를 받은 후 그 외국어 번역 업무에 5년 이상 종사한 경력이 있는 사람
3. 「고등교육법」에 따른 대학원에서 외국어 전공 석사학위 또는 박사학위를 받은 후 그 외국어 번역 업무에 3년 이상 종사한 경력이 있는 사람
4. 행정사 자격이 있는 사람으로서 다른 종류의 행정사 자격시험에 응시하는 사람

② 다음 각 호의 어느 하나에 해당하는 사람은 제1차시험의 전과목과 제2차시험의 과목 중 2분의 1을 넘지 아니하는 범위에서 대통령령으로 정하는 과목을 면제한다.

1. 경력직공무원으로서 다음 각 목의 어느 하나에 해당하는 사람
   가. 15년 이상 근무한 사람 중 6급(이에 상당하는 계급을 포함한다) 이상의 직에 8년 이상 근무한 사람
   나. 10년 이상 근무한 사람 중 5급(이에 상당하는 계급을 포함한다) 이상의 직에 5년 이상 근무한 사람
2. 대통령령으로 정하는 특수경력직공무원으로서 다음 각 목의 어느 하나에 해당하는 사람
   가. 15년 이상 근무한 사람 중 6급 이상에 상당하는 직에 8년 이상 근무한 사람
   나. 10년 이상 근무한 사람 중 5급 이상에 상당하는 직에 5년 이상 근무한 사람
3. 「고등교육법」에 따른 대학에서 외국어 전공 학사학위를 받은 후 그 외국어 번역 업무에 7년 이상 종사한 경력이 있는 사람
4. 「고등교육법」에 따른 대학원에서 외국어 전공 석사학위 또는 박사학위를 받은 후 그 외국어 번역 업무에 5년 이상 종사한 경력이 있는 사람

③ 다음 각 호의 어느 하나에 해당하는 사람에게는 제1항 및 제2항을 적용하지 아니한다.

1. 공무원으로 근무 중 탄핵된 사람 또는 징계처분에 따라 그 직에서 파면되거나 해임된 사람
2. 공무원으로 근무 중 금전, 물품, 부동산, 향응 또는 그 밖에 대통령령으로 정하는 재산상 이익을 취득하거나 제공한 사유로 강등 또는 정직에 해당하는 징계처분을 받은 사람
3. 공무원으로 근무 중 다음 각 목에 해당하는 것을 횡령(橫領), 배임(背任), 절도, 사기 또는 유용(流用)한 사유로 강등 또는 정직에 해당하는 징계처분을 받은 사람
   가. 「국가재정법」에 따른 예산 및 기금
   나. 「지방재정법」에 따른 예산 및 「지방자치단체 기금관리기본법」에 따른 기금
   다. 「국고금 관리법」 제2조 제1호에 따른 국고금
   라. 「보조금 관리에 관한 법률」 제2조 제1호에 따른 보조금
   마. 「국유재산법」 제2조 제1호에 따른 국유재산 및 「물품관리법」 제2조 제1항에 따른 물품
   바. 「공유재산 및 물품 관리법」 제2조 제1호 및 제2호에 따른 공유재산 및 물품
   사. 그 밖에 가목부터 바목까지에 준하는 것으로서 대통령령으로 정하는 것

④ 제1항 및 제2항에 따른 외국어 번역 업무에 종사한 경력 등 자격인정에 필요한 사항은 대통령령으로 정한다.

⑤ 제1차시험에 합격한 사람에 대하여는 다음 회의 시험에서만 제1차시험을 면제한다.

제9조의2【시험부정행위자에 대한 조치】 ① 행정안전부장관은 제8조에 따른 행정사 자격시험에서 부정행위를 한 사람에 대하여는 그 시험을 정지시키거나 무효로 처리한다.

② 제1항에 따라 시험이 정지되거나 무효로 처리된 사람은 그 처분이 있은 날부터 5년간 행정사 자격시험에 응시하지 못한다.

1. 행정사의 자격

행정사 자격시험에 합격한 사람은 행정사 자격이 있다.

2. 결격사유

1) 피성년후견인 또는 피한정후견인

2) 파산선고를 받고 복권되지 아니한 사람

3) 금고 이상의 실형을 선고받고 그 집행이 끝나거나(집행이 끝난 것으로 보는 경우도 포함한다) 집행이 면제된 날부터 3년이 지나지 아니한 사람

4) 금고 이상의 형의 집행유예를 선고받고 그 유예기간이 끝난 날부터 2년이 지나지 아니한 사람

5) 금고 이상의 형의 선고유예를 받고 그 유예기간에 있는 사람

6) 공무원으로서 징계처분에 따라 파면되거나 해임된 후 3년이 지나지 아니한 사람

7) 행정사법에 따라 행정사 자격이 취소된 후 3년이 지나지 아니한 사람

Chapter

03 행정사의 업무신고와 업무신고확인인증

제3장 업무신고

제10조【행정사의 업무신고】 ① 행정사 자격이 있는 사람이 행정사로서 업무를 하려면 대통령령으로 정하는 바에 따라 주된 사무소의 소재지를 관할하는 특별자치시장·특별자치도지사·시장·군수 또는 자치구의 구청장(이하 "시장등"이라 한다)에게 대통령령으로 정하는 행정사업무신고 기준을 갖추어 신고(이하 "행정사업무신고"라 한다)하여야 한다. 신고한 사항을 변경할 때도 또한 같다.
② 행정사업무신고의 기준 및 절차 등에 관하여 필요한 사항은 대통령령으로 정한다.

시행령 제20조【행정사의 업무신고】 ① 법 제10조 제1항에서 "대통령령으로 정하는 행정사업무신고 기준"이란 다음 각 호의 기준을 말한다.

1. 법 제6조 각 호의 결격사유에 해당하지 않을 것
2. 법 제25조 제1항에 따른 실무교육(이하 "실무교육"이라 한다)을 이수했을 것
3. 제18조에 따른 행정사 자격증이 있을 것
4. 행정사회에 가입했을 것

② 법 제10조 제1항에 따라 행정사업무신고를 하려는 사람은 행정안전부령으로 정하는 신고서에 다음 각 호의 서류를 첨부하여 주된 사무소의 소재지를 관할하는 특별자치시장·특별자치도지사·시장·군수 또는 자치구의 구청장(이하 "시장등"이라 한다)에게 제출해야 한다.

1. 행정사 자격증 사본 1부
2. 실무교육 수료증 사본 1부
3. 행정사회 회원증 1부

제11조【업무신고의 수리 거부】 ① 시장등은 행정사업무신고를 하려는 사람이 행정사업무신고 기준을 갖추지 아니한 경우에는 그 행정사업무신고의 수리를 거부할 수 있다. 이 경우 지체 없이 행정사업무신고의 수리 거부 사실 및 그 사유를 당사자에게 알려야 한다.
② 시장등이 업무신고를 받은 날부터 3개월이 지날 때까지 제12조에 따른 행정사업무신고확인증(이하 "신고확인증"이라 한다)을 발급하지 아니하거나 행정사업무신고의 수리 거부 통지를 하지 아니하면 3개월이 되는 날의 다음 날에 행정사업무신고가 수리된 것으로 본다.
③ 제1항에 따라 행정사업무신고의 수리가 거부된 사람은 그 통지를 받은 날부터 3개월 이내에 행정사업무신고의 수리 거부에 대한 불복(不服)의 이유를 밝혀 시장등에게 이의신청을 할 수 있다.
④ 시장등은 제3항에 따른 이의신청이 이유 있다고 인정하면 신고확인증을 발급하여야 한다.
⑤ 제3항에 따른 이의신청에 필요한 사항은 행정안전부령으로 정한다.

제12조【신고확인증의 발급】 ① 시장등은 행정사업무신고를 받은 때에는 그 내용을 확인한 후 행정안전부령으로 정하는 바에 따라 신고확인증을 행정사에게 발급하여야 한다.
② 제1항에 따라 신고확인증을 발급받은 사람은 신고확인증을 잃어버리거나 못쓰게 된 경우에는 행정안전부령으로 정하는 바에 따라 시장등에게 재발급을 신청할 수 있다.

제13조【신고확인증의 대여 등의 금지】 ① 행정사는 다른 사람에게 신고확인증을 대여하여서는 아니 된다.
② 누구든지 다른 사람의 신고확인증을 대여받아 사용하여서는 아니 된다.
③ 누구든지 제1항 및 제2항에 따른 신고확인증의 대여를 알선하여서는 아니 된다.

1. 업무신고

행정사 자격이 있는 사람이 행정사로서 업무를 하려면 주된 사무소의 소재지를 관할하는 시장 등에게 행정사업무신고 기준을 갖추어 신고하여야 한다. 신고한 사항을 변경할 때도 또한 같다.

2. 업무신고의 기준

1) 결격사유에 해당하지 않을 것

2) 실무교육을 이수했을 것

3) 행정사 자격증이 있을 것

4) 행정사회에 가입했을 것

3. 업무신고의 수리 거부

시장 등은 업무신고 기준을 갖추지 아니한 경우에는 업무신고의 수리를 거부할 수 있다. 이 경우 지체 없이 행정사업무신고의 수리 거부 사실 및 그 사유를 당사자에게 알려야 한다.

4. 수리간주

시장 등이 업무신고를 받은 날부터 3개월이 지날 때까지 행정사업무신고확인증을 발급하지 아니하거나 행정사업무신고의 수리 거부 통지를 하지 아니하면 3개월이 되는 날의 다음 날에 행정사업무신고가 수리된 것으로 본다.

5. 이의신청

행정사업무신고의 수리가 거부된 사람은 그 통지를 받은 날부터 3개월 이내에 행정사업무신고의 수리 거부에 대한 불복의 이유를 밝혀 시장 등에게 이의신청을 할 수 있다.
시장 등은 이의신청이 이유 있다고 인정하면 신고확인증을 발급하여야 한다.

6. 신고확인증의 대여 등의 금지

1) 행정사는 다른 사람에게 신고확인증을 대여하여서는 아니 된다.

2) 누구든지 다른 사람의 신고확인증을 대여받아 사용하여서는 아니 된다.

3) 누구든지 신고확인증의 대여를 알선하여서는 아니 된다.

7. 자격의 취소

행정안전부장관은 행정사가 신고확인증을 양도하거나 대여한 경우 그 자격을 취소하여야 하며, 자격을 취소하려는 경우에는 청문을 하여야 한다.

8. 벌칙

신고확인증을 다른 자에게 대여한 행정사, 행정사법인과 이를 대여받은 자 또는 대여를 알선한 자는 3년 이하의 징역 또는 3천만 원 이하의 벌금에 처한다. 이 경우 양벌규정이 적용되어 행정사 또는 행정사법인의 사무직원이나 소속행정사가 위반행위를 하면 그 행위자를 벌하는 외에 그 행정사 또는 행정사법인에게도 벌금형을 과한다. 다만, 행정사 또는 행정사법인이 그 위반행위를 방지하기 위하여 해당 업무에 관하여 상당한 주의와 감독을 게을리하지 아니한 경우에는 그러하지 아니하다.

Chapter

04 행정사의 사무소 설치

제14조【사무소의 설치 등】 ① 행정사는 제2조에 따른 업무를 하기 위한 사무소를 하나만 설치할 수 있다.
② 행정사는 그 업무를 효율적으로 수행하고 공신력(公信力)을 높이기 위하여 2명 이상의 행정사로 구성된 합동사무소를 설치할 수 있으며, 행정사합동사무소를 구성하는 행정사의 수를 넘지 아니하는 범위에서 주사무소와 분사무소(分事務所)를 설치할 수 있다. 이 경우 주사무소와 분사무소에는 행정사합동사무소를 구성하는 행정사가 각각 1명 이상 상근하여야 한다.
③ 행정사가 사무소를 이전한 때에는 10일 이내에 이전 후의 사무소 소재지를 관할하는 시장등에게 신고하여야 한다.
④ 제3항에 따라 이전신고를 받은 시장등은 이전신고한 행정사에게 신고확인증을 발급하여야 하며, 종전의 사무소 소재지를 관할하는 시장등에게 사무소의 이전 사실을 통지하여야 한다.
⑤ 제3항에 따른 신고 전에 발생한 사유로 인한 행정사에 대한 행정처분은 제3항에 따라 신고를 받은 시장등이 행한다.
⑥ 사무소의 설치·운영 및 신고와 그 밖에 필요한 사항은 행정안전부령으로 정한다.

제15조【사무소의 명칭 등】 ① 행정사는 그 사무소의 종류별로 사무소의 명칭 중에 행정사사무소 또는 행정사합동사무소라는 글자를 사용하고, 행정사합동사무소의 분사무소에는 그 분사무소임을 표시하여야 한다.
② 행정사가 아닌 사람은 행정사사무소 또는 이와 비슷한 명칭을 사용하지 못하며, 행정사합동사무소나 그 분사무소가 아니면 행정사합동사무소나 그 분사무소 또는 이와 비슷한 명칭을 사용하지 못한다.

1. 사무소의 설치

1) 행정사는 행정사 업무를 하기 위한 사무소를 하나만 설치할 수 있다.

2) 행정사는 그 업무를 효율적으로 수행하고 공신력을 높이기 위하여 2명 이상의 행정사로 구성된 합동사무소를 설치할 수 있으며, 행정사합동사무소를 구성하는 행정사의 수를 넘지 아니하는 범위에서 주사무소와 분사무소를 설치할 수 있다. 이 경우 주사무소와 분사무소에는 행정사합동사무소를 구성하는 행정사가 각각 1명 이상 상근하여야 한다. 법인의 경우 법인구성원이 상근하여야 한다.

3) 법인의 소속행정사 및 법인구성원은 그 행정사법인의 사무소 외에 따로 사무소를 둘 수 없다.

4) 행정사가 사무소를 이전한 때에는 10일 이내에 이전 후의 사무소 소재지를 관할하는 시장 등에게 신고하여야 한다. 사무소 이전신고 의무 위반시 100만 원 이하의 과태료가 부과된다.

5) 이전신고를 받은 시장 등은 이전신고한 행정사에게 신고확인증을 발급하여야 하며, 종전의 사무소 소재지를 관할하는 시장 등에게 사무소의 이전 사실을 통지하여야 한다.

6) 신고 전에 발생한 사유로 인한 행정사에 대한 행정처분은 이전신고를 받은 시장 등이 행한다.

2. 사무소의 명칭 등

1) 행정사는 그 사무소의 종류별로 사무소의 명칭 중에 행정사사무소 또는 행정사합동사무소라는 글자를 사용하고, 행정사합동사무소의 분사무소에는 그 분사무소임을 표시하여야 한다.

2) 행정사가 아닌 사람은 행정사사무소 또는 이와 비슷한 명칭을 사용하지 못하며, 행정사합동사무소나 그 분사무소가 아니면 행정사합동사무소나 그 분사무소 또는 이와 비슷한 명칭을 사용하지 못한다.

3. 과태료

행정사 또는 이와 비슷한 명칭을 사용한 자와 행정사사무소, 행정사합동사무소 또는 그 분사무소나 행정사법인 또는 그 분사무소와 비슷한 명칭을 사용한 자에게는 500만 원 이하의 과태료가 부과된다.

4. 업무정지사유

행정사가 행정사 업무를 위해 하나의 사무소만 설치할 수 있다는 규정을 위반한 경우와 행정사합동사무소를 구성하는 행정사 또는 법인구성원이 상근하지 아니한 경우, 그리고 법인의 소속행정사 및 법인구성원이 그 행정사법인의 사무소 외에 따로 사무소를 둔 경우에는 행정사사무소의 소재지를 관할하는 시장 등은 6개월의 범위에서 기간을 정하여 업무의 정지를 명할 수 있다. 업무정지처분을 받고 그 업무정지 기간에 행정사 업무를 한 경우 행정사 자격이 취소되며, 1년 이하의 징역 또는 1천만 원 이하의 벌금에 처한다.

Chapter

05 폐업신고 · 휴업신고

제16조【폐업신고】① 행정사가 폐업한 경우에는 본인이, 사망한 경우에는 가족이나 동거인 또는 그 사무직원이 지체 없이 그 사실을 시장등에게 신고하여야 한다. 폐업한 행정사가 업무를 다시 시작할 때에도 또한 같다.
② 제1항에 따른 신고에 필요한 사항은 행정안전부령으로 정한다.

제17조【휴업신고】① 행정사가 3개월이 넘도록 휴업(업무신고를 하고 업무를 시작하지 아니하는 경우를 포함한다. 이하 같다)하거나 휴업한 행정사가 업무를 다시 시작하려면 시장등에게 신고하여야 한다.
② 시장등은 제1항에 따른 업무재개신고를 받은 날부터 15일 이내에 신고수리 여부를 신고인에게 통지하여야 한다.
③ 시장등은 제2항에서 정한 기간 내에 신고수리 여부 또는 민원 처리 관련 법령에 따른 처리기간의 연장을 신고인에게 통지하지 아니하면 그 기간(민원 처리 관련 법령에 따라 처리기간이 연장 또는 재연장된 경우에는 해당 처리기간을 말한다)이 끝난 날의 다음 날에 신고를 수리한 것으로 본다.
④ 제1항에 따라 휴업한 행정사가 2년이 지나도 업무를 다시 시작하지 아니하는 경우에는 폐업한 것으로 본다.
⑤ 제1항에 따른 휴업신고 및 업무재개신고에 필요한 사항은 행정안전부령으로 정한다.

1. 폐업신고

1) 행정사가 폐업한 경우에는 본인이, 사망한 경우에는 가족이나 동거인 또는 그 사무직원이 지체 없이 그 사실을 시장 등에게 신고하여야 한다. 폐업한 행정사가 업무를 다시 시작할 때에도 또한 같다.

2) 휴업한 행정사가 2년이 지나도 업무를 다시 시작하지 아니하는 경우에는 폐업한 것으로 본다.

2. 행정제재처분효과의 승계 등

1) 지위승계

폐업신고를 한 후 업무를 다시 시작하는 신고를 한 행정사 또는 행정사법인은 폐업신고 전 행정사의 지위를 승계한다.

2) 처분승계

폐업신고 전의 행정사 또는 행정사법인에 대하여 업무의 정지에 해당하는 위반행위를 사유로 한 행정처분의 효과는 그 처분일부터 1년간 업무를 다시 시작하는 신고를 한 행정사 또는 행정사법인에게 승계된다.

3) 위반행위승계

업무를 다시 시작하는 신고를 한 행정사 또는 행정사법인에 대하여 폐업신고 전 행정사 또는 행정사법인의 업무의 정지에 해당하는 위반행위를 사유로 행정처분을 할 수 있다. 이 경우에는 폐업한 기간과 폐업의 사유 등을 고려하여 업무정지의 기간을 정하여야 한다. 다만, 폐업신고를 한 날부터 업무를 다시 시작하는 신고를 한 날까지의 기간이 1년을 넘은 경우는 그러하지 아니하다.

3. 행정사의 휴업신고 · 업무재개신고

1) 휴업신고

행정사가 3개월이 넘도록 휴업(업무신고를 하고 업무를 시작하지 아니하는 경우를 포함한다)하거나 휴업한 행정사가 업무를 다시 시작하려면 시장 등에게 신고하여야 한다.

2) 신고 수리

시장 등은 업무재개신고를 받은 날부터 15일 이내에 신고 수리 여부를 신고인에게 통지하여야 한다. 시장 등이 15일 이내에 신고 수리 여부를 통지하지 아니하면 그 기간이 끝난 날의 다음 날에 신고를 수리한 것으로 본다.

3) 업무정지사유

행정사가 휴업신고를 하지 아니한 경우 행정사사무소의 소재지를 관할하는 시장 등은 6개월의 범위에서 기간을 정하여 업무의 정지를 명할 수 있다. 업무정지처분을 받고 그 업무정지기간에 행정사 업무를 한 경우 행정사 자격이 취소되며, 1년 이하의 징역 또는 1천만 원 이하의 벌금에 처한다.

Chapter

06 행정사의 권리

> 제4장 행정사의 권리 · 의무
>
> 제18조 【사무직원】 ① 행정사는 사무직원을 둘 수 있으며, 소속 사무직원을 지도 · 감독할 책임이 있다.
> ② 사무직원의 직무상 행위는 그를 고용한 행정사의 행위로 본다.
> ③ 삭제
>
> 제19조 【보수】 ① 행정사는 업무를 위임한 자로부터 보수를 받는다.
> ② 행정사와 그 사무직원은 업무에 관하여 제1항에 따른 보수 외에 어떠한 명목으로도 위임인으로부터 금전 또는 재산상의 이익이나 그 밖의 반대급부(反對給付)를 받지 못한다.
>
> 제20조 【증명서의 발급】 ① 행정사는 업무에 관련된 사실의 확인증명서를 발급할 수 있다.
> ② 외국어번역행정사는 그가 번역한 번역문에 대하여 번역확인증명서를 발급할 수 있다.
> ③ 제1항과 제2항에 따른 증명서 발급의 범위는 대통령령으로 정한다.
>
> 시행령 제21조 【증명서 발급의 범위 등】 행정사가 법 제20조 제1항 및 제2항에 따라 발급할 수 있는 증명서의 범위는 자신이 행한 업무에 관련된 사실과 자신이 번역한 번역문으로 한정한다.

1. 보수

1) 행정사는 업무를 위임한 자로부터 보수를 받는다.

2) 행정사와 그 사무직원은 업무에 관하여 보수 외에 어떠한 명목으로도 위임인으로부터 금전 또는 재산상의 이익이나 그 밖의 반대급부를 받지 못한다.

3) 행정사와 그 사무직원이 업무에 관하여 따로 보수 외에 금전 또는 재산상 이익이나 그 밖의 반대급부를 받은 경우 6개월의 범위에서 기간을 정하여 업무의 정지를 명할 수 있으며, 100만 원 이하의 벌금에 처한다.

2. 증명서 발급

1) 행정사는 업무에 관련된 사실의 확인증명서를 발급할 수 있다.

2) 외국어번역행정사는 그가 번역한 번역문에 대하여 번역확인증명서를 발급할 수 있다.

3) 증명서 발급 범위는 자신이 행한 업무에 관련된 사실과 자신이 번역한 번역문으로 한정한다.

3. 사무직원

1) 행정사는 사무직원을 둘 수 있으며, 소속 사무직원을 지도·감독할 책임이 있다.

2) 사무직원의 직무상 행위는 그를 고용한 행정사의 행위로 본다.

Chapter

07 행정사의 업무와 관련된 의무와 책임

제21조【행정사의 의무와 책임】 ① 행정사는 품위를 유지하고 신의와 성실로써 공정하게 직무를 수행하여야 한다.

② 행정사가 위임받은 업무를 수행하면서 고의 또는 과실로 위임인에게 재산상의 손해를 입힌 경우에는 그 손해를 배상할 책임이 있다.

제21조의2【수임제한】 ① 공무원직에 있다가 퇴직한 행정사는 퇴직 전 1년부터 퇴직할 때까지 근무한 행정기관에 대한 제2조 제1항 제5호에 따른 업무를 퇴직한 날부터 1년 동안 수임할 수 없다.

② 제1항의 수임제한은 제25조의7에 따른 법인구성원 또는 소속행정사로 지정되는 경우를 포함한다.

③ 제1항에 따른 행정기관의 범위는 대통령령으로 정한다.

시행령 제21조의2【수임제한 대상 행정기관의 범위】 ① 법 제21조의2 제1항에 따른 행정기관의 범위는 「민원 처리에 관한 법률」 제2조 제3호 가목의 기관으로 한다.

② 제1항에도 불구하고 공무원직에 있다가 퇴직한 행정사가 파견, 교육훈련, 휴직, 출산휴가 또는 징계 등으로 퇴직 전 1년간 행정기관에 실제로 근무하지 않은 경우 그 행정기관은 법 제21조의2 제1항에 따른 수임제한 대상 행정기관으로 보지 않는다.

③ 제1항에도 불구하고 공무원직에 있다가 퇴직한 행정사가 둘 이상의 기관에 소속되었던 경우 실제로 근무하지 않은 행정기관은 법 제21조의2 제1항에 따른 수임제한 대상 행정기관으로 보지 않는다.

④ 제1항에도 불구하고 공무원직에 있다가 퇴직한 행정사가 퇴직 전 1년부터 퇴직한 때까지 일시적 직무대리, 겸임발령 등으로 소속된 행정기관에서의 근무기간이 1개월 이하인 경우 그 행정기관은 법 제21조의2 제1항에 따른 수임제한 대상 행정기관으로 보지 않는다.

제22조【금지행위】 행정사와 그 사무직원은 다음 각 호의 행위를 하여서는 아니 된다.

1. 정당한 사유 없이 업무에 관한 위임을 거부하는 행위
2. 당사자 중 어느 한 쪽의 위임을 받아 취급하는 업무에 관하여 이해관계를 달리하는 상대방으로부터 같은 업무를 위임받는 행위. 다만, 당사자 양쪽이 동의한 경우는 제외한다.
3. 행정사의 업무 범위를 벗어나서 타인의 소송이나 그 밖의 권리관계분쟁 또는 민원사무처리과정에 개입하는 행위
4. 업무수임 또는 수행 과정에서 관련 공무원과의 연고(緣故) 등 사적인 관계를 드러내며 영향력을 미칠 수 있는 것으로 선전하는 행위
5. 행정사의 업무에 관하여 거짓된 내용을 표시하거나 객관적 사실을 과장 또는 누락하여 소비자를 오도(誤導)하거나 오해를 불러일으킬 우려가 있는 내용의 광고행위
6. 행정사 업무의 알선을 업으로 하는 자를 이용하거나 그 밖의 부당한 방법으로 행정사 업무의 위임을 유치(誘致)하는 행위

제23조【비밀엄수】 행정사 또는 행정사이었던 사람(행정사의 사무직원 또는 사무직원이었던 사람을 포함한다)은 정당한 사유 없이 직무상 알게 된 사실을 다른 사람에게 누설하여서는 아니 된다.

제24조【업무처리부 작성】 ① 행정사는 업무를 위임받으면 대통령령으로 정하는 바에 따라 업무처리부(業務處理簿)를 작성하여 보관하여야 한다.
② 제1항에 따른 업무처리부에는 다음 각 호의 사항을 적어야 한다.
1. 일련번호
2. 위임받은 연월일
3. 위임받은 업무의 개요
4. 보수액
5. 위임인의 주소와 성명
6. 그 밖에 위임받은 업무의 처리에 필요한 사항

시행령 제22조【업무처리부의 보관 등】 ① 법 제24조 제1항에 따른 업무처리부는 「전자문서 및 전자거래 기본법」 제2조 제1호에 따른 전자문서로 작성할 수 있다.
② 행정사는 법 제24조 제1항에 따라 작성한 업무처리부를 1년간 보관하여야 한다.

제25조【행정사의 교육】 ① 행정사 자격이 있는 사람이 행정사 업무를 시작하려면 대통령령으로 정하는 바에 따라 행정안전부장관이 시행하는 실무교육을 받아야 한다.
② 행정사의 사무소(행정사합동사무소 또는 행정사법인의 경우에는 주사무소를 말한다)의 소재지를 관할하는 특별시장·광역시장·특별자치시장·도지사·특별자치도지사(이하 "시·도지사"라 한다)는 행정사의 자질과 업무수행능력 향상을 위하여 직접 또는 대통령령으로 정하는 기관·단체 등에 위탁하여 행정사에 대한 연수교육을 실시하여야 한다.
③ 행정사는 제2항에 따른 연수교육을 받아야 한다.
④ 제1항에 따른 실무교육 및 제2항에 따른 연수교육의 과목·시기·기간 및 이수방법 등에 관하여 필요한 사항은 대통령령으로 정한다.

시행령 제23조【행정사의 교육】 ① 실무교육은 기본소양교육과 실무수습교육으로 구분한다.
② 제1항에 따른 기본소양교육은 20시간 실시하며, 실무수습교육은 40시간 동안 행정사 사무소 또는 행정안전부장관이 지정하는 장소에서 실시한다.
③ 행정안전부장관은 다음 각 호의 사항을 포함한 실무교육계획을 수립하여 교육 실시 30일 전까지 인터넷 홈페이지 등에 공고해야 한다.
1. 교육시기 및 교육기간
2. 민원처리 관련 법령·행정절차·기본소양 등 교육과목
3. 교육의 이수방법
4. 그 밖에 필요한 사항
④ 법 제25조 제1항에 따른 실무교육은 집합교육 또는 온라인 교육으로 실시한다.
⑤ 법 제25조 제2항에서 "대통령령으로 정하는 기관·단체 등"이란 다음 각 호의 기관 및 단체를 말한다.
1. 행정사회
2. 「고등교육법」 제2조 제1호에 따른 대학(행정학과 또는 법학과가 개설된 대학으로 한정한다)
⑥ 행정사는 전문성과 윤리의식을 높이기 위하여 다음 각 호의 구분에 따른 날(각 호 중 둘 이상에 해당하는 경우에는 가장 빠른 날을 말한다)부터 2년(휴업 기간 및 업무의 정지 기간은 제외한다)마다 16시간의 연수교육을 받아야 한다.
1. 법 제14조에 따른 사무소 또는 합동사무소를 설치한 행정사의 경우: 법 제12조에 따른 행정사업무신고확인증을 발급받은 날
2. 법 제25조의3 제2항 제2호에 따른 행정사법인을 구성하는 행정사(이하 "법인구성원"이라 한다)의 경우: 법 제25조의4 제3항에 따른 법인업무신고 확인증을 발급받은 날

3. 법 제25조의6 제1항에 따라 고용된 행정사(이하 "소속행정사"라 한다)의 경우 : 법 제25조의6 제2항에 따라 행정사법인이 해당 소속행정사의 고용을 신고한 날

⑦ 특별시장 · 광역시장 · 특별자치시장 · 도지사 · 특별자치도지사(이하 "시 · 도지사"라 한다)는 다음 각 호의 사항을 포함한 연수교육계획을 수립하여 교육 실시 30일 전까지 인터넷 홈페이지 등에 공고해야 한다.

1. 교육시기 및 교육기간
2. 민원처리와 관련하여 변경된 법령 · 제도 · 절차 및 기본소양 과목 등 교육과목
3. 교육의 이수방법
4. 그 밖에 필요한 사항

⑧ 법 제25조 제3항에 따른 연수교육의 실시방법에 관하여는 제4항을 준용한다.

1. 의무와 책임

행정사는 품위를 유지하고 신의와 성실로써 공정하게 직무를 수행하여야 한다. 또한 행정사가 위임받은 업무를 수행하면서 고의 또는 과실로 위임인에게 재산상의 손해를 입힌 경우에는 그 손해를 배상할 책임이 있다.

2. 수임제한

공무원직에 있다가 퇴직한 행정사는 퇴직 전 1년부터 퇴직할 때까지 근무한 행정기관에 대한 인가 · 허가 및 면허 등을 받기 위하여 행정기관에 하는 신청 · 청구 및 신고 등의 대리 업무를 퇴직한 날부터 1년 동안 수임할 수 없다. 이러한 수임제한은 행정사법인의 법인구성원 또는 소속행정사로 지정되는 경우를 포함한다.

3. 금지행위

1) 정당한 사유 없이 업무에 관한 위임을 거부하는 행위

2) 당사자 중 어느 한 쪽의 위임을 받아 취급하는 업무에 관하여 이해관계를 달리하는 상대방으로부터 같은 업무를 위임받는 행위(다만, 당사자 양쪽이 동의한 경우는 제외)

3) 행정사의 업무 범위를 벗어나서 타인의 소송이나 그 밖의 권리관계분쟁 또는 민원사무처리과정에 개입하는 행위

4) 업무수임 또는 수행 과정에서 관련 공무원과의 연고 등 사적인 관계를 드러내며 영향력을 미칠 수 있는 것으로 선전하는 행위

5) 행정사의 업무에 관하여 거짓된 내용을 표시하거나 객관적 사실을 과장 또는 누락하여 소비자를 오도하거나 오해를 불러일으킬 우려가 있는 내용의 광고행위

6) 행정사 업무의 알선을 업으로 하는 자를 이용하거나 그 밖의 부당한 방법으로 행정사 업무의 위임을 유치하는 행위

4. 비밀엄수

행정사 또는 행정사였던 사람(행정사의 사무직원 또는 사무직원이었던 사람을 포함한다)은 정당한 사유 없이 직무상 알게 된 사실을 다른 사람에게 누설하여서는 아니 된다. 업무상 알게 된 사실을 다른 사람에게 누설한 자는 1년 이하의 징역 또는 1천만 원 이하의 벌금에 처한다.

5. 업무처리부 작성

1) 행정사는 업무를 위임받으면 대통령령으로 정하는 바에 따라 업무처리부를 작성하여 보관하여야 한다.

2) 업무처리부에는 다음의 내용을 적어야 한다.

(1) 일련번호

(2) 위임받은 연월일

(3) 위임받은 업무의 개요

(4) 보수액

(5) 위임인의 주소와 성명

(6) 그 밖에 위임받은 업무의 처리에 필요한 사항

3) 업무처리부를 작성하지 아니하거나 거짓으로 작성한 자에게는 100만 원 이하의 과태료를 부과한다.

6. 행정사의 교육

1) 실무교육

행정사 자격이 있는 사람이 행정사 업무를 시작하려면 행정안전부장관이 시행하는 실무교육을 받아야 한다. 실무교육은 기본소양교육과 실무수습교육으로 구분되는데, 기본소양교육은 20시간 실시하고, 실무수습교육은 40시간 동안 실시한다.

2) 연수교육

(1) 행정사의 사무소(행정사합동사무소 또는 행정사법인의 경우에는 주사무소를 말한다)의 소재지를 관할하는 특별시장·광역시장·특별자치시장·도지사·특별자치도지사는 행정사의 자질과 업무수행능력 향상을 위하여 직접 또는 대통령령으로 정하는 기관·단체 등에 위탁하여 행정사에 대한 연수교육을 실시하여야 한다.

(2) 행정사는 전문성과 윤리의식을 높이기 위하여 행정사업무신고확인증 또는 법인업무신고확인증을 발급받은 날(소속행정사의 경우 고용을 신고한 날)부터 2년마다 16시간의 연수교육을 받아야 한다.

Chapter

08 행정사법인

제4장의2 행정사법인

제25조의2【행정사법인의 설립】 행정사는 제2조에 따른 업무를 조직적이고 전문적으로 수행하기 위하여 3명 이상의 행정사를 구성원으로 하는 행정사법인을 설립할 수 있다.

제25조의3【설립 절차】 ① 행정사법인을 설립하려면 행정사법인의 구성원이 될 행정사가 정관(定款)을 작성하여 대통령령으로 정하는 바에 따라 행정안전부장관의 인가(이하 "설립인가"라 한다)를 받아야 한다. 정관을 변경할 때에도 또한 같다.

② 행정사법인의 정관에는 다음 각 호의 사항을 적어야 한다.

1. 목적, 명칭, 주사무소 및 분사무소의 소재지
2. 행정사법인을 구성하는 행정사(이하 "법인구성원"이라 한다)의 성명과 주소
3. 법인구성원의 출자에 관한 사항
4. 법인구성원 회의에 관한 사항
5. 자산 및 회계에 관한 사항
6. 행정사법인의 대표에 관한 사항
7. 존립시기, 해산사유를 정한 경우에는 그 시기 또는 사유
8. 그 밖에 대통령령으로 정하는 사항

③ 행정사법인은 대통령령으로 정하는 바에 따라 등기하여야 한다.

④ 행정사법인은 그 주사무소의 소재지에서 설립등기를 함으로써 성립한다.

제25조의4【행정사법인의 업무신고 등】 ① 행정사법인이 제2조에 따른 업무를 하려면 대통령령으로 정하는 바에 따라 주사무소의 소재지를 관할하는 시장등에게 대통령령으로 정하는 행정사법인 업무신고 기준을 갖추어 신고(이하 "법인업무신고"라 한다)하여야 한다. 신고한 사항을 변경할 때에도 또한 같다.

② 시장등은 법인업무신고를 하려는 자가 법인업무신고 기준을 갖추지 아니한 경우에는 그 법인업무신고의 수리를 거부할 수 있다. 이 경우 지체 없이 법인업무신고의 수리 거부 사실 및 그 사유를 당사자에게 알려야 한다.

③ 시장등은 법인업무신고를 받은 때에는 그 내용을 확인한 후 행정안전부령으로 정하는 바에 따라 법인업무신고확인증을 행정사법인에 발급하여야 한다.

④ 법인업무신고의 기준 및 절차 등에 관하여 필요한 사항은 대통령령으로 정한다.

제25조의5【행정사법인의 사무소 등】 ① 행정사법인은 법인구성원의 수를 넘지 아니하는 범위에서 주사무소와 분사무소를 설치할 수 있다. 이 경우 주사무소와 분사무소에는 각각 1명 이상의 법인구성원이 상근하여야 한다.

② 행정사법인은 사무소의 명칭 중에 행정사법인이라는 글자를 사용하여야 하고, 행정사법인의 분사무소에는 그 분사무소임을 표시하여야 한다.

③ 행정사법인이 아닌 자는 행정사법인 또는 이와 비슷한 명칭을 사용하지 못하며, 행정사법인의 사무소나 그 분사무소가 아니면 행정사법인이나 그 분사무소 또는 이와 비슷한 명칭을 사용하지 못한다.

제25조의6【행정사법인의 소속행정사 등】 ① 행정사법인은 행정사를 고용할 수 있다.
② 행정사법인은 제1항에 따라 행정사를 고용한 경우에는 주사무소 소재지의 시장등에게 행정안전부령으로 정하는 바에 따라 신고하여야 하며, 그 변경이 있는 경우에도 또한 같다.
③ 제1항에 따라 고용된 행정사(이하 "소속행정사"라 한다) 및 법인구성원은 업무정지 중이거나 휴업 중인 사람이 아니어야 한다.
④ 소속행정사 및 법인구성원은 그 행정사법인의 사무소 외에 따로 사무소를 둘 수 없다.
⑤ 법인업무신고를 한 행정사법인은 제25조 제1항에 따른 실무교육을 받지 아니한 사람을 소속행정사로 고용하거나 법인구성원으로 할 수 없다.
⑥ 행정사법인이 제25조의2 또는 그 밖의 이 법에 따른 법인구성원에 관한 요건을 갖추지 못하게 된 경우에는 6개월 이내에 이를 보충하여야 한다.

제25조의7【업무수행 방법】 ① 행정사법인은 법인의 명의로 업무를 수행하여야 하며, 수임한 업무마다 그 업무를 담당할 법인구성원 또는 소속행정사(이하 "담당행정사"라 한다)를 지정하여야 한다. 다만, 소속행정사를 담당행정사로 지정할 경우에는 법인구성원과 공동으로 지정하여야 한다.
② 행정사법인이 수임한 업무에 대하여 담당행정사를 지정하지 아니한 경우에는 법인구성원 모두를 담당행정사로 지정한 것으로 본다.
③ 담당행정사는 지정된 업무에 관하여 그 법인을 대표한다.
④ 행정사법인이 그 업무에 관하여 작성하는 서면(書面)에는 행정사법인의 명의를 표시하고 담당행정사가 기명날인하여야 한다.

제25조의8【해산】 ① 행정사법인은 다음 각 호의 사유로 해산한다.

1. 정관에서 정하는 해산 사유의 발생
2. 법인구성원 전원의 동의
3. 합병 또는 파산
4. 설립인가의 취소

② 행정사법인이 해산하면 청산인은 지체 없이 그 사유를 대통령령으로 정하는 바에 따라 행정안전부장관에게 신고하여야 한다.

제25조의9【합병】 ① 행정사법인은 법인구성원 전원의 동의가 있으면 다른 행정사법인과 합병할 수 있다.
② 제1항의 경우에는 제25조의3을 준용한다.

제25조의10【설립인가의 취소】 행정안전부장관은 행정사법인이 다음 각 호의 어느 하나에 해당하는 경우에는 대통령령으로 정하는 바에 따라 설립인가를 취소할 수 있다. 다만, 제1호의 경우에는 설립인가를 취소하여야 한다.

1. 거짓이나 그 밖의 부정한 방법으로 설립인가를 받은 경우
2. 제25조의6 제6항을 위반하여 법인구성원에 관한 요건을 6개월 이내에 보충하지 아니한 경우
3. 제32조에 따른 업무정지처분을 받고 그 업무정지 기간 중에 업무를 수행한 경우
4. 법령을 위반하여 업무를 수행한 경우

제25조의11【경업의 금지】 ① 법인구성원 또는 소속행정사는 자기 또는 제3자를 위하여 그 행정사법인의 업무범위에 속하는 업무를 수행하거나 다른 행정사법인의 법인구성원 또는 소속행정사가 되어서는 아니 된다.
② 행정사법인의 법인구성원 또는 소속행정사이었던 사람은 그 행정사법인에 소속한 기간 중에 그 행정사법인의 담당행정사로서 수행하고 있었거나 수행을 승낙한 업무에 관하여는 퇴직 후 행정사의 업무를 수행할 수 없다. 다만, 그 행정사법인의 동의가 있는 경우에는 그러하지 아니하다.

제25조의12【손해배상책임의 보장】 행정사법인은 그 직무를 수행하면서 고의나 과실로 의뢰인에게 손해를 입힌 경우 그 손해에 대한 배상책임을 보장하기 위하여 대통령령으로 정하는 바에 따라 손해배상준비금 적립이나 보험가입 등 필요한 조치를 하여야 한다.

제25조의13【준용규정】 ① 행정사법인에 관하여는 그 성질에 반하지 아니하는 범위에서 제11조 제2항부터 제5항까지, 제12조 제2항, 제13조, 제14조 제3항부터 제6항까지, 제16조부터 제21조까지 및 제22조부터 제24조까지의 규정을 준용한다.
② 행정사법인에 관하여 이 법에서 정한 것 외에는 「상법」 중 합명회사(合名會社)에 관한 규정을 준용한다.

시행령 제23조의2【행정사법인의 설립인가 신청】 ① 법 제25조의3 제1항 전단에 따라 행정사법인의 설립인가를 받으려는 행정사법인의 구성원이 될 행정사는 행정안전부령으로 정하는 신청서에 다음 각 호의 서류를 첨부하여 행정안전부장관에게 제출해야 한다.

1. 정관
2. 업무계획서 및 예산서
3. 그 밖에 행정안전부령으로 정하는 서류

② 행정안전부장관은 행정사법인의 설립을 인가하는 경우 행정안전부령으로 정하는 바에 따라 행정사법인 인가대장에 다음 각 호의 내용을 적고, 신청인에게 설립인가증을 발급해야 한다.

1. 인가 번호 및 인가 연월일
2. 행정사법인의 명칭
3. 주사무소 및 분사무소의 소재지
4. 법인구성원 및 소속행정사의 성명 및 자격증번호
5. 그 밖에 행정안전부장관이 필요하다고 인정하는 사항

시행령 제23조의3【정관의 기재사항】 법 제25조의3 제2항 제8호에서 "대통령령으로 정하는 사항"이란 다음 각 호의 사항을 말한다.

1. 행정사법인의 업무를 수행하는 행정사의 권리·의무제한에 관한 사항
2. 법인구성원의 가입·탈퇴에 관한 사항

시행령 제23조의4【행정사법인의 설립등기】 ① 법 제25조의3 제3항에 따른 행정사법인의 설립등기는 제23조의2 제2항에 따른 설립인가증을 받은 날부터 14일 이내에 주사무소 소재지의 관할 등기소에서 해야 한다.
② 제1항에 따른 설립등기에는 다음 각 호의 사항이 포함되어야 한다.

1. 목적
2. 명칭
3. 법인구성원의 성명 및 주소
4. 주사무소와 분사무소의 소재지
5. 법인구성원의 출자 종류, 재산출자의 경우에는 그 가격과 이행한 부분
6. 존립기간, 그 밖에 해산 사유를 정한 경우에는 그 기간 또는 사유
7. 행정사법인을 대표하는 법인구성원을 정한 경우에는 그 성명

③ 행정사법인의 설립등기는 행정사법인의 구성원이 될 행정사 전원이 공동으로 신청해야 하며, 그 신청서에는 다음 각 호의 서류를 첨부해야 한다.

1. 정관
2. 행정사법인 설립인가증 사본
3. 재산출자에 관하여 이행한 부분을 증명하는 서면

④ 행정안전부장관은 제1항에 따라 법인이 설립등기 한 내용을 확인해야 한다. 이 경우 행정안전부장관은 「전자정부법」 제36조 제1항에 따른 행정정보의 공동이용을 통하여 법인 등기사항증명서를 확인할 수 있다.

시행령 제23조의5【행정사법인의 업무신고】 ① 법 제25조의4 제1항 전단에서 "대통령령으로 정하는 행정사법인 업무신고 기준"이란 다음 각 호의 기준을 말한다.

1. 법인구성원 및 소속행정사가 법 제6조 각 호의 결격사유에 해당하지 않을 것
2. 법인구성원 및 소속행정사가 법 제25조 제1항에 따른 실무교육을 이수했을 것
3. 법인구성원 및 소속행정사가 제18조 제1항에 따른 행정사 자격증을 보유하고 있을 것
4. 법인구성원 및 소속행정사가 법 제26조의2에 따라 대한행정사회에 가입했을 것
5. 법 제25조의3 제1항 및 제4항에 따라 행정안전부장관의 인가를 받고 설립등기를 했을 것

② 법 제25조의4 제1항에 따라 행정사법인 업무신고(이하 "법인업무신고"라 한다)를 하려는 자는 행정안전부령으로 정하는 신고서를 시장 등에게 제출해야 한다.

시행령 제23조의6【행정사법인의 해산 신고】 법 제25조의8 제2항에 따른 청산인은 행정사법인이 해산하면 지체 없이 행정안전부령으로 정하는 신고서에 다음 각 호의 서류를 첨부하여 행정안전부장관에게 제출해야 한다.

1. 해산 이유서
2. 해산에 관한 총회 회의록

시행령 제23조의7【설립인가의 취소】 행정안전부장관은 법 제25조의10 각 호 외의 부분 본문에 따라 행정사법인의 설립인가를 취소하려는 경우에는 청문을 해야 한다.

시행령 제23조의8【손해배상책임 보장】 ① 행정사법인은 법 제25조의12에 따라 법인업무신고 후 15일 이내에 다음 각 호의 어느 하나에 해당하는 손해배상책임 보장조치를 해야 한다.

1. 보험 가입
2. 주사무소 소재지를 관할하는 공탁기관에 현금 또는 국공채의 공탁

② 행정사법인이 제1항 각 호에 따른 손해배상책임 보장조치를 하는 경우 그 금액은 행정사법인의 법인구성원과 소속행정사의 수에 1천만 원을 곱하여 산출한 금액 이상 또는 행정사법인당 1억 원 이상으로 한다.

1. 행정사법인의 설립

행정사는 행정사 업무를 조직적이고 전문적으로 수행하기 위하여 3명 이상의 행정사를 구성원으로 하는 행정사법인을 설립할 수 있다.

2. 설립 절차

1) 정관작성

행정사법인을 설립하려면 행정사법인의 구성원이 될 행정사가 정관을 작성하여 행정안전부장관의 인가(설립인가)를 받아야 한다. 정관을 변경할 때에도 또한 같다.

2) 작성사항

(1) 목적, 명칭, 주사무소 및 분사무소의 소재지

(2) 행정사법인을 구성하는 행정사(법인구성원)의 성명과 주소

(3) 법인구성원의 출자에 관한 사항

(4) 법인구성원 회의에 관한 사항

(5) 자산 및 회계에 관한 사항

(6) 행정사법인의 대표에 관한 사항

(7) 존립시기, 해산사유를 정한 경우에는 그 시기 또는 사유

(8) 그 밖에 대통령령으로 정하는 사항

3) 등기

행정사법인은 대통령령으로 정하는 바에 따라 등기하여야 한다.

4) 성립

행정사법인은 그 주사무소의 소재지에서 설립등기를 함으로써 성립한다.

3. 행정사법인의 업무신고

1) 법인업무신고

행정사법인이 행정사 업무를 하려면 주사무소의 소재지를 관할하는 시장 등에게 행정사법인 업무신고 기준을 갖추어 신고(법인업무신고)를 하여야 한다. 신고한 사항을 변경할 때에도 또한 같다.

2) 수리 거부

시장 등은 법인업무신고를 하려는 자가 법인업무신고 기준을 갖추지 아니한 경우에는 그 법인업무신고의 수리를 거부할 수 있다. 이 경우 지체 없이 법인업무신고의 수리 거부 사실 및 그 사유를 당사자에게 알려야 한다.

3) 법인업무신고확인증

시장 등은 법인업무신고를 받은 때에는 그 내용을 확인한 후 법인업무신고확인증을 행정사법인에 발급하여야 한다.

4. 행정사법인의 사무소

1) 사무소 설치

행정사법인은 법인구성원의 수를 넘지 아니하는 범위에서 주사무소와 분사무소를 설치할 수 있다. 이 경우 주사무소와 분사무소에는 각각 1명 이상의 법인구성원이 상근하여야 한다.

2) 사무소 명칭

(1) 행정사법인은 사무소의 명칭 중에 행정사법인이라는 글자를 사용하여야 하고, 행정사법인의 분사무소에는 그 분사무소임을 표시하여야 한다.

(2) 행정사법인이 아닌 자는 행정사법인 또는 이와 비슷한 명칭을 사용하지 못하며, 행정사법인의 사무소나 그 분사무소가 아니면 행정사법인이나 그 분사무소 또는 이와 비슷한 명칭을 사용하지 못한다.

5. 행정사법인의 소속행정사

1) 고용

(1) 행정사법인은 행정사를 고용할 수 있다.

(2) 행정사법인은 행정사를 고용한 경우 주사무소 소재지의 시장 등에게 행정안전부령으로 정하는 바에 따라 신고하여야 하며, 그 변경이 있는 경우에도 또한 같다.

2) 소속행정사의 자격

(1) 법인에 고용된 행정사(소속행정사) 및 법인구성원은 업무정지 중이거나 휴업 중인 사람이 아니어야 한다.

(2) 법인업무신고를 한 행정사법인은 법정 실무교육을 받지 아니한 사람을 소속행정사로 고용하거나 법인구성원으로 할 수 없다.

3) 소속행정사의 제한 행위

소속행정사 및 법인구성원은 그 행정사법인의 사무소 외에 따로 사무소를 둘 수 없다.

4) 행정사법인의 의무

행정사법인이 행정사법에 따른 법인구성원에 관한 요건을 갖추지 못하게 된 경우에는 6개월 이내에 이를 보충하여야 한다.

6. 업무수행 방법

1) 행정사법인은 법인의 명의로 업무를 수행하여야 하며, 수임한 업무마다 그 업무를 담당할 법인구성원 또는 소속행정사(담당행정사)를 지정하여야 한다. 다만, 소속행정사를 담당행정사로 지정할 경우에는 법인구성원과 공동으로 지정하여야 한다.

2) 행정사법인이 수임한 업무에 대하여 담당행정사를 지정하지 아니한 경우에는 법인구성원 모두를 담당행정사로 지정한 것으로 본다.

3) 담당행정사는 지정된 업무에 관하여 그 법인을 대표한다.

4) 행정사법인이 그 업무에 관하여 작성하는 서면에는 행정사법인의 명의를 표시하고 담당행정사가 기명날인하여야 한다.

7. 해산

1) 사유

(1) 정관에서 정하는 해산 사유의 발생

(2) 법인구성원 전원의 동의

(3) 합병 또는 파산

(4) 설립인가의 취소

2) 신고

행정사법인이 해산하면 청산인은 지체 없이 그 사유를 행정안전부장관에게 신고하여야 한다.

8. 합병

행정사법인은 법인구성원 전원의 동의가 있으면 다른 행정사법인과 합병할 수 있다.

9. 설립인가의 취소

1) 절차

행정안전부장관은 청문을 거쳐 행정사법인의 설립인가를 취소하여야 한다.

2) 취소사유

행정안전부장관은 행정사법인이 거짓이나 그 밖의 부정한 방법으로 설립인가를 받은 경우에는 설립인가를 취소하여야 한다. 또한 행정안전부장관은 행정사법인이 ① 법인구성원에 관한 요건을 6개월 이내에 보충하지 아니한 경우, ② 업무정지처분을 받고 그 업무정지 기간 중에 업무를 수행한 경우, ③ 법령을 위반하여 업무를 수행한 경우에는 설립인가를 취소할 수 있다.

10. 경업의 금지

1) 개념

법인구성원 또는 소속행정사는 자기 또는 제3자를 위하여 그 행정사법인의 업무범위에 속하는 업무를 수행하거나 다른 행정사법인의 법인구성원 또는 소속행정사가 되어서는 아니 된다.

2) 퇴직 후 업무제한

행정사법인의 법인구성원 또는 소속행정사였던 사람은 그 행정사법인에 소속한 기간 중에 그 행정사법인의 담당행정사로서 수행하고 있었거나 수행을 승낙한 업무에 관하여는 퇴직 후 행정사의 업무를 수행할 수 없다. 다만, 그 행정사법인의 동의가 있는 경우에는 그러하지 아니하다.

3) 벌칙

경업의 금지를 위반한 자는 100만 원 이하의 벌금에 처한다.

11. 손해배상책임의 보장

행정사법인은 그 직무를 수행하면서 고의나 과실로 의뢰인에게 손해를 입힌 경우 그 손해에 대한 배상책임을 보장하기 위하여 손해배상준비금 적립이나 보험가입 등 필요한 조치를 하여야 한다.

12. 준용규정

행정사법인에 관하여 행정사법에서 정한 것 외에는 상법 중 합명회사에 관한 규정을 준용한다.

Chapter

09 대한행정사회

제5장 대한행정사회

제26조【대한행정사회의 설립 등】① 행정사의 품위 향상과 직무의 개선·발전을 도모하기 위하여 대한행정사회(이하 "행정사회"라 한다)를 둔다.

② 행정사회는 법인으로 한다.

③ 행정사회는 정관을 정하여 행정안전부장관의 인가를 받아 설립등기를 함으로써 성립한다.

④ 행정사회의 설립·운영 및 설립인가 신청 등에 필요한 사항은 대통령령령으로 정한다.

제26조의2【행정사회의 가입 의무】행정사(법인구성원 및 소속행정사를 포함한다)로서 개업하려면 행정사회에 가입하여야 한다.

제26조의3【행정사회의 공익활동 의무】행정사회는 취약계층의 지원 등 공익활동에 적극 참여하여야 한다.

제27조【행정사회의 정관】① 행정사회의 정관에는 다음 각 호의 사항이 포함되어야 한다.

1. 목적·명칭과 사무소의 소재지
2. 대표자와 그 밖의 임원에 관한 사항
3. 회의에 관한 사항
4. 행정사의 품위유지와 업무 및 교육에 관한 사항
5. 회원의 가입·탈퇴 및 지도·감독에 관한 사항
6. 회계 및 회비부담에 관한 사항
7. 자산에 관한 사항
8. 그 밖에 행정사회의 목적을 달성하기 위하여 필요한 사항

② 정관을 변경하려면 행정안전부장관의 인가를 받아야 한다.

제28조【「민법」의 준용】행정사회에 관하여 이 법에서 규정하지 아니한 사항에 대하여는 「민법」 중 사단법인에 관한 규정을 준용한다.

제29조【행정사회에 대한 감독 등】① 행정사회는 행정안전부장관의 감독을 받는다.

② 행정안전부장관은 감독을 위하여 필요하다고 인정하면 행정사회에 대하여 그 업무에 관한 사항을 보고하게 하거나 자료의 제출 또는 그 밖에 필요한 명령을 할 수 있으며, 소속 공무원으로 하여금 행정사회의 사무소에 출입하여 업무상황과 그 밖의 서류 등을 검사하게 할 수 있다.

③ 제2항에 따라 출입·검사 등을 하는 공무원은 행정안전부령으로 정하는 증표를 지니고 상대방에게 이를 보여주어야 한다.

1. 대한행정사회의 설립 등

1) 행정사의 품위 향상과 직무의 개선·발전을 도모하기 위하여 대한행정사회(행정사회)를 둔다.

2) 행정사회는 법인으로 한다.

3) 행정사회는 정관을 정하여 행정안전부장관의 인가를 받아 설립등기를 함으로써 성립한다.

2. 대한행정사회의 가입 의무

행정사(법인구성원 및 소속행정사를 포함한다)로서 개업하려면 행정사회에 가입하여야 한다.

3. 대한행정사회의 공익활동 의무

행정사회는 취약계층의 지원 등 공익활동에 적극 참여하여야 한다.

4. 대한행정사회의 정관

1) 정관 기재사항

(1) 목적·명칭과 사무소의 소재지

(2) 대표자와 그 밖의 임원에 관한 사항

(3) 회의에 관한 사항

(4) 행정사의 품위유지와 업무 및 교육에 관한 사항

(5) 회원의 가입·탈퇴 및 지도·감독에 관한 사항

(6) 회계 및 회비부담에 관한 사항

(7) 자산에 관한 사항

(8) 그 밖에 행정사회의 목적을 달성하기 위하여 필요한 사항

2) 정관의 변경

정관을 변경하려면 행정안전부장관의 인가를 받아야 한다.

5. 민법의 준용

행정사회에 관하여 행정사법에서 규정하지 아니한 사항에 대하여는 민법 중 사단법인에 관한 규정을 준용한다.

6. 행정사회에 대한 감독 등

1) 감독기관

행정사회는 행정안전부장관의 감독을 받는다.

2) 행정조사

행정안전부장관은 감독을 위하여 필요하다고 인정하면 행정사회에 대하여 그 업무에 관한 사항을 보고하게 하거나 자료의 제출 또는 그 밖에 필요한 명령을 할 수 있으며, 소속 공무원으로 하여금 행정사회의 사무소에 출입하여 업무상황과 그 밖의 서류 등을 검사하게 할 수 있다. 이 경우 출입·검사 등을 하는 공무원은 행정안전부령으로 정하는 증표를 지니고 상대방에게 이를 보여 주어야 한다.

3) 과태료

행정안전부장관이 감독을 위하여 필요하다고 인정하여 요구한 보고 또는 자료제출을 정당한 사유 없이 하지 아니하거나, 거짓으로 보고·자료제출을 하거나, 출입·검사를 방해·거부 또는 기피한 경우에는 500만 원 이하의 과태료를 부과한다.

Chapter

10 지도 · 감독

제6장 지도 · 감독

제30조 【자격의 취소】 ① 행정안전부장관은 행정사가 다음 각 호의 어느 하나에 해당하는 경우에는 그 자격을 취소하여야 한다.

1. 거짓이나 그 밖의 부정한 방법으로 행정사 자격을 취득한 경우
2. 제13조 제1항을 위반하여 신고확인증을 양도하거나 대여한 경우
3. 제32조에 따른 업무정지처분을 받고 그 업무정지 기간에 행정사 업무를 한 경우
4. 이 법을 위반하여 징역형이 확정된 경우

② 행정안전부장관은 제1항에 따라 행정사 자격을 취소하려는 경우에는 청문을 하여야 한다.

제31조 【감독상 명령 등】 ① 행정안전부장관 또는 행정사의 사무소(행정사합동사무소 또는 행정사법인의 경우에는 주사무소를 말한다)의 소재지를 관할하는 시장등은 행정사 또는 행정사법인에 대한 감독을 위하여 필요하다고 인정하면 해당 행정사 또는 행정사법인에 대하여 업무에 관한 사항을 보고하게 하거나 업무처리부 등 자료의 제출 또는 그 밖에 필요한 명령을 할 수 있으며, 소속 공무원으로 하여금 그 사무소에 출입하여 장부 · 서류 등을 검사하거나 질문하게 할 수 있다.

② 제1항에 따라 출입 · 검사 등을 하는 공무원은 행정안전부령으로 정하는 증표를 지니고 상대방에게 이를 보여주어야 한다.

제32조 【업무의 정지】 ① 행정사 사무소(행정사합동사무소 또는 행정사법인의 경우에는 주사무소를 말한다)의 소재지를 관할하는 시장등은 행정사 또는 행정사법인이 다음 각 호의 어느 하나에 해당하는 경우에는 6개월의 범위에서 기간을 정하여 업무의 정지를 명할 수 있다.

1. 제14조 제1항을 위반하여 두 개 이상의 사무실을 설치한 경우
2. 제14조 제2항 후단 또는 제25조의5 제1항 후단을 위반하여 행정사합동사무소를 구성하는 행정사 또는 법인구성원이 상근하지 아니한 경우
3. 제17조 제1항(제25조의13 제1항에서 준용하는 경우를 포함한다)에 따른 휴업신고를 하지 아니한 경우
4. 제19조 제2항(제25조의13 제1항에서 준용하는 경우를 포함한다)을 위반하여 위임인으로부터 보수 외에 금전 또는 재산상 이익이나 그 밖의 반대급부를 받은 경우
5. 제25조의6 제4항을 위반하여 따로 사무소를 둔 경우
6. 제31조 제1항에 따른 보고 또는 업무처리부 자료 제출 등의 명령에 따르지 아니하거나 검사 또는 질문을 거부 · 방해 또는 기피한 경우

② 제1항에 따른 업무정지에 관한 기준은 행정안전부령으로 정한다.

③ 제1항에 따른 업무정지처분은 그 사유가 발생한 날부터 3년이 지나면 할 수 없다.

제33조【행정제재처분효과의 승계 등】 ① 제16조(제25조의13 제1항에서 준용하는 경우를 포함한다)에 따라 폐업신고를 한 후 업무를 다시 시작하는 신고를 한 행정사(행정사법인을 포함한다. 이하 이 조에서 같다)는 폐업신고 전 행정사의 지위를 승계한다.
② 제1항의 경우 폐업신고 전의 행정사에 대하여 제32조 제1항 각 호의 위반행위를 사유로 한 행정처분의 효과는 그 처분일부터 1년간 업무를 다시 시작하는 신고를 한 행정사에게 승계된다.
③ 제1항의 경우 업무를 다시 시작하는 신고를 한 행정사에 대하여 폐업신고 전 행정사의 제32조 제1항 각 호의 위반행위를 사유로 행정처분을 할 수 있다. 다만, 폐업신고를 한 날부터 업무를 다시 시작하는 신고를 한 날까지의 기간이 1년을 넘은 경우는 그러하지 아니하다.
④ 제3항에 따라 행정처분을 하는 경우에는 폐업한 기간과 폐업의 사유 등을 고려하여 업무정지의 기간을 정하여야 한다.

1. 감독기관

행정사 또는 행정사법인은 행정안전부장관 또는 사무소의 소재지(행정사합동사무소 또는 행정사법인의 경우에는 주사무소)를 관할하는 시장 등의 감독을 받는다.

2. 감독상 명령

1) 행정조사

행정사 또는 행정사법인에 대한 감독을 위하여 필요하다고 인정하면 해당 행정사 또는 행정사법인에 대하여 업무에 관한 사항을 보고하게 하거나 자료의 제출 또는 그 밖에 필요한 명령을 할 수 있으며, 소속 공무원으로 하여금 그 사무소에 출입하여 장부·서류 등을 검사하거나 질문하게 할 수 있다. 출입·검사 등을 하는 공무원은 행정안전부령으로 정하는 증표를 지니고 상대방에게 이를 보여 주어야 한다.

2) 과태료

행정안전부장관 또는 사무소의 소재지를 관할하는 시장 등이 행정사 또는 행정사법인에 대한 감독을 위하여 필요하다고 인정하여 요구한 보고 또는 자료제출을 정당한 사유 없이 하지 아니하거나, 거짓으로 보고·자료제출을 하거나, 출입·검사를 방해·거부 또는 기피한 자에게는 500만 원 이하의 과태료를 부과한다.

3) 업무정지

행정사사무소(행정사합동사무소 또는 행정사법인의 경우에는 주사무소)의 소재지를 관할하는 시장 등은 행정사 또는 행정사법인이 보고 또는 업무처리부 자료제출 등의 명령에 따르지 아니하거나 검사 또는 질문을 거부·방해 또는 기피한 경우 6개월의 범위에서 기간을 정하여 업무의 정지를 명할 수 있다.

3. 행정제재처분효과의 승계 등

1) 지위승계

폐업신고를 한 후 업무를 다시 시작하는 신고를 한 행정사 또는 행정사법인은 폐업신고 전 행정사 또는 행정사법인의 지위를 승계한다.

2) 처분승계

폐업신고 전의 행정사 또는 행정사법인에 대하여 업무의 정지에 해당하는 위반행위를 사유로 한 행정처분의 효과는 그 처분일부터 1년간 업무를 다시 시작하는 신고를 한 행정사 또는 행정사법인에게 승계된다.

3) 위반행위승계

업무를 다시 시작하는 신고를 한 행정사 또는 행정사법인에 대하여 폐업신고 전 행정사 또는 행정사법인의 업무의 정지에 해당하는 위반행위를 사유로 행정처분을 할 수 있다. 이 경우에는 폐업한 기간과 폐업의 사유 등을 고려하여 업무정지의 기간을 정하여야 한다. 다만, 폐업신고를 한 날부터 업무를 다시 시작하는 신고를 한 날까지의 기간이 1년을 넘은 경우는 그러하지 아니하다.

4. 자격의 취소

1) 행정안전부장관은 행정사가 다음의 자격취소사유에 해당하는 경우에는 그 자격을 취소하여야 한다.

(1) 거짓이나 그 밖의 부정한 방법으로 행정사 자격을 취득한 경우

(2) 신고확인증을 양도하거나 대여한 경우

(3) 업무정지처분을 받고 그 업무정지 기간에 행정사 업무를 한 경우

(4) 행정사법을 위반하여 징역형이 확정된 경우

2) 절차

행정안전부장관은 행정사의 자격을 취소하려는 경우에는 청문을 하여야 한다.

5. 업무의 정지

1) 업무정지사유

(1) 행정사가 두 개 이상의 사무실을 설치한 경우

(2) 행정사합동사무소를 구성하는 행정사 또는 법인구성원이 상근하지 아니한 경우

(3) 휴업신고를 하지 아니한 경우

(4) 위임인으로부터 보수 외에 금전 또는 재산상 이익이나 그 밖의 반대급부를 받은 경우

(5) 소속행정사 및 법인구성원이 따로 사무소를 둔 경우

(6) 감독상 명령에 따른 보고 또는 업무처리부 자료제출 등의 명령에 따르지 아니하거나 검사 또는 질문을 거부·방해 또는 기피한 경우

2) 업무정지 기간

행정사사무소(행정사합동사무소 또는 행정사법인의 경우에는 주사무소)의 소재지를 관할하는 시장 등은 행정사 또는 행정사법인이 업무정지사유에 해당하는 경우에는 6개월의 범위에서 기간을 정하여 업무의 정지를 명할 수 있다. 단, 업무정지처분은 그 사유가 발생한 날부터 3년이 지나면 할 수 없다.

3) 자격취소

행정안전부장관은 업무정지처분을 받고 그 업무정지 기간에 행정사 업무를 한 경우 그 자격을 취소하여야 한다.

Chapter

11 벌칙과 과태료의 부과대상자의 유형 및 내용

제7장 보칙

제34조 【위임 및 위탁】 ① 이 법에 따른 행정안전부장관의 권한은 그 일부를 대통령령으로 정하는 바에 따라 시·도지사에게 위임할 수 있다.

② 이 법에 따른 행정안전부장관의 업무는 그 일부를 대통령령으로 정하는 바에 따라 행정사회에 위탁할 수 있다.

제35조 【응시 수수료】 제8조에 따른 행정사 자격시험에 응시하려는 사람은 행정안전부령으로 정하는 바에 따라 수수료를 내야 한다.

제35조의2 【규제의 재검토】 행정안전부장관은 제38조에 따른 과태료 부과기준에 대하여 2015년 6월 1일을 기준으로 2년마다(매 2년이 되는 해의 기준일과 같은 날 전까지를 말한다) 폐지, 완화 또는 유지 등의 타당성을 검토하여야 한다.

제8장 벌칙

제36조 【벌칙】 ① 다음 각 호의 어느 하나에 해당하는 자는 3년 이하의 징역 또는 3천만 원 이하의 벌금에 처한다.

1. 제3조 제1항을 위반하여 제2조 제1항 각 호의 업무를 업으로 한 자
2. 제13조(제25조의13 제1항에서 준용하는 경우를 포함한다)를 위반하여 신고확인증을 다른 자에게 대여한 행정사, 행정사법인과 이를 대여받은 자 또는 대여를 알선한 자

② 다음 각 호의 어느 하나에 해당하는 자는 1년 이하의 징역 또는 1천만 원 이하의 벌금에 처한다.

1. 행정사업무신고 또는 법인업무신고를 하지 아니하고 행정사 업무를 한 자
2. 제21조의2에 따른 수임제한 규정을 위반한 사람
3. 제22조 제4호(제25조의13 제1항에서 준용하는 경우를 포함한다)를 위반하여 사적인 관계를 드러내며 영향력을 미칠 수 있는 것으로 선전한 자
4. 제22조 제5호(제25조의13 제1항에서 준용하는 경우를 포함한다)를 위반하여 소비자를 오도하거나 오해를 불러일으킬 우려가 있는 내용의 광고행위를 한 자
5. 제23조(제25조의13 제1항에서 준용하는 경우를 포함한다)를 위반하여 업무상 알게 된 사실을 다른 사람에게 누설한 자
6. 제32조에 따른 업무정지처분을 받고 그 업무정지 기간에 행정사 업무를 한 자

③ 다음 각 호의 어느 하나에 해당하는 자는 100만 원 이하의 벌금에 처한다.

1. 제19조 제2항(제25조의13 제1항에서 준용하는 경우를 포함한다)을 위반하여 위임인으로부터 보수 외에 금전 또는 재산상 이익이나 그 밖의 반대급부를 받은 자
2. 제22조 제1호(제25조의13 제1항에서 준용하는 경우를 포함한다)를 위반하여 정당한 사유 없이 업무에 관한 위임을 거부한 자
3. 제22조 제2호(제25조의13 제1항에서 준용하는 경우를 포함한다)를 위반하여 당사자 양쪽으로부터 같은 업무에 관한 위임을 받은 자
4. 제22조 제3호(제25조의13 제1항에서 준용하는 경우를 포함한다)를 위반하여 타인의 소송이나 그 밖의 권리관계분쟁 또는 민원사무처리과정에 개입한 자

5. 제22조 제6호(제25조의13 제1항에서 준용하는 경우를 포함한다)를 위반하여 알선을 업으로 하는 자를 이용하거나 그 밖의 부당한 방법으로 행정사 업무의 위임을 유치한 자
6. 제25조의11을 위반하여 경업(競業)을 한 자

제37조【양벌규정】 행정사 또는 행정사법인의 사무직원이나 소속행정사가 행정사 또는 행정사법인의 업무와 관련하여 제36조를 위반하면 그 행위자를 벌하는 외에 그 행정사 또는 행정사법인에도 해당 조문의 벌금형을 과(科)한다. 다만, 행정사 또는 행정사법인이 그 위반행위를 방지하기 위하여 해당 업무에 관하여 상당한 주의와 감독을 게을리하지 아니한 경우에는 그러하지 아니하다.

제38조【과태료】 ① 다음 각 호의 어느 하나에 해당하는 자에게는 500만 원 이하의 과태료를 부과한다.
1. 제3조 제2항을 위반하여 행정사 또는 이와 비슷한 명칭을 사용한 자
2. 제15조 제2항 또는 제25조의5 제3항을 위반하여 행정사사무소, 행정사합동사무소 또는 그 분사무소나 행정사법인 또는 그 분사무소와 비슷한 명칭을 사용한 자

2의2. 제25조의12에 따른 조치를 취하지 아니한 행정사법인

3. 정당한 사유 없이 제29조 제2항 및 제31조 제1항에 따른 보고 또는 자료제출을 하지 아니하거나, 거짓으로 보고·자료제출을 하거나, 출입·검사를 방해·거부 또는 기피한 자

② 다음 각 호의 어느 하나에 해당하는 자에게는 100만 원 이하의 과태료를 부과한다.
1. 제14조 제3항(제25조의13 제1항에서 준용하는 경우를 포함한다)에 따른 사무소 이전신고를 하지 아니한 자
2. 제15조 제1항 또는 제25조의5 제2항을 위반하여 행정사사무소, 행정사합동사무소 또는 행정사법인이라는 글자를 사용하지 아니하거나 그 분사무소임을 표시하지 아니한 자
3. 제24조(제25조의13 제1항에서 준용하는 경우를 포함한다)를 위반하여 업무처리부를 작성하지 아니하거나 거짓으로 작성한 자
4. 제25조 제3항을 위반하여 연수교육을 받지 아니하고 행정사 업무를 수행한 사람

③ 제1항 및 제2항에 따른 과태료는 대통령령으로 정하는 바에 따라 행정안전부장관, 시·도지사 또는 시장등이 부과·징수한다.

1. 벌칙 부과대상자와 유형

1) 3년 이하의 징역 또는 3천만 원 이하의 벌금

(1) 다른 법률에 따라 허용되는 경우를 제외하고 행정사가 아닌 사람이 행정사의 업무를 업으로 한 자

(2) 신고확인증을 다른 자에게 대여한 행정사, 행정사법인과 이를 대여받은 자 또는 대여를 알선한 자

2) 1년 이하의 징역 또는 1천만 원 이하의 벌금

(1) 행정사업무신고 또는 법인업무신고를 하지 아니하고 행정사 업무를 한 자

(2) 수임제한 규정을 위반한 사람

(3) 업무수임 또는 수행 과정에서 관련 공무원과의 연고 등 사적인 관계를 드러내며 영향력을 미칠 수 있는 것으로 선전한 자

(4) 행정사의 업무에 관하여 거짓된 내용을 표시하거나 객관적 사실을 과장 또는 누락하여 소비자를 오도하거나 오해를 불러일으킬 우려가 있는 내용의 광고행위를 한 자

(5) 업무상 알게 된 사실을 다른 사람에게 누설한 자

(6) 업무정지처분을 받고 그 업무정지 기간에 행정사 업무를 한 자

3) 100만 원 이하의 벌금

(1) 위임인으로부터 보수 외에 금전 또는 재산상 이익이나 그 밖의 반대급부를 받은 자

(2) 정당한 사유 없이 업무에 관한 위임을 거부한 자

(3) 당사자 양쪽으로부터 같은 업무에 관한 위임을 받은 자

(4) 타인의 소송이나 그 밖의 권리관계분쟁 또는 민원사무처리과정에 개입한 자

(5) 알선을 업으로 하는 자를 이용하거나 그 밖의 부당한 방법으로 행정사 업무의 위임을 유치한 자

(6) 경업금지 의무를 위반하여 경업을 한 자

2. 양벌 규정

행정사 또는 행정사법인의 사무직원이나 소속행정사가 행정사 또는 행정사법인의 업무와 관련하여 벌금 이상의 벌칙에 해당하는 위반행위를 하면 그 행위자를 벌하는 외에 그 행정사 또는 행정사법인에도 해당 조문의 벌금형을 과한다. 다만, 행정사 또는 행정사법인이 그 위반행위를 방지하기 위하여 해당 업무에 관하여 상당한 주의와 감독을 게을리하지 아니한 경우에는 그러하지 아니하다.

3. 과태료 부과대상자와 유형

1) 500만 원 이하의 과태료

(1) 행정사 또는 이와 비슷한 명칭을 사용한 자

(2) 행정사사무소, 행정사합동사무소 또는 그 분사무소나 행정사법인 또는 그 분사무소와 비슷한 명칭을 사용한 자

(3) 손해배상준비금 적립이나 보험가입 등 필요한 조치를 취하지 아니한 행정사법인

(4) 정당한 사유 없이 행정안전부장관 또는 사무소의 소재지를 관할하는 시장 등이 행정사에 대한 감독을 위하여 필요하다고 인정하여 요구한 보고 또는 자료제출을 하지 아니하거나, 거짓으로 보고 · 자료제출을 하거나, 출입 · 검사를 방해 · 거부 또는 기피한 자

2) 100만 원 이하의 과태료

(1) 사무소 이전신고를 하지 아니한 자

(2) 행정사사무소, 행정사합동사무소 또는 행정사법인이라는 글자를 사용하지 아니하거나 그 분사무소임을 표시하지 아니한 자

(3) 업무처리부를 작성하지 아니하거나 거짓으로 작성한 자

(4) 연수교육을 받지 아니하고 행정사 업무를 수행한 사람

행정사
이준희 행정사실무법

PART

03

비송사건절차법

Chapter 01 비송사건의 특징
Chapter 02 비송사건의 재판기관과 관할
Chapter 03 비송사건의 당사자
Chapter 04 비송사건의 절차
Chapter 05 절차비용의 부담
Chapter 06 비송사건의 재판
Chapter 07 항고
Chapter 08 민사(民事)비송사건 – 법인에 관한 사건
Chapter 09 민사(民事)비송사건 – 신탁에 관한 사건
Chapter 10 민사(民事)비송사건 – 재판상 대위에 관한 사건
Chapter 11 민사(民事)비송사건 – 보존·공탁·보관과 감정에 관한 사건
Chapter 12 민사(民事)비송사건 – 법인의 등기
Chapter 13 민사(民事)비송사건 – 부부재산 약정의 등기
Chapter 14 상사(商事)비송사건 – 회사와 경매에 관한 사건
Chapter 15 상사(商事)비송사건 – 사채에 관한 사건
Chapter 16 상사(商事)비송사건 – 회사의 청산에 관한 사건
Chapter 17 과태료사건

Chapter

01 비송사건의 특징

제1조 【적용 범위】 이 편(編)의 규정은 법원의 관할에 속하는 비송사건(非訟事件, 이하 "사건"이라 한다) 중 이 법 또는 그 밖의 다른 법령에 특별한 규정이 있는 경우를 제외한 모든 사건에 적용한다.

1. 비송사건의 개념

법원의 관할에 속하는 사건 중 소송절차에 의하지 않고 처리되는 사건을 비송사건이라고 한다. 즉, 사권관계의 형성・변경・소멸에 관하여 법원이 후견인의 입장으로 관여하는 사건을 말한다.

2. 소송사건과 비송사건의 비교

1) 소송사건

소송사건은 공개주의, 처분권주의, 변론주의, 기판력・기속력의 엄격한 형식주의를 원칙으로 한다.

2) 비송사건

비송사건은 간이・신속한 처리를 위해 자유로운 증명이면 되고, 서로 대립하는 당사자구조가 아니라 직권주의를 원칙으로 한다.

현행 비송사건절차법은 대리인자격의 무제한(제6조), 직권탐지주의(제11조), 비공개주의(제13조), 조서의 재량작성(제14조), 검사의 참여(제15조), 결정형식에 의한 재판(제17조), 결정의 취소・변경의 자유(제19조), 불복방법으로서 항고(제20조) 등의 규정을 두어 소송사건과는 절차와 내용에 있어서 차이를 두고 있다.

또한 헌법 제27조, 제108조에 의한 헌법상의 절차보장 등 당사자의 권리 보장도 소송사건에 비하여 약하며, 불이익변경금지원칙의 적용도 없다.

3. 비송사건절차의 특질

1) 직권주의

민사소송은 처분권주의 원칙(절차의 개시, 심판의 대상과 범위, 그리고 절차의 종료에 대한 결정권한을 원칙적으로 당사자의 의사에 맡기는 것)에 의하지만, 비송사건의 경우 직권주의가 원칙이다.

(1) 절차의 개시

① **소송사건**
민사소송은 당사자의 소의 제기에 의해 개시된다. 그러므로 법원의 직권에 의해 개시되지 않는다. 즉, 신청이 없으면 재판이 없다는 원칙이 지배한다.

② **비송사건**
경우에 따라 비송절차는 사인의 신청이 없어도 법원의 직권으로 개시되는 경우가 있다. 이것은 비송사건의 경우 법원이 공익적·후견인적 입장에서 개입하는 경우가 있기 때문이다.

(2) 심판의 대상과 범위

소송의 경우 심판의 대상도 원고의 의사에 맡겨져 있기 때문에 원고는 이를 특정하여야 하며, 법원은 당사자가 특정하여 판결 신청한 사항에 대하여 신청의 범위 내에서만 판단하여야 한다(민사소송법 제203조). 당사자가 신청한 범위보다 적게 판결한 것은 허용되나, 신청한 사항을 넘어서거나 별개의 사항에 대해서는 판결할 수 없다.
비송사건의 경우 법원은 당사자가 신청한 사항에 구속되지 않으며, 심판대상이 특정되지 않은 경우에도 심판을 해야 한다.

(3) 절차의 종료

소송사건의 경우 개시된 절차를 종국판결에 의하지 않고 종결시킬 것인지의 여부가 당사자의 의사에 일임되어 있다. 따라서 당사자는 어느 때나 소의 취하, 청구의 포기나 인낙·화해에 의하여 절차를 종결시킬 수 있다.
비송사건의 경우 비송사건절차에서 원칙적으로 청구의 포기나 인낙·화해에 의한 절차의 종결이 허용되지 아니한다. 또한 비송은 과태료사건이나 법원의 직권에 의해 개시된 사건에 대하여는 신청의 취하가 인정되지 아니한다.

2) 직권탐지주의

직권탐지주의라 함은 소송자료의 수집과 제출책임을 당사자가 아닌 법원이 담당하는 소송원칙을 말한다. 비송사건절차법 제11조에서는 이를 명문으로 규정하고 있다. 직권탐지주의는 사실을 직권으로 탐지하며, 자백의 구속력 배제, 직권증거조사를 그 내용으로 한다.

3) 비공개주의

비송사건절차에서 재판은 결정으로써 하며, 심문 역시 비공개를 원칙으로 한다. 다만, 법원은 심문을 공개함이 적정하다고 인정하는 자에게 방청을 허가할 수 있다(법 제13조). 예외적으로 재판상 대위에 관한 사건은 원칙적으로 심리를 공개하도록 규정하고 있다(법 제52조).

4) 기판력의 배제

(1) 기판력의 의미

소송사건의 경우 판결이 확정되면 확정된 판결에 대해 기판력(확정된 종국판결의 내용이 당사자와 법원을 구속하는 힘)이 인정된다. 즉, 뒤에 동일 사항이 문제되면 당사자는 그에 반하여 되풀이하여 다툴 수 없고, 동일한 사건이 문제되는 경우 이를 담당하는 후소법원도 확정된 판결에 저촉되는 판단을 해서는 안 된다.

(2) 기판력의 배제

비송사건에 대한 재판은 국가가 후견인적 입장에서 실체적 진실주의에 입각하여 사건을 처리하는 절차이므로 기판력을 부정한다. 따라서 법원이 당사자의 신청을 받아들이지 않았을 때에는 당사자가 같은 내용의 신청을 다시 하는 것이 허용되며, 후소법원도 본래의 결정과 다른 결정을 할 수 있다.

5) 기속력의 제한

(1) 의의

기속력이란 법원이 사건에 대하여 심리・판결한 경우에 그 판결에 어떠한 위법이나 부당함이 있다 하더라도 판결법원 스스로가 이를 자유로이 취소・변경할 수 없다는 것을 의미한다. 이는 재판을 한 법원 자신의 구속력이다.

(2) 비송사건의 경우

비송사건절차법 제19조 제1항에서 "법원은 재판을 한 후에 그 재판이 위법 또는 부당하다고 인정할 때에는 이를 취소하거나 변경할 수 있다."라고 규정하여 비송사건절차에서는 원칙적으로 기속력이 배제됨을 명문화하고 있다. 다만, 비송사건절차에서도 일정한 경우에는 이 기속력의 배제원칙에 대한 예외가 인정되는바, 신청에 의하여서만 재판을 하여야 하는 경우에 신청을 각하한 재판에 대하여 신청에 의하지 않고는 이를 취소・변경할 수 없으며(동조 제2항), 즉시항고로써 불복을 할 수 있는 재판에 대해서는 이를 취소・변경할 수 없도록 되어 있다(동조 제3항).

6) 간이주의

(1) 의의

간이주의란 비송사건절차의 가장 현저한 특색으로, 절차를 가능한 한 간이・신속히 행하고 시간・노력 및 비용의 절약을 도모하기 위한 주의이다.

(2) 제도적 구현 형태

① **비공개주의**

비송사건절차에서 재판은 결정으로써 하며, 심문 역시 비공개를 원칙으로 한다. 다만, 법원은 심문을 공개함이 적정하다고 인정하는 자에게 방청을 허가할 수 있다(법 제13조).

② **조서작성의 간이화**

법원사무관 등은 증인 또는 감정인의 심문에 관하여는 반드시 조서를 작성하고, 그 밖의 심문에 관하여는 필요하다고 인정하는 경우에 한하여 조서를 작성한다(법 제14조). 다만, 조서생략의 판단의 주체는 법원이다.

③ **판결서의 작성**

재판의 원본에는 판사가 서명날인하여야 한다. 다만, 신청서 또는 조서에 재판에 관한 사항을 적고 판사가 이에 서명날인함으로써 원본을 갈음할 수 있다(법 제17조 제2항). 이때 서명날인은 기명날인으로 갈음할 수 있다(동조 제4항). 또한 재판은 법률에 특별한 규정이 없는 한 이유를 붙이지 아니한 결정으로써 한다(동조 제1항).

④ **재판의 고지방법**

재판의 고지는 법원이 적당하다고 인정하는 방법으로 한다. 다만, 기일의 지정은 송달방식으로 하며, 공시송달을 하는 경우에는 민사소송법의 규정에 의하여야 한다(법 제18조 제2항).

7) 기타

(1) 변호사 대리원칙의 배제

소송사건은 소송대리와 관련해서 원칙적으로 변호사만이 소송을 대리할 수 있다. 그러나 비송사건의 경우 변호사가 아니더라도 비송사건을 대리하게 할 수 있다(법 제6조).

(2) 임의적 변론 · 심문의 원칙

소송사건은 변론에 있어서 반드시 변론을 열어 판결형식으로 재판을 하는 것이 원칙이다. 비송사건은 임의적 변론 · 심문을 원칙으로 한다.

(3) 자유로운 증명

소송사건은 사실을 증명하는 경우에 엄격한 증명에 의하여야 하지만, 비송사건의 경우 자유로운 증명으로 족하다. 엄격한 증명이란 법률에서 정한 증거방법에 대하여 법률이 정한 절차에 의하여 행하는 증명이고, 자유로운 증명이란 증거방법과 절차에 대해 법률의 규정에서 해방되는 증명을 말한다. 엄격한 증명이나 자유로운 증명 양자 모두 증명이기 때문에 확신의 정도에 차이가 있는 것은 아니고, 고도의 개연성, 즉 확신을 얻은 상태여야 한다. 이러한 점에서 저도의 개연성, 즉 일응 확실할 것이라는 추측으로 만족하는 소명과는 차이가 있다.

Chapter 02

비송사건의 재판기관과 관할

1. 재판기관 – 협의의 법원

좁은 의미의 재판기관은 본안소송사건을 심리하는 수소법원과 강제집행을 수행하는 집행법원으로 나뉜다. 재판기관은 직업 법관으로 구성되고, 민사사건에서는 형사사건의 국민재판제도 또는 영미식 배심원제도를 인정하지 않는다. 재판기관으로서는 1인의 법관으로 구성되는 단독제와 수인의 법관으로 구성되는 합의제가 있다.

2. 법원직원에 대한 제척 · 기피 · 회피

> 제5조【법원직원의 제척 · 기피】 사건에 관하여는 법원 직원의 제척(除斥) 또는 기피(忌避)에 관한 「민사소송법」의 규정을 준용한다.

재판의 독립성과 함께 중립성을 담보하기 위하여 법관의 제척 · 기피 · 회피 제도를 두고 있다. 이러한 제척 · 기피 · 회피 제도는 법관을 중심으로 규정하였지만 비송사건절차법에서도 소송사건과 마찬가지로 재판기관을 구성하는 직원(법관 · 집행관 · 법원사무관 등)의 공정한 직무집행을 담보할 필요성이 있다. 이에 비송사건절차법에서는 민사소송법상의 제척 · 기피 · 회피 규정을 준용하고 있다.

3. 관할

> 제2조【관할법원】 ① 법원의 토지 관할이 주소에 의하여 정하여질 경우 대한민국에 주소가 없을 때 또는 대한민국 내의 주소를 알지 못할 때에는 거소지(居所地)의 지방법원이 사건을 관할한다.
> ② 거소가 없을 때 또는 거소를 알지 못할 때에는 마지막 주소지의 지방법원이 사건을 관할한다.
> ③ 마지막 주소가 없을 때 또는 그 주소를 알지 못할 때에는 재산이 있는 곳 또는 대법원이 있는 곳을 관할하는 지방법원이 사건을 관할한다.
> 제3조【우선관할 및 이송】 관할법원이 여러 개인 경우에는 최초로 사건을 신청받은 법원이 그 사건을 관할한다. 이 경우 해당 법원은 신청에 의하여 또는 직권으로 적당하다고 인정하는 다른 관할법원에 그 사건을 이송할 수 있다.
> 제4조【관할법원의 지정】 ① 관할법원의 지정은 여러 개의 법원의 토지 관할에 관하여 의문이 있을 때에 한다.
> ② 관할법원의 지정은 관계 법원에 공통되는 바로 위 상급법원이 신청에 의하여 결정(決定)함으로써 한다. 이 결정에 대하여는 불복신청을 할 수 없다.

1) 관할의 의의

관할이란 재판권을 행사하는 여러 법원 사이의 재판권의 분담관계를 정해놓은 것을 말한다. 즉, 어떤 법원이 어떤 사건을 담당하여 처리하느냐를 정해놓은 것을 의미한다.

2) 심급관할

(1) 개념

3심제도하에서 법원 간의 심판의 순서로서 각 심급을 기준으로 재판권의 분담관계를 정해놓은 것이다.

(2) 성질

심급관할은 원칙적으로 전속관할이므로 제1심 사건을 제2심법원에 제소하면 전속관할위반이 된다.

(3) 비송사건의 경우

① 제1심 관할법원은 지방법원과 그 지원이 심판한다.

② 제2심 관할법원은 지방법원 단독판사가 제1심으로 한 결정은 지방법원 본원 합의부가 심판하며, 지방법원 합의부가 제1심으로 한 결정은 고등법원이 심판한다.

③ 제3심 관할법원은 대법원이 최종심으로 심판한다.

3) 사물관할

(1) 개념

사물을 기준으로 재판권의 분담관계를 정해놓은 것이다. 즉, 사물관할은 제1심 사건을 다루는 데 있어서 사건의 경중의 차이에 따라 지방법원 합의부와 지방법원 단독판사로 재판권의 분담관계를 정해놓은 관할이다.

(2) 비송사건의 경우

민사소송법의 경우 원칙적으로 소가를 기준으로 합의부와 단독판사의 관할을 정한다. 그러나 비송사건의 경우 각종의 사건마다 개별적으로 사물관할을 규정하고 있다. 회사 관련 중대사건, 금전사건 등과 같이 합의부가 관할한다는 특별한 규정이 없는 한 단독판사가 관할한다.

4) 토지관할

(1) 개념

소재지를 달리하는 같은 종류의 법원 사이에 제1심 사건의 분담관계를 정해놓은 것을 토지관할이라고 한다.

(2) 비송사건의 경우

토지관할은 사람의 주소지(법 제32조, 제39조, 제46조), 주된 사무소 소재지(법 제33조), 채무이행지(법 제53조), 물건의 소재지(법 제57조), 소송의 계속지(법 제72조 제2항) 등 여러 가지 기준으로 정해진다. 비송사건절차법에 토지관할에 대한 통칙규정은 없으나, 동법 제2조에서는 토지관할이 사람의 주소에 의해 정해질 경우 그 주소가 없는 때에 관하여 특칙을 규정하고 있다.

(3) 법원의 토지의 관할이 주소에 의하여 정하여질 경우 토지관할 결정

① 대한민국에 주소가 없을 때 또는 대한민국 내의 주소를 알지 못할 때 → 거소지의 지방법원
② 거소가 없을 때 또는 거소를 알지 못할 때 → 마지막 주소지의 지방법원
③ 마지막 주소가 없을 때 또는 그 주소를 알지 못할 때 → 재산이 있는 곳 또는 대법원이 있는 곳을 관할하는 지방법원

5) 지정관할

법원의 관할구역이 불분명하거나 관할의 원인이 되는 사실이 명확하지 않은 때 신청에 의하여 관계 법원의 공통되는 바로 위 상급법원이 관할법원을 정하는 경우이다.
관할법원의 지정은 결정의 형식으로 하며 관할법원 지정결정에는 불복신청을 할 수 없다. 그러나 관할법원의 지정신청을 각하한 경우에는 항고할 수 있다.

6) 우선관할

어느 사건에 대해 관할법원이 여러 개인 경우 최초로 신청을 받은 법원이 그 사건을 관할하게 되는데, 이렇게 정해지는 관할을 우선관할이라고 한다.

7) 이송

(1) 재량에 의한 이송

① 개념

우선관할에 의하여 정해진 법원이 사건을 심리하는 것이 부적당한 경우 그 법원은 신청에 의하거나 직권으로 적당하다고 인정하는 다른 법원에 이송할 수 있는데, 이를 사건의 이송이라고 한다.

② 민사소송의 이송과의 차이

민사소송법 제35조에는 이송제도가 있으나, "현저한 손해 또는 지연을 피하기 위하여 필요하면"이라는 요건을 규정하고 있다. 그러나 비송사건절차법에서는 적당하다고 인정하는 때에 다른 법원에 이송하는 것이므로 민사소송의 경우보다 폭넓게 인정하고 있다.

③ 이송의 효력

이송의 효력에 대해 비송사건절차법에 별도의 규정을 두고 있지 아니하나, 일반적으로 민사소송법의 규정이 유추적용된다고 해석한다.

㉠ 이송의 구속력

사건을 이송받은 법원은 이송결정에 따라야 하고, 사건을 이송받은 법원은 사건을 다시 다른 법원에 이송하지 못한다(민사소송법 제38조).

㉡ 소송계속의 이전

이송결정이 확정된 때에는 소송은 처음부터 이송받은 법원에 계속된 것으로 본다(민사소송법 제40조 제1항).

㉢ 소송기록의 송부

이송결정이 확정된 때에는 이에 따르는 사실상의 조치로서 그 결정의 정본을 소송기록에 붙여 이송받을 법원에 보내야 한다(민사소송법 제40조 제2항).

④ 이송결정의 불복

이송의 재판에 대해서는 비송사건절차법 제20조에 의하여 불복할 수 있다. 따라서 이송의 재판으로 인하여 권리를 침해받은 자는 항고할 수 있다.

(2) 관할위반의 이송 준용 여부

비송사건절차법에는 관할위반에 따른 이송에 관한 명문의 규정은 없으나, 소송경제의 측면에서 민사소송법 제34조 제1항의 규정이 준용된다는 것이 일반적 견해이므로 이송을 인정하는 것으로 보는 것이 타당하다.

4. 법률상의 공조

제10조 【「민사소송법」의 준용】 사건에 관하여는 기일(期日), 기간, 소명(疎明) 방법, 인증(人證)과 감정(鑑定)에 관한 「민사소송법」의 규정을 준용한다.

제12조 【촉탁할 수 있는 사항】 사실 탐지, 소환, 고지(告知), 재판의 집행에 관한 행위는 촉탁할 수 있다.

1) 의의

법원은 각 업무범위와 관련해서 일정한 관할구역이 있다. 그리고 각 법원은 관할구역 내에서만 직무를 집행하는 것이 원칙이다. 그러나 그 직무수행에 있어서는 일정한 행위의 경우 불가피하게 다른 법원의 도움을 받아야 할 경우가 발생한다. 이 경우 법원이 서로 보조하는 것을 법률상의 공조라고 한다.

03

2) 촉탁이 허용되는 경우

법률상 공조는 촉탁에 의한다. 사실탐지, 소환, 고지와 재판의 집행에 관한 행위가 공조를 촉탁할 수 있는 행위에 해당한다. 그리고 증인, 감정인 조사의 경우에도 민사소송법이 준용되어 다른 법원에 촉탁할 수 있다.

Chapter

03 비송사건의 당사자

1. 당사자의 의의

1) 비송사건의 당사자

(1) 문제점

민사소송에서 당사자란 자기의 이름으로 국가의 권리보호를 요구하는 사람과 그 상대방을 말한다. 소송사건은 원고와 피고 간의 법적분쟁을 전제로 하므로 누가 당사자인지가 명백하다. 그러나 비송사건은 원고와 피고라는 2 당사자 구조를 취하지 않고, 국가가 후견인 입장에서 사권관계를 형성하기 위한 절차이고 특정인 간의 다툼이라고 할 수 없다는 점, 자기 이름으로 절차에 관여하는 경우가 있더라도 절차의 주체가 되지 못하는 점, 직권으로 개시되는 경우 자기 이름으로 절차를 개시하는 자가 없다는 점에서 당사자라는 개념을 명백히 규정짓기 어렵다는 문제점이 있다.

(2) 비송사건에서의 당사자

비송사건에서는 절차에 주체적으로 관여하는 사람도 있고, 재판의 효력을 직접 받는 실질적 지위에 있는 사람도 있다. 비송사건에서는 원칙적으로 양자가 일치하지 않고, 비송사건의 당사자란 양 개념을 포함한다고 보는 것이 일반적 견해이다. 따라서 비송사건에서의 당사자란 당해 비송사건을 신청하거나 종국재판에 의해 직접 그 권리와 의무에 영향을 받는 자를 말한다. 여기에는 사건의 신청인, 재판을 받을 수 있는 자 또는 항고인이 될 수 있는 자가 해당한다고 할 수 있다.

2) 검사

검사는 공익의 대표자로서 비송사건에 참여하는 경우가 있다. 그러나 검사는 비송사건의 종국재판에 의해 권리·의무에 아무런 영향을 받지 않는다. 따라서 비송사건의 당사자가 아니다.

3) 당사자가 수인인 경우

(1) 수인의 이해관계인이 각각 독립해서 신청할 수 있는 경우

수인의 이해관계인이 각각 독립해서 신청할 수 있다. 각 신청권자로부터 신청이 있는 경우에는 신청의 전후가 있더라도 신청의 전부에 대해서 공동소송의 경우에 준하여 절차를 진행하면 되고 후행 신청사건의 절차를 중지할 것은 아니다. 그러나 각 신청은 독립한 것이므로 어느 하나의 신청이 취하되거나 각하되어도 다른 사건에 영향을 미치지 않는다(예 회사의 해산명령).

(2) 여러 건의 신청사건을 병행해서 심리와 재판을 해야 하는 경우

법률의 규정상 여러 건의 신청이 있으면 유사필요적 공동소송사건처럼 심리와 재판을 병행할 것이 요구되는 사건이 있다(법 제86조의2, 제88조). 그러나 이들 사건도 고유필요적 공동소송사건이 아니므로 각 신청인은 자유롭게 취하할 수 있다(예 주식매도가액 및 주식매수가액 결정의 재판, 신주의 발행 무효로 인하여 신주의 주주가 받을 금액의 증감 신청).

(3) 수인의 신청인이 공동하여서만 신청요건을 충족하는 경우

법률상 반드시 수인의 공동신청을 필요로 하는 것은 아니나, 수인의 신청인이 공동하여서만 신청요건을 충족하는 경우가 있다. 이 경우에 신청요건은 비송사건 재판시까지 충족해야 하며, 1인의 취하에 의하여 신청요건인 인원수에 부족하게 되면 그 신청은 부적법하게 된다(예 임시총회 소집 사건).

(4) 반드시 공동신청을 필요로 하는 경우

반드시 당사자 전원이 공동으로 신청을 하여야 하는 사건(공동신청사건)이 있다. 이 경우에는 법률이 요구하는 신청인의 일부가 결여된 경우 그 보정이 없는 한 법원은 신청을 부적법 각하해야 한다(예 유한회사와 주식회사의 합병 인가신청 = 합병을 할 회사의 이사와 감사의 공동신청).

4) 당사자의 보조참가

비송사건절차법은 보조참가에 관한 민사소송법 제71조를 준용하고 있지 않다. 따라서 비송사건절차에서도 보조참가를 허용할 것인지가 문제된다. 비송사건에서 보조참가를 허용하여도 불합리할 것은 아니다. 대법원도 비송사건에서 보조참가를 허용한 경우가 있다(대법원 2010. 11. 22. 2010그191).

2. 당사자능력과 비송행위능력

1) 당사자능력

(1) 의의

당사자능력이란 비송사건의 당사자가 되기 위해 갖추어야 할 능력으로, 민법상의 권리능력에 대응하는 개념이다. 그러나 당사자능력은 권리능력과 반드시 동일하게 볼 수는 없으며, 그보다 권리능력 없는 사단·재단을 포함하는 넓은 개념이라 할 수 있다.

비송사건절차법에는 민사소송법 제51조와 같이 당사자능력과 소송능력에 관한 규정이 없다. 그러나 민사소송법 제51조는 비송사건절차법을 지배하는 원칙규정이므로 비송사건에도 당연히 준용되어야 한다.

(2) 당사자

① **자연인**

자연인은 생존하는 동안 권리와 의무의 주체가 되므로(민법 제3조) 당사자능력이 있다. 태아나 사자는 법률상 사람이 아니므로 당사자능력이 인정되지 않는다.

② **법인**

법인은 민법상 권리능력이 인정되므로 당연히 당사자능력이 인정된다.

③ **권리능력 없는 사단·재단**

민사소송법 제52조는 "법인이 아닌 사단이나 재단은 대표자 또는 관리인이 있는 경우에는 그 사단이나 재단의 이름으로 당사자가 될 수 있다."라고 규정하여 소송사건에서는 당사자능력을 인정하고 있으나, 비송사건절차법에는 이와 같은 규정이 없다. 그러나 판례는 권리능력 없는 사단·재단도 현실적으로 비송사건의 당사자가 될 필요성이 있다는 이유로 이를 긍정하고 있다.

판례

권리능력 없는 사단·재단도 당사자능력을 가진다.

민법 제63조(임시이사 선임)는 법인의 조직과 활동에 관한 것으로서 법인격을 전제로 하는 조항이 아니고, 법인 아닌 사단이나 재단의 경우에도 이사가 없거나 결원이 생길 수 있으며, 통상의 절차에 따른 새로운 이사의 선임이 극히 곤란하고 종전 이사의 긴급처리권도 인정되지 아니하는 경우에는 사단이나 재단 또는 타인에게 손해가 생길 염려가 있을 수 있으므로, 민법 제63조는 법인 아닌 사단이나 재단에도 유추적용할 수 있다(대법원 2009. 11. 19. 2008마699 전원합의체).

(3) 당사자능력이 없는 자의 비송행위의 효력

당사자능력이 없는 자가 행한 신청이나 항고 등은 법률상 당연히 무효이다.

2) 비송행위능력(비송절차능력)

(1) 의의

비송행위능력이란 당사자로서 스스로 유효하게 비송행위를 하거나 또는 상대방이나 법원으로부터 비송행위를 받기 위해 갖추어야 할 능력을 말한다. 민사소송에서 말하는 소송능력에 해당하는 것이다.

(2) 비송무능력자

민법상 제한능력자는 원칙적으로 비송능력이 없다. 비송무능력자의 비송행위는 법률상 당연히 무효이다.

3. 비송행위의 대리

제6조【대리인】 ① 사건의 관계인은 소송능력자로 하여금 소송행위를 대리(代理)하게 할 수 있다. 다만, 본인이 출석하도록 명령을 받은 경우에는 그러하지 아니하다.
② 법원은 변호사가 아닌 자로서 대리를 영업으로 하는 자의 대리를 금하고 퇴정(退廷)을 명할 수 있다. 이 명령에 대하여는 불복신청을 할 수 없다.

제7조【대리권의 증명】 ① 제6조에 따른 대리인에 관하여는 「민사소송법」 제89조를 준용한다.
② 대리인의 권한을 증명하는 사문서(私文書)에 관계 공무원 또는 공증인의 인증(認證)을 받아야 한다는 명령에 대하여는 불복신청을 할 수 없다.

1) 대리인의 자격

비송대리인은 당사자를 대리하여 비송행위를 하는 자를 말한다. 비송대리인의 자격에 관하여는 변호사로 자격을 제한하는 민사소송법과 달리 비송사건절차법에는 별도의 규정이 없다. 따라서 비송사건 관계인은 소송능력자로 하여금 비송행위를 대리시킬 수 있다.

2) 대리권의 범위

비송사건절차법은 대리권의 범위에 관하여 민사소송법 제90조와 같은 규정이 없다. 따라서 대리권의 범위는 위임계약에 의해 정해진다. 다만, 그 취지가 분명하지 않은 경우에는 당해 사건의 모든 행위를 할 수 있다. 그러나 신청의 취하, 항고의 제기 및 그 취하, 대리인의 선임에 대해서는 민사소송대리권의 범위를 고려해 볼 때 특별수권이 필요하다.

3) 대리권의 증명

(1) 의의

비송대리인의 수권방식은 자유이나 대리인으로 비송행위를 하고자 하는 자는 그 대리권의 존재와 범위를 서면으로 증명해야 한다.

(2) 증명방식

서면이 사문서일 때에는 법원은 공증인 또는 공증사무를 행하는 자의 인증을 받을 것을 그 비송대리인에게 명할 수 있다. 다만, 당사자가 말로 비송대리인을 선임하고 법원사무관 등이 조서에 그 진술을 적어놓은 경우에는 서면으로 대리권을 증명하면 이에 공증을 받을 필요가 없다(법 제7조 제1항, 민사소송법 제89조).

(3) 불복

사문서에 관계 공무원 또는 공증인의 인증을 받아야 한다는 명령에 대하여는 불복신청을 할 수 없다(법 제7조 제2항).

4) 대리행위의 효력

(1) 대리권이 있는 경우

비송대리인이 대리권의 범위 내에서 한 비송행위는 직접 본인에게 효력이 있다.

(2) 무권대리의 경우

비송사건의 대리인으로서 비송행위를 한 자가 대리권이 없을 경우에 그 행위는 무권대리가 되고 무효이므로 법원은 부적법한 것으로서 각하해야 할 것이다. 그러나 만약 법원이 이를 간과하고 재판을 한 경우에는 그 재판은 당연무효가 되는 것이 아니라 그 재판에 의하여 권리를 침해당한 자가 항고할 수 있을 뿐이다(법 제20조, 제23조).

5) 비송대리가 허용되지 않는 경우

(1) 본인출석명령

비송사건에서 대리인이 허용된다 하더라도 법원은 직접 본인의 진술을 들어야 할 필요가 있는 때에는 당사자 본인을 출석하도록 명령할 수 있다. 이때에는 대리가 허용되지 아니하고 본인이 직접 출석하여 진술하여야 한다(법 제6조 제1항).

(2) 퇴정명령

법원은 변호사가 아닌 자로서 대리를 영업으로 하는 자의 대리를 금하고 퇴정을 명할 수 있다. 이 명령에 대하여는 불복신청을 할 수 없다(법 제6조 제2항).

6) 당사자의 사망과 비송대리권의 소멸

민사소송법 제95조에는 당사자의 사망에도 불구하고 소송대리권이 소멸하지 않음을 규정하고 있다. 이 규정을 비송사건에도 준용할 것인지에 대해 비송사건에는 절차의 중단이라는 관념이 없는 점, 일신전속권이 아닌 한 상속인에게 절차를 직권으로 승계시키는 점을 고려하면 당사자가 사망하더라도 비송대리권은 소멸하지 않는다고 보는 것이 타당할 것이다.

4. 비송사건의 선정당사자

1) 의의

선정당사자란 공동의 이해관계가 있는 여러 사람이 공동소송인이 되어 소송을 하여야 할 경우에 그 가운데서 모두를 위해 소송을 수행할 당사자로 선출된 자를 말한다.

2) 비송사건에도 선정당사자 제도가 준용되는지 여부

선정당사자에 관한 민사소송법의 규정은 비송사건에는 준용되지 않는다. 대법원도 "토지구획정리조합의 조합원의 1/2 이상이 선정한 선정당사자가 민법 제70조 제2항 · 제3항과 위 토지구획정리조합의 정관규정에 따라 조합원임시총회 소집허가신청을 한 경우 조합원들이 선정당사자를 선정한 행위는 효력이 없어 위 신청은 선정당사자가 단독으로 한 것에 불과하므로 임시총회 소집허가신청의 정수에 미달하여 부적법하다(대법원 1990. 12. 7. 90마674 · 90마카11)."라고 판시하였다.

Chapter

04 비송사건의 절차

1. 절차의 개시

비송사건절차는 당사자의 신청뿐만 아니라 검사의 청구, 법원의 직권으로도 개시된다.

1) 당사자의 신청에 의할 경우

제8조 【신청 및 진술의 방법】 신청 및 진술에 관하여는 「민사소송법」 제161조를 준용한다.

제9조 【신청서의 기재사항, 증거서류의 첨부】 ① 신청서에는 다음 각 호의 사항을 적고 신청인이나 그 대리인이 기명날인하거나 서명하여야 한다.

1. 신청인의 성명과 주소
2. 대리인에 의하여 신청할 때에는 대리인의 성명과 주소
3. 신청의 취지와 그 원인이 되는 사실
4. 신청 연월일
5. 법원의 표시

② 증거서류가 있을 때에는 그 원본 또는 등본(謄本)을 신청서에 첨부하여야 한다.

비송사건은 대부분 당사자의 신청에 의해서 개시된다.
신청의 방식은 서면 또는 말로 할 수 있는 것이 원칙이나, 예외적으로 반드시 서면으로만 해야 하는 경우도 있다. 법원사무관 등의 면전에서 말로 신청한 경우, 법원사무관 등은 이 경우에 신청서에 기재하여야 할 사항을 신청 취지에 따라 조서를 작성하고 이에 기명날인하여야 한다.

반드시 서면으로만 신청해야 하는 사건

- 주식회사설립에 있어서의 검사인 선임신청사건
- 주식회사 신주발행 시의 검사인 선임신청사건
- 주식회사의 업무와 재산상태의 검사를 위한 검사인 선임신청사건
- 유한회사의 업무와 재산상태의 검사를 위한 검사인 선임신청사건
- 주식의 매수가액 산정 · 결정신청사건
- 주식의 액면미달발행인가 신청사건
- 주식회사의 소수주주의 주주총회 소집허가신청사건
- 주식회사의 사채권자집회의 소집허가신청사건
- 법인의 임시총회 소집허가사건

2) 검사의 청구에 의할 경우

(1) 공익의 대표자로서 관여

비송사건 중에는 공익에 미치는 영향을 고려하여 검사의 청구에 의해서도 개시될 수 있도록 규정한 사건이 있다. 이때의 검사는 공익의 대표자로서 관여하는 것이지 이해관계인으로서 관여하는 것이 아니다. 검사청구사건의 경우 청구권자로 검사만 규정하는 경우는 없고 이해관계인이나 법원의 직권을 절차개시요건으로 함께 규정하고 있다.

(2) 신청방식

방식에 관하여 특별한 규정은 없으나 책임소재를 명확히 하고 사건 취급을 신중하게 하기 위해 구술에 의한 신청은 허용되지 않고 반드시 서면으로 신청한다.

(3) 검사의 청구에 의하여 개시되는 사건

법인에 관한 사건	• 재단법인의 정관보충사건(민법 제44조) → 이해관계인, 검사 • 임시이사 및 특별대리인의 선임사건(민법 제63조, 제64조) → 이해관계인, 검사 • 법원에 의한 청산인의 선임 · 해임사건(민법 제83조, 제84조) → 이해관계인, 검사
회사에 관한 사건	• 회사의 해산명령사건(상법 제176조) → 이해관계인, 검사, 법원 직권 • 외국회사의 영업소 폐쇄명령사건(상법 제619조) → 이해관계인, 검사 • 법원에 의한 청산인의 선임사건(상법 제252조, 제269조, 제542조, 제613조) → 이해관계인, 검사, 법원 직권

(4) 통지의무

> 제16조【검사에 대한 통지】법원, 그 밖의 관청, 검사와 공무원은 그 직무상 검사의 청구에 의하여 재판을 하여야 할 경우가 발생한 것을 알았을 때에는 그 사실을 관할법원에 대응한 검찰청 검사에게 통지하여야 한다.

관할검사가 그 사건을 알기 전에 법원, 그 밖의 관청, 검사와 공무원은 그 직무상 검사의 청구에 의하여 재판을 하여야 할 경우가 발생한 것을 안 때에는 이를 관할법원에 대응한 검찰청 검사에게 통지하여야 한다(법 제16조). 그러나 법원이 이미 비송사건을 개시한 경우나 법원이 이미 사건의 발생을 알아서 스스로 개시할 수 있는 경우에는 통지의무가 없다.

3) 법원이 직권으로 개시할 경우

(1) 의의

당사자의 신청이 없더라도 법원이 일정한 처분을 하거나 또는 절차를 개시할 수 있는 사건을 직권사건이라고 한다. 법원이 직권사건을 알게 된 경우에는 그 사건을 알게 된 경위를 불문하고 즉시 절차를 개시하여야 한다.

(2) 법원 직권에 의해 개시되는 사건

① 회사 등 법인에 관한 청산인의 선임 또는 해임사건(민법 제83조, 제84조, 상법 제252조) → 이해관계인, 검사, 법원 직권
② 회사의 해산명령사건(상법 제176조 제1항) → 이해관계인, 검사, 법원 직권
③ 과태료사건(법 제247조) → 법원 직권

2. 절차의 진행

1) 직권주의에 의한 진행

기일의 지정 및 변경(법 제10조), 사실탐지 및 증거조사(법 제11조), 송달(법 제18조) 등에서 절차의 진행은 법원이 직권으로 수행한다. 절차의 개시가 당사자의 신청에 의하여 개시된 사건이든 법원의 직권으로 개시된 사건이든 절차가 개시된 후에는 법원이 직권으로 절차를 진행한다.

2) 기일

(1) 의의

기일이란 비송사건절차에 관하여 법원, 당사자, 그 밖의 관계인이 일정한 장소에 회합하여 비송행위를 수행하기 위해 정해진 시간을 말한다. 그 목적에 따라 본론기일 · 증거조사기일 · 판결선고기일 등으로 나누어진다.

(2) 기일의 지정

기일의 지정은 직권으로 또는 당사자의 신청에 따라 재판장이 한다. 판례는 기일의 지정은 반드시 재판의 형식에 의하여 하는 것은 아니고 통지서가 양쪽 당사자에 송달되었으면 기일의 지정이 있는 것으로 본다.

(3) 기일의 변경 · 연기 · 속행

비송사건은 직권주의가 적용되므로 기일의 변경 · 연기 · 속행 모두 법원이 직권으로 행한다. 따라서 당사자의 합의에 의한 기일의 변경은 허용되지 아니한다.

(4) 기일의 통지

기일은 기일통지서 또는 출석요구서를 송달하여 통지하되, 그 사건으로 출석한 사람에게는 기일을 직접 고지하면 된다(민사소송법 제167조 제1항). 또한 기일통지에 관한 행위는 다른 법원에 촉탁할 수 있다.

(5) 기일의 불출석

기일에 출석하지 않는 당사자에게 법률상의 제재 등 그 밖의 불이익을 줄 수 없는 것이 원칙이다(민사소송법 제167조 제2항). 다만 비송사건절차에서는 1회 기일에 심문이 종결되는 경우가 많고, 이 경우 당사자는 법원에서 자신의 주장을 하지 못하는 사실상 불이익을 받는 경우가 있다.

(6) 검사의 참여

> **제15조【검사의 의견 진술 및 심문 참여】** ① 검사는 사건에 관하여 의견을 진술하고 심문에 참여할 수 있다.
> ② 사건 및 그에 관한 심문의 기일은 검사에게 통지하여야 한다.

법원은 심문기일을 검사에게 통지하여 검사가 심문에 참여할 수 있는 기회를 제공하여야 한다. 법원의 통지에 대한 검사의 의견진술 및 심문참여의 권한행사는 검사의 재량이며, 공익상 필요하다고 인정하는 경우에만 그 권한을 행사하는 것이 일반적이다.

3) 기간

(1) 근거

비송사건절차법에 기간에 관한 별도의 규정은 없고, 비송사건의 기간에 관하여는 민사소송법의 규정이 준용된다(법 제10조).

(2) 기간에 대한 민사소송법의 규정

기간의 계산은 민법에 따른다(민사소송법 제170조). 법원은 법정기간 또는 법원이 정한 기간을 늘이거나 줄일 수 있다. 다만, 불변기간은 그러하지 아니하다(민사소송법 제172조 제1항). 당사자가 책임질 수 없는 사유로 말미암아 불변기간을 지킬 수 없었던 경우에는 그 사유가 없어진 날부터 2주 이내에 게을리한 소송행위를 보완할 수 있다. 다만, 그 사유가 없어질 당시 외국에 있던 당사자에 대하여는 이 기간을 30일로 한다(민사소송법 제173조 제1항).

4) 송달

(1) 의의

송달이란 당사자, 그 밖의 소송관계인에게 소송상의 서류의 내용을 알 수 있는 기회를 주기 위해 하는 법원의 통지행위이다.

(2) 고지방식의 자유

비송사건절차법에서는 재판의 고지는 법원이 적당하다고 인정하는 방법으로 한다고 규정하고(법 제18조 제2항), 송달에 의한 고지를 특별히 규정하고 있지 않다. 따라서 재판이나 기타 사항에 대해 자유로운 방법으로 고지할 수 있다.

(3) 예외

① 비송사건절차는 기일에 관한 민사소송법의 규정을 준용하므로, 기일의 통지는 당해 사건으로 출석한 자가 아닌 한 송달에 의하여야 한다(법 제10조, 민사소송법 제167조 제1항).

② 고지받을 자의 주소나 거소의 불명 등으로 인하여 통상의 방법으로써 고지할 수 없을 때에는 공시송달의 방법에 의할 수 있다. 공시송달을 하는 경우에는 민사소송법의 규정에 의하여야 한다(법 제18조 제2항).

5) 절차의 중단과 승계

(1) 소송절차의 중단

소송절차의 중단이란 당사자나 소송행위자에게 소송수행을 할 수 없는 사유가 발생하였을 경우 새로운 소송수행자가 나타나 소송에 관여할 수 있을 때까지 법률상 당연히 절차의 진행이 정지되는 것을 말한다.

(2) 비송사건의 경우

비송사건에서는 비송절차가 법원의 직권으로 개시된 경우는 물론 당사자의 신청에 의하여 절차가 개시되는 경우라도 절차가 개시된 이후 절차의 진행은 법원이 직권으로 운영하기 때문에 민사소송과 달리 중단에 대한 관념이 없다.

(3) 당사자의 사망과 승계

① 절차가 종료되는 경우

일신전속적인 권리인 경우 당사자의 사망으로 그 비송사건절차의 목적 자체가 소멸하므로 당연히 절차가 종료된다. 예를 들어, 회사의 해산명령사건과 관련하여 법원이 회사재산의 보전처분으로서 관리인을 선임하였지만 그 관리인이 도중에 사임허가신청을 하고 절차가 진행 중에 사망한 경우 법원은 사임허가결정을 할 필요가 없으므로 절차는 종료된다.

② **절차가 승계되는 경우**

신청인이 사망했으나 그 비송사건절차를 통해 신청인이 형성하려고 했던 법률관계가 상속의 대상인 경우에는 절차가 종료되지 않고 상속인에 의해 절차가 승계된다. 예를 들어, 재판상 대위허가사건절차의 진행 중 신청인인 채권자가 사망한 경우에는 그 채권자의 상속인이 절차를 승계한다.

3. 비송사건의 심리

제11조【직권에 의한 탐지 및 증거조사】 법원은 직권으로 사실의 탐지와 필요하다고 인정하는 증거의 조사를 하여야 한다.

제12조【촉탁할 수 있는 사항】 사실 탐지, 소환, 고지(告知), 재판의 집행에 관한 행위는 촉탁할 수 있다.

제13조【심문의 비공개】 심문(審問)은 공개하지 아니한다. 다만, 법원은 심문을 공개함이 적정하다고 인정하는 자에게는 방청을 허가할 수 있다.

제14조【조서의 작성】 법원서기관, 법원사무관, 법원주사 또는 법원주사보(이하 "법원사무관등"이라 한다)는 증인 또는 감정인(鑑定人)의 심문에 관하여는 조서(調書)를 작성하고, 그 밖의 심문에 관하여는 필요하다고 인정하는 경우에만 조서를 작성한다.

1) 개념

심리란 재판에 필요한 사실관계 및 법률관계를 명확히 하기 위하여 법원이 사건을 조사하는 행위를 말한다.

2) 심리방법

(1) 임의적 변론

변론이란 당사자 양쪽이 기일에 말로써 법원에서 판결의 기초가 될 소송자료, 즉 사실과 증거를 제출하는 절차이다. 민사소송법상 '판결' 절차는 심리를 위해 반드시 변론을 열어야 하지만, 비송사건의 재판은 판결이 아닌 결정으로써 하므로(법 제17조 제1항), 그 심리를 위해 반드시 변론을 열어야 하는 것은 아니다. 임의적 변론절차에서는 변론이 열려도 반드시 기일에 출석하여 말로 진술하여야 하는 것은 아니며, 서면으로 제출해도 된다. 따라서 기일의 해태 문제나 진술간주 · 자백간주 · 소취하간주 등의 적용이 없다.

(2) 임의적 심문

① 원칙

법원이 변론을 열지 않을 경우에 소송기록에 의한 서면심리만으로 재판을 하거나 법원은 심문에 의하여 재판할 수도 있다(민사소송법 제134조 제2항). 비송사건절차에서 심문은 필요적이 아니고 임의적이다.

② 예외

비송사건 중에는 재판 전에 이해관계인의 의견 또는 진술을 듣도록 규정하고 있는 경우가 있다. 그러한 경우에는 그 의견이나 진술을 반드시 들어야 한다.

③ 이해관계인들에 대한 진술 기회 제한

재판 전에 이해관계인의 의견 또는 진술을 듣도록 규정하고 있는 경우에도 이해관계인 중 일부에 대하여 진술 기회를 부여하였다면, 그와 이해관계를 달리하는 관계인 모두에게 각각의 진술 기회를 주어야 하는 것은 아니다.

판례

의견진술을 반드시 들어야 하는 경우에도 이해관계인 모두에게 진술 기회를 주어야 하는 것은 아니다.

비송사건절차법 제84조에 의하여 이사와 감사의 진술을 할 기회를 부여한 이상 법원은 그 진술 중의 의견에 기속됨이 없이, 그 의견과 다른 인선을 결정할 수도 있는 터이어서 이해관계를 달리하는 이사나 감사가 있는 경우 각 이해관계별로 빠짐없이 진술의 기회를 주지 않았다고 하여 그 사정이 재판의 결과에 영향을 주게 되는 것은 아니다(대법원 2001. 12. 6. 2001그113).

(3) 비공개주의

비송사건의 심문은 공개하지 아니하며, 다만 법원은 심문을 공개함이 적정하다고 인정하는 자에게는 방청을 허가할 수 있다(법 제13조). 다만, 재판상 대위에 관한 사건은 공개를 원칙으로 한다(법 제52조).

(4) 조서의 작성

법원사무관 등은 증인 또는 감정인의 심문에 관하여는 필요적으로 조서를 작성하여야 하고, 그 밖의 심문에 관하여는 필요하다고 인정하는 경우에만 조서를 작성한다(법 제14조).

3) 사실인정에 관한 원칙

(1) 객관적 · 실체적 진실발견주의

법원은 자유로운 방법으로 사실조사를 행하며, 객관적 · 실체적 진실발견에 노력하여야 한다. 비송사건절차에 있어서 사실인정은 오로지 법원의 직권으로 행해지며 민사소송절차에 있어서와 같은 당사자의 처분은 허용되지 않는다. 따라서 청구의 포기 · 인낙 개념이 부정되고, 당사자의 자백도 법원을 구속하지 않으며 단지 법원이 사실을 인정함에 있어 참작사유에 불과하다.

(2) 직권탐지주의

소송자료의 수집과 제출책임을 당사자가 아닌 법원이 담당한다. 비송사건절차법 제11조에서는 이를 명문으로 규정하고 있다. 그러므로 재판의 기초가 되는 소송자료의 수집방법 및 범위는 법원이 자유롭게 정할 수 있다.

(3) 입증책임

① 객관적 증명책임

사실의 존부가 확정되지 않은 상태(진위불명)에서 당해 사실이 존재하지 아니하는 것으로 취급되어 당사자 일방이 받는 불이익(결과책임)을 말한다.

② 주관적 증명책임

패소를 면하기 위해 증거를 제출해야 할 필요가 있고 이 때문에 당사자가 증거를 제출해야 할 책임(행위책임)을 말한다.

③ 비송사건에서 입증책임

비송사건절차에서는 증거제출책임이라는 의미에서의 주관적 입증책임은 발생하지 않는다. 다만, 어떠한 사실의 진위가 불명일 때 그 사실을 요건으로 하는 재판을 받는 것이 불가능하여 불이익을 받을 수 있다는 의미의 객관적 입증책임은 존재한다.

4) 사실의 인정방법

(1) 증거조사

① 방법

민사소송법은 증거조사 방법으로서 증인, 검증, 감정, 서증과 당사자 본인심문의 다섯 가지를 규정하고 있으나, 비송사건절차법 제10조에서 인증과 감정에 관한 민사소송법의 규정을 준용하고 있다는 점에서 비송사건의 증거조사 방법으로 증인심문과 감정만 인정된다.

② **비공개**

비송사건은 비공개를 원칙으로 하기 때문에 증인 또는 감정인의 심문도 비공개로 이루어지는 것이 원칙이다.

(2) 사실의 탐지

① **의의**

법원이 자료를 수집하고 사실을 인정하는 방법 중 증거조사를 제외한 것이다. 당사자의 변론은 법원의 직권탐지를 보완하는 데 그치며, 당사자가 주장하지 않은 사실도 법원은 자기의 책임과 직권으로 수집하여 판결의 기초로 삼아야 한다.

② **사실탐지의 방식**

탐지의 방법에 관하여 별다른 제약이 없기 때문에 다양한 방법으로 자유롭게 행해진다. 따라서 법원이 자료의 수집에 적합한 형태로 하면 족하고 특별한 제한은 없다. 개인이나 단체에 대한 서면조회 또는 전화조회, 당사자나 관계인의 심문 등 어떠한 방법이라도 상관없다.

(3) 사실탐지와 증거조사의 촉탁

비송사건에서의 증거조사인 증인신문과 감정에 대해서는 민사소송법이 준용되는 결과 이들 증거조사를 다른 법원의 판사에게 촉탁할 수 있으며, 사실탐지에 관하여도 다른 지방법원에 촉탁할 수 있다.

(4) 당사자 본인심문

법원은 사실인정을 위하여 관계인이나 당사자에게 사실관계에 관하여 심문하고 의견이나 진술하게 하는 경우가 있다. 일부 사건의 경우에는 반드시 관계인이나 당사자 본인의 심문이나 진술을 들어야 하는 경우가 있다. 이는 재판의 결과가 당사자 본인이나 관계인에게 불이익을 줄 우려가 있는 경우로서 그들에게 사실을 청취하고 변명의 기회를 주기 위해서이다.

5) 사실인정을 위한 심증의 정도

(1) 증명

비송사건에서 사실인정은 원칙적으로 증명이 필요하다. 증명이란 법관이 사실의 존재에 대하여 고도의 개연성, 즉 확신을 얻은 상태를 말한다.

(2) 소명

① **의의**

소명이란 증명에 비하여 낮은 개연성, 즉 법관이 확실할 것이라고 추측을 얻은 상태를 말한다. 소명은 법률에 특별한 규정이 있는 경우에 한한다.

② **소명의 부족**

법원은 보증금의 공탁이나 당사자의 선서에 의하여 소명을 갈음할 수 있다. 이 경우 거짓으로 판명되면 보증금의 몰수 또는 과태료의 제재를 받는다.

4. 절차의 종료

1) 종국재판에 의한 종료

(1) 의의

비송사건절차는 법원의 종국재판에 의하여 종료하며, 이것이 가장 일반적인 재판의 종료형태이다.

(2) 절차의 종료시점

① **즉시항고가 허용되는 사건의 경우**

즉시항고는 불복신청기간에 제한이 없는 보통항고와 달리 재판의 신속한 확정을 위해 불복신청기간을 재판이 고지된 날부터 1주일(불변기간)로 제한하고 있으며, 원칙적으로 확정차단효가 있다. 따라서 재판이 고지된 날부터 1주일(불복신청기간)이 경과하면 그 재판의 확정과 동시에 절차가 종료한다.

② **보통항고가 허용되는 사건의 경우**

보통항고의 경우 즉시항고와 달리 확정차단효가 없다. 그 재판의 고지와 동시에 당해 심급의 절차가 종료된다. 또한 항고의 신청이 있으면 항고법원에서 새로운 절차가 개시된다고 본다. 만약 그와 같이 보지 않으면 당사자의 항고가 없는 한 그 사건은 영원히 종료되지 않고 법원에 계속되는 부당한 결과가 발생하기 때문이다.

2) 당사자의 행위에 의한 종료

(1) 신청취하에 의한 종료

① **신청취하의 인정 여부**

비송사건절차에서는 처분권주의가 배제되어 신청의 취하가 언제나 인정되는 것은 아니다.

② **인정범위**

㉠ 당사자의 신청에 의해서만 절차가 개시되는 경우에는 재판이 있을 때까지는 자유로이 취하할 수 있다.

㉡ 법원이 직권으로 절차를 개시한 사건은 취하의 관념을 인정할 수 없다.

㉢ 당사자의 신청 또는 법원의 직권으로 개시되는 사건의 경우에 당사자가 신청을 하여 절차가 개시된 경우라 하더라도 재판의 공익성에 비추어 신청의 취하가 인정되지 않는다.

③ **신청취하의 시기와 방식**

신청취하가 인정되는 사건의 경우에는 재판이 있을 때까지는 자유로이 취하할 수 있다. 1심이 계속 중이든 항고심이 계속 중이든 언제든지 가능하다. 방식에 대해서는 특별한 규정이 없으므로 일반원칙에 따라 서면 또는 말로 할 수 있다(법 제8조).

④ **신청취하의 효력**

신청이 취하되면 사건은 처음부터 법원에 계속되지 않았던 것으로 되며, 이미 행하여진 비송행위는 모두 그 효력을 잃는다. 절차비용은 신청인이 부담하여야 한다.

(2) 신청포기에 의한 종료

민사소송과는 달리 비송사건은 이해가 대립되는 상대방이 있는 것이 아니고 권리확인의 쟁송이 아니기 때문에 신청의 포기가 인정되지 않는다. 다만, 항고인의 항고권의 포기는 인정된다. 이것은 신청 자체의 포기와 구별해야 한다.

(3) 당사자의 사망에 의한 종료

신청사건의 신청인 또는 항고인이 사망한 경우 그 당사자가 당해 재판에서 추구하는 권리가 상속의 대상인 경우 상속인이 절차를 승계하게 된다. 그러나 그 권리가 상속의 대상이 아니라면 절차는 당사자의 사망으로 종료하게 된다.

Chapter

05 절차비용의 부담

제24조 【비용의 부담】 재판 전의 절차와 재판의 고지 비용은 부담할 자를 특별히 정한 경우를 제외하고는 사건의 신청인이 부담한다. 다만, 검사가 신청한 경우에는 국고에서 부담한다.

제25조 【비용에 관한 재판】 법원은 제24조에 따른 비용에 관하여 재판을 할 필요가 있다고 인정할 때에는 그 금액을 확정하여 사건의 재판과 함께 하여야 한다.

제26조 【관계인에 대한 비용 부담 명령】 법원은 특별한 사유가 있을 때에는 이 법에 따라 비용을 부담할 자가 아닌 관계인에게 비용의 전부 또는 일부의 부담을 명할 수 있다.

제27조 【비용의 공동 부담】 비용을 부담할 자가 여럿인 경우에는 「민사소송법」 제102조를 준용한다.

제28조 【비용의 재판에 대한 불복신청】 비용의 재판에 대하여는 그 부담의 명령을 받은 자만 불복신청을 할 수 있다. 이 경우 독립하여 불복신청을 할 수 없다.

제29조 【비용채권자의 강제집행】 ① 비용의 채권자는 비용의 재판에 의하여 강제집행을 할 수 있다.
② 제1항에 따른 강제집행의 경우에는 「민사집행법」의 규정을 준용한다. 다만, 집행을 하기 전에 재판서의 송달은 하지 아니한다.
③ 비용의 재판에 대한 항고가 있을 때에는 「민사소송법」 제448조 및 제500조를 준용한다.

제30조 【국고에 의한 비용의 체당】 직권으로 하는 탐지, 사실조사, 소환, 고지, 그 밖에 필요한 처분의 비용은 국고에서 체당(替當)하여야 한다.

1. 절차비용의 의의

절차비용이란 당해 비송사건의 개시로부터 종료에 이르기까지 투입된 모든 비용을 말한다. 이것은 재판 전의 절차비용과 재판의 고지비용으로 나눌 수 있다. 재판 전 절차비용은 절차개시부터 재판의 고지 시까지의 일체의 비용을 말하며, 당사자가 법원에 납부하거나 법원에서 지출하는 비용과 법원 이외의 제3자에게 지출하는 비용을 말한다. 재판고지비용은 재판의 고지에 필요한 비용으로 우편송달의 경우 우편요금 등이 여기에 속한다.

2. 비용부담자

1) 원칙

(1) 신청인의 신청 또는 검사의 청구에 의하여 절차가 개시된 경우

재판 전의 절차와 재판의 고지비용은 그 부담할 자를 특별히 정한 경우를 제외하고는 사건의 신청인이 부담한다. 다만, 검사가 신청한 경우에는 국고에서 부담한다.

(2) 법원이 직권으로 개시한 사건인 경우

특별한 규정이 없는 한 국고에서 부담한다.

2) 법률의 규정에 의하여 비용부담자가 정해져 있는 경우

(1) 항고비용과 항고인이 부담하게 된 전심의 비용 → 패소자(법 제51조)

(2) 질물에 의한 변제충당의 허가사건 → 질권설정자(법 제56조)

(3) 환매권 대위행사 시의 감정인의 선임 → 매수인(법 제57조)

(4) 회사 해산명령사건에서의 관리인 선임 및 재산보전처분 → 회사(법 제96조 제2항)

(5) 회사청산의 경우 감정인 선임 → 회사(법 제124조)

(6) 과태료사건 → 과태료를 선고받은 자 또는 국고(법 제248조 제4항 · 제5항)

3) 관계인에게 비용을 부담시키는 경우

법원은 특별한 사유가 있을 때에는 비송사건절차법에 따라 비용을 부담할 자가 아닌 관계인에게 비용의 전부 또는 일부의 부담을 명할 수 있다.

4) 공동부담

비용을 부담할 자가 수인인 경우 그 부담액은 균등하게 부담하는 것이 원칙이다. 그러나 법원은 사정에 따라 그 부담액을 연대하여 부담하게 하거나 다른 방법으로 부담하게 할 수 있다.

3. 비용액의 재판

1) 의의

비송사건의 경우 신청인이 절차비용을 스스로 예납하거나 지급하는 것이 보통이므로 절차가 종료한 후에 별도로 비용에 대한 재판이 필요하지 않다. 그러나 비용부담자 이외의 자에게 비용을 예납하게 하거나 국고체당의 경우처럼 절차비용의 예납자와 지출자 그리고 부담자가 서로 다른 경우에는 비용의 상환을 위하여 비용에 대한 재판이 필요하다. 즉, 법 제25조에서 "비용에 관하여 재판을 할 필요가 있다고 인정할 때"라 함은 절차비용의 예납자와 지출자 그리고 절차비용의 부담자가 서로 다른 경우를 말한다.

2) 비용재판에 대한 불복방법

(1) 청구권자

불복신청을 할 수 있는 자는 절차비용의 부담명령을 받은 자에 한한다. 여기에서 불복이라 함은 비용부담을 명하는 것 자체에 대한 것과 비용액에 대해서 불복하는 경우가 포함된다.

(2) 항고방법

비용의 재판에 대해서는 독립하여 불복할 수 없고 사건에 대해 항고할 때 함께 하여야 한다. 따라서 사건에 관한 재판에 대하여 항고가 허용되지 않을 경우에는 비용의 재판에 대하여도 불복신청을 할 수 없다. 또한 본안사건에 대한 항고와 동시에 비용에 대해서 불복한 경우라도 본안에 대해서 이유가 없는 경우에는 항고법원은 원심재판 중 비용에 관한 부분만을 별도로 분리하여 취소 또는 변경할 수 없다.

(3) 집행부정지

비용재판에 대한 항고에는 집행정지의 효력이 없다. 그러나 항고법원 또는 원심법원은 민사소송법 제448조와 제500조의 규정을 준용하여 사정에 따라 항고에 대한 결정이 있을 때까지 집행정지 등의 잠정처분을 할 수 있다.

(4) 비용채권자의 강제집행

비용의 채권자는 비용의 재판에 의하여 강제집행을 할 수 있다. 비용의 재판에 의하여 강제집행을 할 수 있다는 것은 비용의 재판이 집행권원이 된다는 것을 말한다.

강제집행절차는 민사집행법 규정이 준용된다. 그러나 집행개시의 요건으로 집행을 하기 전에 재판서의 송달은 필요 없다.

4. 국고에 의한 비용의 체당

직권으로 하는 탐지, 사실조사, 소환, 고지, 그 밖에 필요한 처분의 비용은 국고가 이를 체당하여야 한다.

Chapter

06 비송사건의 재판

제17조【재판의 방식】 ① 재판은 결정으로써 한다.
② 재판의 원본에는 판사가 서명날인하여야 한다. 다만, 신청서 또는 조서에 재판에 관한 사항을 적고 판사가 이에 서명날인함으로써 원본을 갈음할 수 있다.
③ 재판의 정본(正本)과 등본에는 법원사무관 등이 기명날인하고, 정본에는 법원인(法院印)을 찍어야 한다.
④ 제2항에 따른 서명날인은 기명날인으로 갈음할 수 있다.

제18조【재판의 고지】 ① 재판은 이를 받은 자에게 고지함으로써 효력이 생긴다.
② 재판의 고지는 법원이 적당하다고 인정하는 방법으로 한다. 다만, 공시송달(公示送達)을 하는 경우에는 「민사소송법」의 규정에 따라야 한다.
③ 법원사무관등은 재판의 원본에 고지의 방법, 장소, 연월일을 부기(附記)하고 도장을 찍어야 한다.

제19조【재판의 취소·변경】 ① 법원은 재판을 한 후에 그 재판이 위법 또는 부당하다고 인정할 때에는 이를 취소하거나 변경할 수 있다.
② 신청에 의하여만 재판을 하여야 하는 경우에 신청을 각하(却下)한 재판은 신청에 의하지 아니하고는 취소하거나 변경할 수 없다.
③ 즉시항고(卽時抗告)로써 불복할 수 있는 재판은 취소하거나 변경할 수 없다.

1. 재판의 종류

1) 종국재판과 절차지휘의 재판

(1) 종국재판

법원이 신청 또는 항고에 의해 계속된 비송사건의 심급을 종결하기 위하여 하는 재판을 말한다. 종국재판은 다시 본안 전 재판과 본안의 재판으로 구별된다.

(2) 절차지휘의 재판

직접 사건의 종결을 목적으로 하지 않는 법원의 처분을 말한다. 예를 들어, 신청서 보정명령, 기일 지정의 재판 등이 있다.

2) 본안 전 재판과 본안의 재판

(1) 본안 전 재판

신청요건을 결여하였거나 보정을 명하였는데 이에 응하지 아니한 경우와 같이 신청요건을 구비하지 못해 부적법 각하하는 경우의 재판을 말한다.

(2) 본안의 재판

절차상의 적법요건을 갖춘 사건에 대하여 법원이 사건의 내용을 심리하여 그 결과에 따라 신청이 이유가 있다고 신청인이 목적하는 적극적 재판을 하거나 신청이 이유가 없다고 하여 소극적 재판을 하는 경우의 재판을 말한다.

2. 비송사건 재판의 형식

1) 재판의 형식

비송사건의 재판형식은 결정에 의한다.

2) 이유를 붙이는 경우

간이주의를 원칙으로 하는 비송사건은 법률에 특별한 규정이 없는 한 반드시 이유를 기재하여야 하는 것은 아니다. 그러나 비송사건 중에는 법률에서 재판의 형식을 이유를 붙인 결정으로 하도록 특별히 규정하고 있는 경우가 있다.

3. 재판서의 작성

1) 재판의 원본

재판은 원칙적으로 원본을 작성하여야 한다. 그리고 재판의 원본에는 판사가 서명날인하여야 한다. 이 서명날인은 기명날인으로 갈음할 수 있다. 다만, 별도의 재판서를 작성하지 않고 당사자가 제출한 신청서 또는 조서에 재판에 관한 사항을 적고 판사가 이에 서명날인함으로써 원본을 갈음할 수 있다.

2) 재판의 정본 및 등본

재판의 정본[1]과 등본[2]에는 법원사무관 등이 기명날인하고, 정본에는 법원인을 찍어야 한다. 정본은 재판서를 송달할 경우와 강제집행을 할 경우 이를 첨부한다.

1 원본의 전부를 복사하고 정본임을 인증한 서면을 말한다. 원본과 동일한 효력이 있다.
2 원본의 전부를 복사한 것으로 등본으로 인증한 것을 말한다. 등본은 정본과 달리 원본의 존재와 내용을 증명하는 효력만 있다.

4. 재판의 고지

1) 고지방법

재판은 고지를 하여야 한다. 고지의 방법에 대해서는 비송사건절차법에 별다른 제한이 없고 법원이 적당하다고 인정하는 방법에 의한다. 다만, 공시송달을 하는 경우에는 민사소송법의 규정에 따라야 한다.

2) 고지의 상대방

고지는 재판을 받은 자에게 하여야 한다. 여기서 "재판을 받은 자"란 재판에 의하여 자기의 법률관계에 직접 영향을 받은 자를 말한다. 따라서 신청인과 재판을 받는 자가 반드시 일치하는 것은 아니다. 예를 들어, 이해관계인이나 검사의 신청에 의해 청산인 선임재판이 이루어진 경우 재판을 받은 자는 청산인이다.

5. 재판의 효력

1) 재판의 효력발생시기

재판은 이를 받은 자에게 고지함으로써 효력이 생긴다. 따라서 즉시항고가 허용되는 재판도 그 확정을 기다리지 않고 고지와 동시에 그 효력이 발생한다.

2) 재판의 효력

(1) 기속력

① 의의

기속력이란 법원이 사건에 대하여 심리·판결한 경우에 그 판결에 어떠한 위법이나 부당함이 있다 하더라도 판결법원 스스로가 이를 자유로이 취소·변경할 수 없다는 것을 의미한다. 재판을 한 법원 자신의 구속력이다.

② 비송사건의 경우

비송사건절차법 제19조 제1항에서 "법원은 재판을 한 후에 그 재판이 위법 또는 부당하다고 인정할 때에는 이를 취소하거나 변경할 수 있다."라고 규정하여 비송사건절차에서는 원칙적으로 기속력이 배제됨을 명문화하고 있다. 다만, 비송사건절차에서도 일정한 경우에는 이 기속력의 배제원칙에 대한 예외가 인정되는바, 신청에 의하여서만 재판을 하여야 하는 경우에 신청을 각하한 재판에 대하여 신청에 의하지 않고는 이를 취소·변경할 수 없으며(동조 제2항), 즉시항고로써 불복을 할 수 있는 재판에 대해서는 이를 취소·변경할 수 없도록 되어 있다(동조 제3항).

(2) 재판의 형성력

형성력이란 확정판결의 내용에 따라 법률관계의 발생・변경・소멸의 효과를 발생시키는 효력을 말한다. 비송사건의 재판은 재판의 고지와 동시에 그 효력이 발생하며, 그 효과는 재판을 받은 자는 물론이고 제3자에게도 미친다.

(3) 재판의 형식적 확정력

① 원칙

비송사건의 재판은 절대적 진실발견의 취지에 입각하여 객관적 사정에 부합하는 권리관계의 형성을 목적으로 한다. 따라서 일단 재판을 한 후에 그 재판이 적당치 않다는 사실이 인정될 때에는 당사자는 언제든지 (보통)항고할 수 있고 항고법원은 자유로이 이를 취소・변경할 수 있다. 따라서 비송사건의 재판은 원칙적으로 확정력이 없다.

② 예외

즉시항고가 가능한 재판에 대하여 즉시항고 없이 항고기간(1주일)을 도과한 경우, 항고권의 포기가 있는 경우 또는 불복신청에 대한 최종심 재판이 있은 경우에는 더 이상 그 재판의 취소나 변경을 할 수 없으므로 형식적 확정력이 생긴다.

03

(4) 기판력

① 의의

기판력이라 함은 확정된 종국판결의 내용이 당사자와 법원을 구속하는 힘을 말한다. 즉, 후소법원에서 동일한 사항이 문제되면 당사자는 그에 반하여 되풀이하여 다툴 수 없고, 이를 담당하는 후소법원도 확정된 판결에 저촉되는 판단을 해서는 안 된다.

② 비송사건의 경우

비송사건절차에 있어서의 재판은 원칙적으로 기판력이 없다. 따라서 법원이 당사자의 신청을 받아들이지 않았을 때에는 당사자가 같은 내용의 신청을 다시 하는 것이 허용되며, 후소법원도 본래의 결정과 다른 결정을 할 수 있다.

(5) 재판의 집행력

① 의의

재판의 집행력이란 판결주문에서 채무자에게 명해진 이행의무를 국가의 집행기관을 통해 강제적으로 실현할 수 있는 효력을 말한다.

② 비송사건의 경우

비송사건은 사권관계의 형성을 목적으로 하기 때문에 그 집행을 필요로 하지 않는 것이 보통이므로 재판의 집행력이 문제되지 않는다. 그러나 절차비용을 명하는 재판이나 과태료의 재판과 같이 관계인에 대하여 이행을 명할 필요가 있는 경우에는 집행력을 가진다.

6. 재판의 취소 및 변경

1) 비송사건절차법 제19조 제1항에 의한 재판의 취소 · 변경

(1) 재판의 취소 · 변경 자유의 원칙

비송사건 재판 후에 객관적 사정변경에 의해 그 재판이 부당하게 되거나 혹은 간이신속주의 때문에 심리미진 등의 이유로 애초부터 그 재판이 잘못된 것이었다는 사실이 발견된 경우 그 부당한 재판을 그대로 방치한다는 것은 객관적 사정에 의한 사권관계의 형성이라는 비송사건의 목적이나 제도의 취지에 반하게 된다. 따라서 법원은 재판을 한 후에 그 재판이 위법 또는 부당하다고 인정할 때에는 스스로 이를 취소하거나 변경할 수 있다(법 제19조 제1항).

(2) 취소 · 변경의 사유

재판이 위법 또는 부당하다고 인정할 때에 취소 · 변경을 할 수 있다.

(3) 재판의 취소 · 변경의 주체

취소 · 변경할 수 있는 법원은 원재판을 한 제1심법원에 한하고, 항고법원은 취소 · 변경의 권한이 없다.

(4) 신청을 요하는지 여부

취소 · 변경에는 신청을 요하지 아니하고 법원의 직권에 의한다.

(5) 취소 · 변경의 시기

취소 · 변경은 항고법원의 재판이 있을 때까지 가능하다. 따라서 불복신청이 없는 경우는 물론, 항고가 있더라도 항고법원의 결정이 없는 동안에는 가능하다. 항고가 있은 후에 제1심법원이 그 재판을 취소하였다면 항고는 그 심판의 대상이 소멸하여 종료한다.

(6) 취소 · 변경 자유의 원칙에 대한 제한

① 신청에 의해서만 재판을 하여야 하는 경우 신청을 각하한 재판

신청에 의해서만 재판을 하여야 하는 경우라 함은 널리 법원의 직권에 의하여 재판을 하여야 하는 경우를 제외한 경우를 의미한다. 따라서 비송절차의 시작이 당사자 또는 이해관계인의 신청에 의한 경우뿐 아니라 검사의 청구에 의한 경우도 신청에 의해서만 재판을 하는 경우에 포함한다.

신청을 각하한 재판이라 함은 신청을 배척한 모든 재판을 의미한다. 여기에는 신청요건의 흠결로 부적법하다 하여 각하하는 재판을 한 경우뿐 아니라 신청이 이유가 없어 기각하는 재판을 하는 경우를 포함하는 것으로 해석된다.

② **즉시항고로 불복할 수 있는 재판**

즉시항고로써 불복을 신청할 수 있는 사건에서 취소·변경을 허용한다면 이는 즉시항고로써만 불복하게 하여 사건을 신속히 확정시키려는 제도의 취지에 반하기 때문이다.

2) 사정변경에 의한 취소·변경의 인정 여부

(1) 문제점

비송사건절차법 제19조의 재판의 취소·변경은 원시적으로 재판에 위법·부당한 흠이 있는 경우이다. 그런데 이와 달리 비송사건의 재판이 원래는 적법·적당한 것이었는데도 불구하고 후에 사정변경에 의하여 원래 재판을 유지하는 것이 부당하게 된 경우 법원이 이를 취소·변경할 수 있는지가 문제된다.

(2) 근거

비송사건절차법에는 이에 대한 일반적 규정이 없다. 다만, 개개의 사건의 경우 이를 전제로 한 규정을 두고 있다[신탁관리인해임의 재판(법 제44조의11), 회사의 청산인의 해임의 재판(법 제119조)].

(3) 인정 여부

대법원은 임시이사 선임사건에서 "민법 제63조에 의한 임시이사의 선임은 비송사건절차법의 규제를 받는 것인바, 법원은 임시이사 선임결정을 한 후에 사정변경이 생겨 그 선임결정이 부당하다고 인정될 때에는 이를 취소 또는 변경할 수 있다(대결 1992. 7. 3., 91마730)."라고 하여 긍정하고 있다.

(4) 적용대상

일반적으로 사정변경에 의한 법리가 적용되는 경우는 법원이 일정한 법률관계를 형성한 후 그것이 사정변경으로 말미암아 적절하지 않게 된 '계속적 법률관계'에서이다(예 신탁관리인의 해임, 회사의 청산인의 해임, 법원이 검사인을 선임한 재판, 지분압류채권자의 보전청구사건, 직무대행자의 상무 외의 행위허가사건 등).

3) 재판의 취소 · 변경과 항고법원의 재판

(1) 제1심법원이 재판을 취소한 경우

제1심법원이 그 재판을 취소하였다면 항고는 그 심판대상이 소멸하여 종료한다.

(2) 제1심법원이 원재판을 일부취소한 경우

원재판의 일부취소에 해당하는 경우라면 나머지 부분은 항고심에 계속되어 항고심의 심판의 대상이 된다.

(3) 원재판을 취소하고 그에 갈음하여 새로운 내용의 재판을 한 경우

제1심법원이 원재판을 취소하고 새로운 내용의 재판을 한 경우 항고심의 심판대상이 소멸하여 항고심절차는 종료한다. 이와 같이 항고심의 심판대상이 소멸하였음에도 항고심이 간과하고 재판을 한 경우 항고심은 재판의 대상을 결하여 무효이다.

(4) 항고심이 실체재판을 한 경우

항고법원의 재판이 없는 동안에만 재판의 취소 · 변경이 가능하다. 따라서 항고심이 실체재판을 하였다면 제1심법원은 취소 · 변경할 수 없다. 한편, 항고법원의 재판내용이 항고기각의 재판이라면 제1심법원은 취소 · 변경이 가능하다는 견해도 있다. 그러나 항고기각의 재판도 원심법원을 지지하는 항고심 판단이므로 제1심법원은 취소 · 변경할 수 없다.

Chapter

07 항고

제20조【항고】 ① 재판으로 인하여 권리를 침해당한 자는 그 재판에 대하여 항고할 수 있다.
② 신청에 의하여만 재판을 하여야 하는 경우에 신청을 각하한 재판에 대하여는 신청인만 항고할 수 있다.

제21조【항고의 효력】 항고는 특별한 규정이 있는 경우를 제외하고는 집행정지의 효력이 없다.

제22조【항고법원의 재판】 항고법원의 재판에는 이유를 붙여야 한다.

제23조【항고의 절차】 이 법에 따른 항고에 관하여는 특별한 규정이 있는 경우를 제외하고는 항고에 관한 「민사소송법」의 규정을 준용한다.

1. 의의

하급법원의 결정에 대하여 그 취소·변경을 상급법원에 구하는 불복신청을 비송사건의 항고라 한다.

2. 종류

1) 보통항고

기간의 정함이 없는 항고를 말한다. 보통항고는 원재판의 취소·변경을 구할 이익이 있는 동안은 언제든지 할 수 있는 항고로서, 별도의 법률상의 규정이 없어도 이익이 있는 동안은 언제든지 항고할 수 있다.

2) 즉시항고

신청에 기간의 정함이 있는 항고로서 법률상의 즉시항고를 할 수 있다는 명문의 규정이 있어야만 할 수 있는 항고를 즉시항고라 한다. 즉시항고기간은 원칙적으로 재판의 고지일로부터 1주일이며, 그 기간은 불변기간이다(민사소송법 제444조).

구분	보통항고	즉시항고
근거 법률의 필요	필요 없다.	필요하다.
기간 제한	언제든지 가능하다.	재판 고지일로부터 1주일 이내이다.
원재판 확정시기	언제든지 항고가 가능하므로 원재판은 확정되지 않는다.	재판 고지일로부터 1주일 경과하면 원재판은 확정된다.
확정차단효	없다.	있다.
원재판의 효력발생시기	재판 고지 시	
재판	이유를 붙인 결정으로 해야 한다.	

3) 재항고

최초의 항고법원의 결정이나 고등법원의 결정에 대한 항고이다. 상고의 규정이 준용되어 재판에 영향을 미친 헌법·법률·명령 또는 규칙의 위반을 이유로 드는 때에만 대법원에 재항고할 수 있다(민사소송법 제442조).

4) 특별항고

불복할 수 없는 결정에 대하여는 재판에 영향을 미친 헌법 위반이 있거나, 재판의 전제가 된 명령·규칙·처분의 헌법 또는 법률의 위반 여부에 대한 판단이 부당하다는 것을 이유로 하는 때에 대법원에 항고할 수 있는데 이를 특별항고라 한다. 특별항고는 재판이 고지된 날부터 1주일 이내에 하여야 하며, 그 기간은 불변기간이다(민사소송법 제449조).

3. 절차

1) 항고권자

(1) 의의

항고권자는 권리를 침해당한 자이다. 비송사건절차법 제20조 제1항 소정의 '권리를 침해당한 자'라고 함은 단순히 주관적으로 권리를 침해당하였다고 믿는 자를 의미하는 것이 아니라 그 재판에 의하여 직접 자기의 권리가 침해되었다고 객관적으로 인정되는 자를 의미한다.
예를 들어, 법원이 회사의 업무와 재산상태를 검사하기 위하여 선임한 검사인에게 과다한 보수를 지급하는 내용의 재판을 한 경우의 항고권자, 보수지급채무자는 회사이므로 그 재판으로 직접적으로 불이익을 받는 자는 회사이며 주주나 채권자는 간접적으로 불이익을 받는 것에 불과하다. 따라서 이 경우 항고권자는 회사이며 주주나 채권자는 항고권자가 될 수 없다.

(2) 신청사건의 경우

신청에 의하여서만 재판을 하여야 할 경우에 신청을 각하한 재판에 대하여는 신청인에 한하여 항고할 수 있다. 신청을 각하한 재판이란 요건을 결하여 각하한 경우뿐만 아니라 이유가 없어 기각한 경우도 포함한다.

2) 항고의 제기방식

항고는 서면 또는 말로 할 수 있다. 항고는 항고장을 원심법원에 제출함으로써 한다(법 제23조, 민사소송법 제445조).

3) 항고기간

(1) 보통항고

보통항고에는 항고기간의 정함이 없다. 재판의 취소・변경을 구할 이익이 있으면 언제든지 할 수 있다.

(2) 즉시항고

① 원칙

즉시항고는 재판이 고지된 날부터 1주일 이내에 하여야 한다. 이 기간은 불변기간으로 한다(민사소송법 제444조).

② 추후보완

항고권자의 책임질 수 없는 사유로 인하여 즉시항고의 기간을 준수하지 못하였을 경우에는 그 사유가 종료한 날부터 2주일 이내에 유효한 즉시항고를 할 수 있다. 다만, 그 사유가 없어질 당시 외국에 있던 당사자에 대하여는 이 기간을 30일로 한다(민사소송법 제173조).

③ 항고기간의 만료

즉시항고는 항고기간의 만료로 재판이 확정되고 더 이상 불복신청을 할 수 없다.

4) 항고제기의 효과

(1) 확정차단의 효력

① 보통항고의 경우

보통항고로써 불복할 수 있는 재판은 항고기간의 제한이 없다. 따라서 재판의 확정이라는 개념이 발생할 수 없으므로 확정력의 발생 또는 재판의 확정차단이라는 문제도 생기지 않는다. 이 경우 사건은 원심재판에 의하여 당연히 종료된 것이며, 항고사건은 새로운 사건이 된다.

② **즉시항고의 경우**

즉시항고를 허용하는 재판에 있어서는 즉시항고의 제기에 의하여 원심재판의 확정을 차단하는 효력이 발생한다.

(2) **이심의 효력**

원심법원에 항고의 제기가 있으면 원심재판의 대상인 사건은 항고심에 이심된다.

(3) **집행정지의 효력**

① **원칙**

항고는 특별한 규정이 있는 경우를 제외하고는 집행정지의 효력이 없다.

② **예외**

법률이 특히 항고에 집행정지의 효력을 부여하고 있는 경우에는 항고의 제기로 인하여 그 재판의 형성력과 집행력은 정지된다. 이러한 경우에는 항고법원의 재판의 확정시까지 원심재판에 기한 집행은 할 수 없고, 또 원심재판의 권리관계는 형성되지 않는다.

③ **집행정지명령**

특별한 규정이 없는 경우에도 항고법원 또는 원심법원은 항고에 대한 결정이 있을 때까지 원심재판의 집행을 정지하거나 그 밖에 필요한 처분을 명할 수 있다.

법률이 항고에 집행정지의 효력을 부여하고 있는 경우

- 직무대행자의 상무 외 행위의 허가신청에 대한 인용결정에 대한 즉시항고(법 제85조 제3항)
- 회사의 해산명령결정에 대한 즉시항고(법 제91조)
- 유한회사와 외국회사 영업소 폐쇄결정에 대한 즉시항고(법 제101조, 제85조 제3항)
- 과태료재판에 대한 즉시항고(법 제248조 제3항)

5) 항고절차의 진행

(1) **원심법원의 처리**

① **신청이 부적법한 경우**

원심재판장은 항고장의 적법요건을 심사하여 항고장의 적법요건 중 어느 하나라도 결여되었을 경우에는 상당한 기간을 정하여 그 흠결의 보정을 명하고, 이를 보완하지 않거나 항고기간의 도과 등 부적법함이 명백한 경우 원심재판장은 항고장을 각하한다. 이 명령에 대하여는 즉시항고를 할 수 있다.

② **신청이 적법한 경우 – 항고의 이유가 없는 경우**

항고가 이유 없다고 인정할 때에는 의견서를 첨부하여 사건기록을 항고법원에 송부한다. 항고법원은 이 기록을 받아 항고심을 진행하여 재판을 한다.

③ **신청이 적법한 경우 – 항고의 이유가 있는 경우**

항고가 제기되면 원심법원은 반성의 의미에서 스스로 항고의 당부를 심사할 수 있으며, 만일 항고에 정당한 이유가 있다고 인정할 때에는 그 재판을 경정하여야 한다(민사소송법 제446조). 이는 상급심의 절차를 생략하고 간이·신속하게 사건을 처리하여 당사자의 이익을 보호하려는 데 그 취지가 있다.

항고가 이유 있다고 하여 원재판을 경정하는 경우 항고절차는 목적이 달성되어 그로써 종료한다. 그러나 경정된 결정에 대해 반대의 이익을 가지는 자가 다시 항고하는 경우 경정이 없는 상태로 환원되어 항고절차가 진행된다.

(2) 항고심에서의 재판

① **항고심의 심리**

당사자는 항고심의 심리 과정에서 새로운 사실과 증거를 제출할 수 있다. 항고법원의 조사범위도 항고이유에 의하여 제한되는 것이 아니다. 따라서 항고법원은 제1심법원의 자료와 항고심의 새로운 자료를 토대로 제1심 결정의 당부를 재심사한다.

② **재판방식**

항고법원의 재판에는 반드시 이유를 붙여야 한다.

③ **불이익변경금지의 원칙**

직권주의가 적용되는 비송사건에서는 불이익변경금지의 원칙이 적용되지 않는다. 그러나 과태료재판의 경우에는 과태료처분을 받은 자의 이익을 위해 불이익변경금지의 원칙이 적용된다고 본다.

6) 항고절차의 종료

(1) 항고의 취하

① **취하 가능시기**

항고할 수 있는 권리는 당사자에게 주어진 권리이므로 항고법원의 재판이 있기까지는 언제든지 항고를 취하할 수 있다.

② **취하 방식**

항고의 취하는 서면 또는 말로 하여야 한다.

③ **취하의 효과**

항고가 취하되면 항고는 처음부터 제기되지 않았던 것으로 되고 절차는 취하에 의해서 즉시 종료된다.

(2) 항고의 포기

항고제기 전에 미리 항고하지 않겠다는 뜻을 법원에 대하여 표시하는 것을 말한다. 항고권은 당사자에게 주어진 권리이므로 그 포기도 인정된다. 항고권의 포기가 있으면 항고권은 소멸하므로 절차는 이에 의하여 당연히 종료된다.

Chapter

민사(民事)비송사건 – 법인에 관한 사건

제32조 【재단법인의 정관 보충 사건의 관할】 ① 「민법」 제44조에 따른 사건은 법인설립자 사망 시의 주소지의 지방법원이 관할한다.
② 법인설립자의 주소가 국내에 없을 때에는 그 사망 시의 거소지 또는 법인설립지의 지방법원이 관할한다.

제33조 【임시이사 또는 특별대리인의 선임, 법인의 해산 · 청산의 감독의 관할】 ① 임시이사 또는 특별대리인의 선임(選任)은 법인의 주된 사무소 소재지의 지방법원 합의부가 관할한다.
② 법인의 해산 및 청산에 대한 감독은 그 주된 사무소 소재지의 지방법원이 관할한다.

제34조 【임시총회 소집 사건에 관한 관할】 ① 「민법」 제70조 제3항에 따른 사건은 법인의 주된 사무소 소재지의 지방법원 합의부가 관할한다.
② 「민법」 제70조 제3항에 따른 임시총회 소집의 허가신청과 그 사건의 재판에 관하여는 제80조 및 제81조를 각각 준용한다.

제35조 【법인에 대한 검사인의 선임】 법원은 특별히 선임한 자로 하여금 법인의 감독에 필요한 검사(檢査)를 하게 할 수 있다.

제36조 【청산인】 법인의 청산인(淸算人)에 관하여는 제117조 제1항, 제119조 및 제121조를 준용한다.

제37조 【청산인 또는 검사인의 보수】 법원이 법인의 청산인 또는 제35조에 따라 검사할 자를 선임한 경우에는 제77조 및 제78조를 준용한다.

제38조 【감정인의 선임 비용 등】 「민법」 제91조 제2항에 따른 감정인을 선임하는 경우에는 제124조 및 제125조를 준용한다.

1. 재단법인의 정관 보충

1) 의의

설립자가 명칭, 사무소의 소재지, 이사의 임면에 관한 규정을 정하지 않고 사망한 경우에 재단법인 설립을 무효로 하는 것보다는 정관의 보충을 인정하는 것이 설립자의 의사를 존중하고 공익에 부합한다.

2) 관할법원

(1) 법인설립자 사망 시의 주소지의 지방법원이 관할한다.

(2) 법인설립자의 주소가 국내에 없을 때에는 그 사망 시의 거소지 또는 법인설립지의 지방법원이 관할한다.

3) 신청절차

(1) 신청인

신청할 수 있는 자는 이해관계인 또는 검사이다(민법 제44조). 이해관계인이란 재단법인의 성립 또는 불성립으로 인하여 자기의 권리·의무에 영향을 받게 될 자를 말한다. 상속인, 상속재산관리인(민법 제1053조), 유언집행자(민법 제1093조)가 일반적이고, 당해 법인의 이사로 선임된 자, 이사로 선임될 자도 포함된다.

(2) 신청방식

① 비송사건절차법이 정한 일반원칙에 따라 서면 또는 말로 한다.
② 소명자료로 보통 설립자인 사망자가 작성한 정관과 유언서, 이해관계를 증명하는 서면, 사망사실에 관한 가족관계증명서 등을 제출한다.
③ 신청서에 보충이 필요한 정관의 기재사항을 구체적으로 적시한다.

4) 심리 및 재판

(1) 비송사건절차법 일반절차에 따라 진행한다.

(2) 재판은 결정으로써 한다.

5) 불복절차

보통항고에 의한다.

2. 임시이사의 선임

1) 의의

(1) 이사는 대외적으로 법인을 대표하고 대내적으로 법인의 사무를 집행하는 상설적 필요기관이다. 이사의 숫자에 대하여 제한이 없으며(민법 제58조 제2항), 정관에서 자유로이 정할 수 있다. 선임이사 퇴임, 혹은 사망 등으로 후임이사가 없거나 결원으로 법인이 손해받을 염려가 있는 경우 법원은 이해관계인이나 검사의 청구에 의하여 임시이사를 선임하여야 한다(민법 제63조).

(2) 직무대행자·특별대리인과의 구별

① 직무대행자

이사가 직무집행정지를 당함으로써 사실상 직무를 행할 수 없는 경우에 이행관계인의 신청에 의해 법원이 민사소송법상의 가처분 형식으로 선임하는 대행자를 말한다.

② **특별대리인**

법인과 이사의 이익이 상반되는 경우 민법 제64조에 따라 선임하는 대리인 및 소송절차에서 상대방의 법인의 대표자 등이 대표권을 행사할 수 없는 경우에 소송행위를 할 수 있도록 하기 위하여 민사소송법 제62조에 따라 선임하는 대리인을 말한다.

2) 관할법원

법인의 주된 사무소 소재지의 지방법원 합의부가 관할한다(법 제33조 제1항).

3) 신청절차

(1) 신청인

이해관계인 또는 검사이다.

(2) 신청방식

비송사건절차법이 정한 일반원칙에 따라 서면 또는 말로 한다. 신청을 함에 있어서는 임시이사 또는 후보자의 주소·성명을 특정하고 임시이사로서 적임인 이유를 설명하여 신청하는 것이 보통이다.

4) 심리 및 재판

(1) 비송사건절차법 일반절차에 따라 진행한다.

(2) 재판은 결정으로써 한다.

5) 불복절차

보통항고에 의한다.

6) 등기

민법상 임시이사의 선임에 대해서는 등기를 하여야 한다는 규정이 없어 등기사항이 아니다.

7) 임시이사의 임기 및 권한

(1) 임시이사의 임기

임시이사는 정식이사가 취임할 때까지 일시적인 기관이다. 정식의 이사가 선임된 경우에는 그 권한은 당연히 소멸한다.

⑵ 임시이사의 권한

임시이사의 권한은 정식의 이사와 동일하다. 정식이사를 선임할 권한이 있고, 임시이사가 이사로서의 권한에 의하여 적법한 절차에 따라 변경한 정관은 유효하다.

⑶ 임시이사의 사임

임시이사는 언제라도 사임할 수 있고, 법원의 승인이 필요하지 않다.

3. 특별대리인의 선임

1) 의의

법인과 이사의 이익이 상반하는 사항에 관하여는 이사는 대표권이 없다. 이 경우에는 특별대리인을 선임해야 한다.

특별대리인도 임시이사와 마찬가지로 법인의 기관이다. 그러나 임시이사는 법인의 사무에 관하여 포괄적인 권한을 가지는 데 반하여, 특별대리인은 그 선임의 사유가 된 사항에 대해서만 권한을 가질 뿐이다. 따라서 법원은 특별대리인을 선임한 경우 특별대리인이 대리할 사항에 대하여 명시하여야 한다.

2) 관할법원

법인의 주된 사무소 소재지의 지방법원 합의부가 관할한다(법 제33조 제1항).

3) 신청절차

⑴ 신청인

이해관계인 또는 검사이다.

⑵ 신청방식

비송사건절차법이 정한 일반원칙에 따라 서면 또는 말로 한다.

4) 심리 및 재판

⑴ 비송사건절차법 일반절차에 따라 진행한다.

⑵ 재판은 결정으로써 한다.

5) 불복절차

보통항고에 의한다.

4. 임시총회 소집

1) 의의

사단법인에서 총사원의 1/5 이상이 회의의 목적사항을 제시하여 총회 소집을 청구한 때에는 이사는 임시총회를 소집하여야 한다. 이 정수는 정관으로 증감할 수 있다. 사원의 청구가 있은 후 2주 내에 이사가 총회 소집의 절차를 밟지 아니한 때에는 청구한 사원은 법원의 허가를 얻어 스스로 임시총회를 소집할 수 있다.

2) 관할법원

법인의 주된 사무소 소재지의 지방법원 합의부가 관할한다.

3) 신청절차

⑴ 신청인

총회 소집을 요구했던 총사원의 1/5 이상의 사원들이다. 따라서 총회 소집을 요구한 적이 없는 사원들에 대한 임시총회 소집허가신청은 부적법하다.
총사원의 1/5 이상에 해당하는 신청요건은 비송사건 재판 시까지 충족해야 하며, 1인의 취하에 의하여 신청요건인 인원수에 부족하게 되면 그 신청은 부적법하게 된다.

⑵ 신청방식

신청은 서면으로 하여야 한다. 그리고 이사가 그 소집을 게을리한 사실을 소명하여야 한다.

4) 재판의 형식

신청에 대하여는 법원은 이유를 붙인 결정으로써 재판을 하여야 한다.

5) 불복절차

신청을 각하하거나 기각한 결정에 대해서는 항고로써 불복이 가능하다. 반면에 신청을 인용한 결정에 대해서는 불복신청을 할 수 없다.

Chapter

09 민사(民事)비송사건 – 신탁에 관한 사건

제39조【관할법원】 ①「신탁법」에 따른 사건(이하 "신탁사건"이라 한다)은 특별한 규정이 있는 경우를 제외하고는 수탁자의 보통재판적이 있는 곳의 지방법원이 관할한다.
② 수탁자의 임무가 종료된 후 신수탁자(新受託者)의 임무가 시작되기 전에는 전수탁자(前受託者)의 보통재판적이 있는 곳의 지방법원이 신탁사건을 관할한다.
③ 수탁자 또는 전수탁자가 여럿인 경우에는 그중 1인의 보통재판적이 있는 곳의 지방법원이 신탁사건을 관할한다.
④「신탁법」 제21조 제3항에 따른 사건은 유언자 사망 시 주소지의 지방법원이 관할한다.
⑤ 제1항부터 제4항까지의 규정에 따른 관할법원이 없는 경우에는 신탁재산이 있는 곳(채권의 경우에는 재판상의 청구를 할 수 있는 곳을 그 재산이 있는 곳으로 본다)의 지방법원이 신탁사건을 관할한다.
⑥ 제1항부터 제3항까지 및 제5항에도 불구하고「신탁법」 제18조 제1항 제1호 및 제2호에 따른 신탁재산관리인의 선임에 관한 사건은 다음 각 호의 구분에 따른 법원이 관할한다.

1.「신탁법」 제18조 제1항 제1호에 따른 신탁재산관리인의 선임에 관한 사건 :「가사소송법」 제2조 제1항 제2호 가목 37) 및 제44조에 따라 해당 상속재산관리인의 선임사건을 관할하는 법원
2.「신탁법」 제18조 제1항 제2호에 따른 신탁재산관리인의 선임에 관한 사건 :「채무자 회생 및 파산에 관한 법률」 제3조에 따라 해당 파산선고를 관할하는 법원

제40조【부정한 목적으로 신탁선언에 의하여 설정된 신탁의 종료 재판】 ①「신탁법」 제3조 제3항에 따른 청구에 의한 재판을 하는 경우 법원은 수탁자의 의견을 들어야 한다.
② 제1항에 따른 청구에 대한 재판은 이유를 붙인 결정으로써 하여야 한다.
③ 제1항에 따른 청구에 대한 재판은 수탁자와 수익자에게 고지하여야 한다.
④ 제1항에 따른 청구를 인용(認容)하는 재판에 대하여는 수탁자 또는 수익자가 즉시항고를 할 수 있다. 이 경우 즉시항고는 집행정지의 효력이 있다.
⑤ 제1항에 따른 청구를 기각(棄却)하는 재판에 대하여는 그 청구를 한 자가 즉시항고를 할 수 있다.

제41조【수탁자 사임허가의 재판】 ① 수탁자가「신탁법」 제14조 제2항에 따른 사임허가의 재판을 신청하는 경우에는 그 사유를 소명하여야 한다.
② 제1항에 따른 신청에 대한 재판에 대하여는 불복신청을 할 수 없다.

제42조【수탁자 해임의 재판】 ①「신탁법」 제16조 제3항에 따른 수탁자 해임 청구에 대한 재판을 하는 경우 법원은 수탁자를 심문하여야 한다.
② 제1항에 따른 재판은 이유를 붙인 결정으로써 하여야 한다.
③ 제1항에 따른 재판은 위탁자, 수탁자 및 수익자에게 고지하여야 한다.
④ 제1항에 따른 재판에 대하여는 위탁자, 수탁자 또는 수익자가 즉시항고를 할 수 있다.

제43조【신탁재산관리인 선임의 재판】 ① 수탁자와 수익자 간의 이해가 상반되어 수탁자가 신탁사무를 수행하는 것이 적절하지 아니하다는 이유로 「신탁법」 제17조 제1항에 따라 신탁재산관리인을 선임하는 재판을 하는 경우 법원은 수익자와 수탁자의 의견을 들어야 한다.
② 제1항에 따른 재판은 이유를 붙인 결정으로써 하여야 한다.
③ 제1항에 따른 재판은 수익자와 수탁자에게 고지하여야 한다.
④ 제1항에 따른 재판에 대하여는 수익자 또는 수탁자가 즉시항고를 할 수 있다.

제44조【신탁재산관리인 선임의 재판】 ① 다음 각 호의 어느 하나에 해당하는 재판을 하는 경우 법원은 이해관계인의 의견을 들을 수 있다.
1. 「신탁법」 제17조 제1항에 따른 신탁재산관리인 선임의 재판(수탁자의 임무가 종료되었음을 이유로 하는 재판만 해당한다)
2. 「신탁법」 제18조 제1항에 따른 필수적 신탁재산관리인 선임의 재판
3. 「신탁법」 제19조 제4항에 따른 새로운 신탁재산관리인 선임의 재판

② 제1항에 따른 재판에 대하여는 불복신청을 할 수 없다.

제44조의2【신탁재산관리인의 보수 결정 재판】 ① 「신탁법」 제17조 제6항 및 제18조 제3항에 따른 신탁재산관리인의 보수를 정하는 재판을 하는 경우 법원은 수익자 또는 수탁자가 여럿인 경우의 다른 수탁자의 의견을 들어야 한다.
② 제1항에 따른 재판은 수익자와 수탁자가 여럿인 경우의 다른 수탁자에게 고지하여야 한다.
③ 제1항에 따른 재판에 대하여는 수익자 또는 수탁자가 여럿인 경우의 다른 수탁자가 즉시항고를 할 수 있다.

제44조의3【신탁재산관리인 사임허가 및 해임의 재판】 ① 신탁재산관리인이 「신탁법」 제19조 제2항에 따른 사임허가의 재판을 신청하는 경우에는 그 사유를 소명하여야 한다.
② 「신탁법」 제19조 제3항에 따라 신탁재산관리인을 해임하는 재판을 하는 경우 법원은 이해관계인의 의견을 들을 수 있다.
③ 제1항 및 제2항에 따른 재판에 대하여는 불복신청을 할 수 없다.

제44조의4【신수탁자 선임의 재판】 ① 「신탁법」 제21조 제2항에 따라 신수탁자의 선임을 청구하는 경우에는 그 사유를 소명하여야 한다.
② 제1항에 따른 청구에 대한 재판을 하는 경우 법원은 이해관계인의 의견을 들을 수 있다.
③ 제1항에 따른 청구에 대한 재판은 위탁자, 수익자 및 수탁자가 여럿인 경우의 다른 수탁자에게 고지하여야 한다.
④ 제1항에 따른 청구에 대한 재판에 대하여는 위탁자, 수익자 또는 수탁자가 여럿인 경우의 다른 수탁자가 즉시항고를 할 수 있다.

제44조의5【유언신탁의 신수탁자 선임 재판】 ① 「신탁법」 제21조 제3항에 따라 신수탁자를 선임하는 재판을 하는 경우에는 제44조의4 제1항 및 제2항을 준용한다.
② 제1항에 따른 재판에 대하여는 불복신청을 할 수 없다.

제44조의6【신수탁자의 보수 결정 재판】 「신탁법」 제21조 제4항에 따른 신수탁자의 보수를 정하는 재판을 하는 경우 그 절차에 관하여는 제44조의2를 준용한다.

제44조의7【신탁재산의 첨부로 인한 귀속의 결정】 ① 「신탁법」 제28조 단서에 따라 가공(加工)으로 인하여 생긴 물건을 원재료 소유자에게 귀속시키는 재판은 위탁자, 수탁자(신탁재산관리인이 선임된 경우에는 신탁재산관리인을 말한다. 이하 이 조에서 같다) 또는 수익자가 신청할 수 있다. 이 경우 수탁자가 여럿일 때에는 수탁자 각자가 신청할 수 있다.
② 제1항에 따른 신청에 대한 재판의 경우 법원은 위탁자, 수탁자 및 수익자의 의견을 들어야 한다.
③ 제1항에 따른 신청에 대한 재판은 이유를 붙인 결정으로써 하여야 한다.
④ 제1항에 따른 신청에 대한 재판은 위탁자, 수익자 및 수탁자에게 고지하여야 한다. 수탁자가 여럿일 때에는 수탁자 각자에게 고지하여야 한다.
⑤ 제1항에 따른 신청에 대한 재판에 대하여는 위탁자, 수익자 또는 수탁자(수탁자가 가공한 경우에는 다른 수탁자에 한한다)가 즉시항고를 할 수 있다. 이 경우 수탁자가 여럿일 때에는 수탁자 각자가 즉시항고를 할 수 있다.

제44조의8【이익에 반하는 행위에 대한 법원의 허가】 ① 수탁자가 「신탁법」 제34조 제2항 제3호에 따른 이익에 반하는 행위의 허가를 신청하는 경우에는 그 사유를 소명하여야 한다.
② 제1항에 따른 신청에 대한 재판을 하는 경우 법원은 다른 수탁자(신탁재산관리인이 선임된 경우에는 신탁재산관리인을 말한다. 이하 이 조에서 같다) 및 수익자의 의견을 들어야 한다.
③ 제1항에 따른 신청에 대한 재판은 이유를 붙인 결정으로써 하여야 한다.
④ 제1항에 따른 신청에 대한 재판은 다른 수탁자와 수익자에게 고지하여야 한다.
⑤ 제1항에 따른 신청에 대한 재판에 대하여는 다른 수탁자 또는 수익자가 즉시항고를 할 수 있다. 이 경우 즉시항고는 집행정지의 효력이 있다.

제44조의9【신탁관리인 선임의 재판】 ① 「신탁법」 제67조 제1항 · 제2항 또는 제70조 제6항에 따른 신탁관리인 선임의 재판을 하는 경우 법원은 이해관계인의 의견을 들을 수 있다.
② 제1항에 따른 재판에 대하여는 불복신청을 할 수 없다.

제44조의10【신탁관리인의 보수 결정 재판】 ① 「신탁법」 제67조 제4항에 따른 신탁관리인의 보수를 정하는 재판을 하는 경우 법원은 수탁자(신탁재산관리인이 선임된 경우에는 신탁재산관리인을 말한다. 이하 이 조에서 같다)의 의견을 들어야 한다.
② 제1항에 따른 재판은 수탁자에게 고지하여야 한다.
③ 제1항에 따른 재판에 대하여는 수탁자가 즉시항고를 할 수 있다.

제44조의11【신탁관리인 사임허가 및 해임의 재판】 ① 신탁관리인이 「신탁법」 제70조 제2항에 따른 사임허가의 재판을 신청하는 경우에는 그 사유를 소명하여야 한다.
② 「신탁법」 제70조 제4항에 따라 신탁관리인을 해임하는 재판을 하는 경우 법원은 이해관계인의 의견을 들을 수 있다.
③ 제1항 및 제2항에 따른 재판에 대하여는 불복신청을 할 수 없다.

제44조의12【수익자집회 소집허가의 재판】 ① 「신탁법」 제72조 제4항에 따른 수익자집회 소집의 허가를 신청하는 경우에는 수탁자가 수익자집회의 소집을 게을리한 사실을 소명하여야 한다.
② 제1항에 따른 신청은 서면으로 하여야 한다.
③ 「신탁법」 제72조 제4항에 따른 수익자집회 소집의 허가신청과 그 사건의 재판에 관하여는 제81조를 준용한다.

제44조의13【신탁사채에 관한 사건】 수탁자가 「신탁법」 제87조 제1항에 따라 사채(社債)를 발행한 경우에 관하여는 다음 각 호의 구분에 따른 규정을 준용한다.

1. 사채모집을 위탁받은 회사의 사임허가신청과 해임청구 및 그 회사의 사무승계자 선임청구에 대한 재판 : 제110조
2. 사채권자집회의 소집 허가신청 : 제112조
3. 사채권자집회의 결의 인가청구 : 제113조
4. 사채모집을 위탁받은 회사, 대표자 또는 집행자에게 줄 보수와 그 사무처리에 필요한 비용의 신탁재산 부담 허가신청 : 제114조

제44조의14【신탁변경의 재판】 ① 「신탁법」 제88조 제3항에 따른 신탁변경의 재판은 서면으로 신청하여야 한다.
② 제1항에 따른 신청에 대한 재판을 하는 경우 법원은 위탁자, 수탁자 및 수익자의 의견을 들어야 한다.
③ 제1항에 따른 신청에 대한 재판은 이유를 붙인 결정으로써 하여야 한다.
④ 제1항에 따른 신청에 대한 재판은 위탁자, 수탁자 및 수익자에게 고지하여야 한다.
⑤ 제1항에 따른 신청에 대한 재판에 대하여는 위탁자, 수탁자 또는 수익자가 즉시항고를 할 수 있다. 이 경우 즉시항고는 집행정지의 효력이 있다.

제44조의15【수익권 매수가액의 결정】 ① 「신탁법」 제89조 제4항, 제91조 제3항 또는 제95조 제3항에 따른 매수가액 결정의 청구는 서면으로 하여야 한다.
② 제1항에 따른 청구에 대한 재판을 하는 경우 법원은 수탁자와 매수청구를 한 수익자의 의견을 들어야 한다.
③ 제1항에 따른 청구에 대한 재판은 이유를 붙인 결정으로써 하여야 한다.
④ 제1항에 따른 청구에 대한 재판은 수탁자와 매수청구를 한 수익자에게 고지하여야 한다.
⑤ 제1항에 따른 청구에 대한 재판에 대하여는 수탁자 또는 매수청구를 한 수익자가 즉시항고를 할 수 있다. 이 경우 즉시항고는 집행정지의 효력이 있다.

제44조의16【사정변경에 의한 신탁종료의 재판】 ① 「신탁법」 제100조에 따른 청구에 대한 재판을 하는 경우 법원은 위탁자, 수탁자 및 수익자의 의견을 들어야 한다.
② 제1항에 따른 청구에 대한 재판은 이유를 붙인 결정으로써 하여야 한다.
③ 제1항에 따른 청구에 대한 재판은 위탁자, 수탁자 및 수익자에게 고지하여야 한다.
④ 제1항에 따른 청구에 대한 재판에 대하여는 위탁자, 수탁자 또는 수익자가 즉시항고를 할 수 있다. 이 경우 즉시항고는 집행정지의 효력이 있다.

제44조의17【검사인 선임의 재판】 ① 「신탁법」 제105조 제2항에 따른 검사인(檢査人)의 선임청구는 서면으로 하여야 한다.
② 제1항에 따른 청구서에는 제9조 제1항 각 호의 기재사항 외에 검사 목적을 적어야 한다.
③ 제1항에 따른 청구에 대한 재판에 대하여는 불복신청을 할 수 없다.

제44조의18【검사인의 보수】 ① 법원은 「신탁법」 제105조 제2항에 따라 검사인을 선임한 경우 신탁재산에서 검사인의 보수를 지급하게 할 수 있다.
② 제1항에 따라 검사인의 보수를 정하는 재판을 하는 경우 법원은 수탁자의 의견을 들어야 한다.
③ 제1항에 따른 재판은 수탁자에게 고지하여야 한다.
④ 제1항에 따른 재판에 대하여는 수탁자가 즉시항고를 할 수 있다.

제44조의19【검사인의 보고】 ①「신탁법」 제105조 제2항에 따라 선임된 검사인은 법원에 검사 결과를 서면으로 보고하여야 한다.
② 법원은 검사에 관한 설명이 필요할 때에는「신탁법」 제105조 제2항에 따라 선임된 검사인을 심문할 수 있다.
③ 법원은 제1항에 따른 검사 결과에 따라 수탁자에게 시정을 명할 수 있다.
④ 수탁자는 제3항에 따른 명령을 받은 즉시 그 사실을 수익자에게 알려야 한다.
⑤ 제3항에 따른 명령에 대하여는 불복신청을 할 수 없다.

제44조의20【유한책임신탁에 관한 신탁사건의 신청】 ①「신탁법」 제114조 제1항에 따른 유한책임신탁에 관한 신탁사건의 신청은 서면으로 하여야 한다.
② 제1항에 따른 신청서에는 제9조 제1항 각 호의 기재사항 외에 유한책임신탁의 명칭, 수탁자의 성명이나 명칭 또는「신탁법」 제114조 제2항 제4호에 따른 신탁사무처리지를 적어야 한다.

제44조의21【청산수탁자의 변제허가】「신탁법」 제133조 제1항에 따른 청산수탁자가 같은 법 제135조 제2항에 따른 변제허가의 신청을 할 때에는 그 사유를 소명하여야 한다.

제44조의22【감정인 선임의 절차와 비용】 ①「신탁법」 제136조 제4항에 따른 감정인 선임의 재판에 대하여는 불복신청을 할 수 없다.
②「신탁법」 제136조 제4항에 따른 감정인 선임절차에 드는 비용은 같은 법 제133조 제1항에 따른 청산수탁자가 부담한다. 감정인의 소환 및 심문비용의 경우에도 또한 같다.

제44조의23【신탁관리인의 권한】「신탁법」 제67조 제1항 또는 제2항에 따라 신탁관리인이 선임된 경우 이 장(章)의 규정을 적용할 때에는 신탁관리인을 수익자로 본다.

제44조의24【법원의 감독】 ① 법원은 신탁사건의 감독을 위하여 필요하다고 인정할 때에는 이해관계인의 신청에 의하여 또는 직권으로 재산목록, 신탁사무에 관한 장부와 서류의 제출을 명하고, 신탁사무 처리에 관하여 수탁자와 그 밖의 관계인을 심문할 수 있다.
② 제1항에 따른 신청은 서면으로 하여야 한다.
③ 제1항에 따른 재판에 대하여는 불복신청을 할 수 없다.

Chapter

10

민사(民事)비송사건 - 재판상 대위에 관한 사건

제45조【재판상 대위의 신청】 채권자는 자기 채권의 기한 전에 채무자의 권리를 행사하지 아니하면 그 채권을 보전할 수 없거나 보전하는 데에 곤란이 생길 우려가 있을 때에는 재판상의 대위(代位)를 신청할 수 있다.

제46조【관할법원】 재판상의 대위는 채무자의 보통재판적이 있는 곳의 지방법원이 관할한다.

제47조【대위신청의 기재사항】 대위의 신청에는 제9조 제1항 각 호의 기재사항 외에 다음 각 호의 사항을 적어야 한다.

1. 채무자와 제3채무자의 성명과 주소
2. 신청인이 보전하려는 채권 및 그가 행사하려는 권리의 표시

제48조【대위신청의 허가】 법원은 대위의 신청이 이유 있다고 인정한 경우에는 담보를 제공하게 하거나 제공하게 하지 아니하고 허가할 수 있다.

제49조【재판의 고지】 ① 대위의 신청을 허가한 재판은 직권으로 채무자에게 고지하여야 한다.
② 제1항에 따른 고지를 받은 채무자는 그 권리를 처분할 수 없다.

제50조【즉시항고】 ① 대위의 신청을 각하한 재판에 대하여는 즉시항고를 할 수 있다.
② 대위의 신청을 허가한 재판에 대하여는 채무자가 즉시항고를 할 수 있다.
③ 제1항 및 제2항에 따른 항고의 기간은 채무자가 재판의 고지를 받은 날부터 기산(起算)한다.

제51조【항고 비용의 부담】 항고절차의 비용과 항고인이 부담하게 된 전심(前審)의 비용에 대하여는 신청인과 항고인을 당사자로 보고 「민사소송법」 제98조에 따라 부담할 자를 정한다.

제52조【심리의 공개 및 검사의 불참여】 이 장의 규정에 따른 절차에 관하여는 제13조 및 제15조를 적용하지 아니한다.

1. 의의

채권자대위권은 채권자가 자기 채권을 보전하기 위하여 채무자의 권리를 대신 행사하는 것을 말한다. 민법은 채권의 기한이 도래하기 전에 채권자대위권을 행사하기 위해서는 보존행위를 제외하고는 법원의 허가에 의하도록 하고 있다.

2. 관할법원

재판상의 대위는 채무자의 보통재판적이 있는 곳의 지방법원이 관할한다.

3. 신청절차

1) 신청인

신청인은 채권자이다. 채권자가 자기 채권의 기한 전에 채무자의 권리를 행사하지 아니하면 그 채권을 보전할 수 없거나 이를 보전함이 곤란이 생길 우려가 있을 때 신청한다.

2) 신청방식

비송사건절차법이 정한 일반원칙에 따라 서면 또는 말로 한다.

4. 심리 및 재판

1) 심리는 공개하며, 검사의 참여는 금지된다.

2) 법원은 대위의 신청이 이유 있다고 인정한 경우 담보를 제공하게 하거나 제공하게 하지 아니하고 허가할 수 있다.

3) 대위의 신청을 허가한 재판은 직권으로 채무자에게 고지하여야 한다. 고지를 받은 채무자는 그 권리를 처분할 수 없다.

5. 불복절차

1) 항고권자

대위의 신청을 각하한 재판에 대하여는 신청인인 채권자가 즉시항고를 할 수 있다. 그리고 대위의 신청을 허가한 재판에 대하여는 채무자가 즉시항고를 할 수 있다.

2) 집행정지효 부정

즉시항고는 집행정지의 효력이 없어(법 제21조) 채무자의 즉시항고가 있더라도 채권자는 대위권을 행사할 수 있다. 다만, 법원이 항고의 재판이 있을 때까지 원재판의 집행정지 등 필요한 처분을 할 수 있다.

3) 항고기간의 기산점

항고의 기간은 채무자가 재판의 고지를 받은 날부터 기산한다.

6. 항고비용의 부담

채무자의 항고가 이유가 있으면 그 비용은 신청인이 부담하고, 항고가 이유 없으면 채무자의 부담으로 한다.

Chapter

11 민사(民事)비송사건 - 보존 · 공탁 · 보관과 감정에 관한 사건

제53조【공탁소의 지정 및 공탁물보관인의 선임】 ①「민법」 제488조 제2항에 따른 공탁소의 지정 및 공탁물보관인의 선임은 채무이행지의 지방법원이 관할한다.
② 법원은 제1항에 따른 지정 및 선임에 관한 재판을 하기 전에 채권자와 변제자를 심문하여야 한다.
③ 법원이 제1항에 따른 지정 및 선임을 한 경우에 그 절차의 비용은 채권자가 부담한다.

제54조【공탁물보관인의 의무】 제53조에 따른 공탁물보관인의 의무에 관하여는 「민법」 제694조부터 제697조까지 및 제700조를 준용한다. 다만, 「민법」 제696조에 따른 통지는 변제자에게 하여야 한다.

제54조의2【공탁물보관인의 사임허가 등】 ① 법원은 제53조에 따른 공탁물보관인의 사임을 허가하거나 공탁물보관인을 해임할 수 있다. 공탁물보관인의 사임을 허가하는 경우 법원은 다시 공탁물보관인을 선임하여야 한다.
② 공탁물보관인의 사임허가 절차에 관하여는 제44조의11 제1항을 준용한다.

제55조【경매 대가의 공탁】「민법」 제490조에 따른 법원의 허가에 관하여는 제53조를 준용한다.

제56조【질물에 의한 변제충당의 허가】 ①「민법」 제338조 제2항에 따라 질물(質物)로 직접 변제에 충당할 것을 청구하는 경우에는 제53조 제1항 및 제2항을 준용한다.
② 법원이 제1항에 따른 청구를 허가한 경우에는 그 절차의 비용은 질권설정자가 부담한다.

제57조【환매권 대위 행사 시의 감정인 선임】 ①「민법」 제593조에 따른 감정인의 선임 · 소환 및 심문은 물건 소재지의 지방법원이 관할한다.
② 법원이 제1항에 따른 선임을 한 경우에는 그 절차의 비용은 매수인이 부담한다.

제58조【검사의 불참여】 이 장의 규정에 따른 절차에 관하여는 제15조를 적용하지 아니한다.

제59조【불복신청의 금지】 이 장의 규정에 따라 지정 또는 선임을 하거나 허가를 한 재판에 대하여는 불복신청을 할 수 없다.

1. 공탁소 지정 및 공탁물보관인 선임사건

1) 의의

(1) 변제공탁

채권자가 변제를 받지 아니하거나 받을 수 없는 때에는 변제자는 채권자를 위하여 변제의 목적물을 공탁하여 그 채무를 면할 수 있다. 그리고 변제자가 과실 없이 채권자를 알 수 없는 경우에도 공탁이 가능하다. 이러한 공탁은 채무이행지의 공탁소에 하여야 한다(민법 제488조 제1항).

(2) 공탁소의 지정과 공탁물보관자 선임

공탁소가 없거나 공탁소가 있더라도 보관능력이 없는 경우 변제자의 청구에 의하여 법원은 법률에 특별한 규정이 없으면 공탁소를 지정하고 공탁물보관자를 선임하여야 한다.

2) 관할법원

채무이행지의 지방법원이 관할한다.

3) 신청절차

(1) **신청인**

변제자가 신청인이 된다.

(2) **신청방식**

비송사건절차법이 정한 일반원칙에 따라 서면 또는 말로 한다.

4) 심리 및 재판

(1) 법원은 공탁소 지정 및 공탁인 선임에 관한 재판을 하기 전에 채권자와 변제자를 심문하여야 한다.

(2) 검사는 사건에 관하여 의견을 진술하고 심문에 참여할 수 없다.

(3) 재판은 결정으로써 한다.

5) 불복절차

공탁소 지정 및 공탁물보관인 선임재판에 대해서는 불복신청을 할 수 없다.

6) 비용부담

법원이 지정 및 선임을 한 경우에 그 절차의 비용은 채권자가 부담한다.

7) 공탁물보관자의 사임허가 등

법원은 공탁물보관인의 사임을 허가하거나 공탁물보관인을 해임할 수 있다. 공탁물보관인의 사임을 허가하는 경우 법원은 다시 공탁물보관인을 선임하여야 한다.

2. 질물에 의한 변제충당의 허가

1) 의의

질권자는 채무의 변제를 받기 위하여 질물을 경매함이 원칙이지만 정당한 사유가 있는 경우 감정인의 평가에 의하여 질물을 직접 변제에 충당할 것을 법원에 청구할 수 있다.

2) 관할법원

채무이행지의 지방법원이 관할한다.

3) 신청절차

(1) 신청인

질권자가 신청인이 된다. 다만, 질권자는 미리 채무자 및 질권설정자에게 통지하여야 한다.

(2) 신청방식

비송사건절차법이 정한 일반원칙에 따라 서면 또는 말로 한다.

4) 심리 및 재판

(1) 법원은 재판을 하기 전에 질권자와 질권설정자를 심문하여야 한다.

(2) 검사는 사건에 관하여 의견을 진술하거나 심문에 참여할 수 없다.

(3) 재판은 결정으로써 한다.

5) 불복절차

질권자의 질물변제충당을 허가한 재판에 대해서는 불복신청을 할 수 없다.

6) 비용부담

법원이 청구를 허가한 경우에는 그 절차의 비용은 질권설정자가 부담한다.

3. 환매권 대위행사 시의 감정인의 선임

1) 의의

(1) 환매의 의의

환매란 매도인이 매매계약과 동시에 환매할 권리를 보류한 경우에 그 환매권을 일정한 기간 내에 행사함으로써 매매의 목적물을 도로 사오는 것을 말한다. 환매권도 하나의 재산권이므로 환매권자의 채권자는 이를 대위행사할 수 있다.

⑵ **환매권의 대위행사와 매수인의 권리**

매도인의 채권자가 환매권을 대위행사하는 것은 목적물의 시가와 환매대금과의 차액에서 자기 채권의 변제에 충당하려는 것이다. 이에 매도인의 채권자가 매도인을 대위하여 환매하고자 하는 때에는, 매수인은 법원이 선정한 감정인의 평가액에서 매도인이 반환할 금액을 공제한 잔액으로 매도인의 채무를 변제하고 남은 금액이 있으면 이를 매도인에게 지급하여 환매권을 소멸시킬 수 있다.

2) 관할법원

물건 소재지의 지방법원이 관할한다.

3) 신청절차

⑴ **신청인**

매수인이 신청인이 된다.

⑵ **신청방식**

비송사건절차법이 정한 일반원칙에 따라 서면 또는 말로 한다.

4) 심리 및 재판

⑴ 검사는 사건에 관하여 의견을 진술하거나 심문에 참여할 수 없다.

⑵ 재판은 결정으로써 한다.

5) 불복절차

감정인을 선임한 재판에 대해서는 불복신청을 할 수 없다.

6) 비용부담

감정인을 선임한 경우 그 절차의 비용은 매수인이 부담한다.

Chapter

12 민사(民事)비송사건 - 법인의 등기

제60조【관할등기소】 ① 법인등기에 관하여는 법인의 주된 사무소 소재지를 관할하는 지방법원, 그 지원 또는 등기소를 관할등기소로 한다.
② 대한민국에 사무소를 둔 외국법인의 등기에 관하여는 제1항을 준용한다.

제62조【이사 · 청산인의 등기】 법인의 이사 또는 청산인의 등기를 할 때에는 그 주민등록번호도 등기하여야 한다.

제63조【설립등기의 신청】 ① 법인설립의 등기는 법인을 대표할 사람이 신청한다.
② 제1항에 따른 등기의 신청서에는 다음 각 호의 서류를 첨부하여야 한다.

1. 법인의 정관
2. 이사의 자격을 증명하는 서면
3. 주무관청의 허가서 또는 그 인증이 있는 등본
4. 재산목록

제64조【변경의 등기】 ① 법인 사무소의 신설 · 이전, 그 밖의 등기사항의 변경등기 신청서에는 사무소의 신설 · 이전 또는 등기사항의 변경을 증명하는 서면을 첨부하되, 주무관청의 허가가 필요한 사항은 그 허가서 또는 그 인증이 있는 등본을 첨부하여야 한다.
② 임시이사가 제1항에 따른 등기를 신청하는 경우에는 신청서에 그 자격을 증명하는 서면을 첨부하여야 한다.

제65조【해산의 등기】 법인의 해산등기 신청서에는 해산의 사유를 증명하는 서면을 첨부하고, 이사가 청산인으로 된 경우를 제외하고는 청산인의 자격을 증명하는 서면을 첨부하여야 한다.

제65조의2【등기사항의 공고】 등기한 사항의 공고는 신문에 한 차례 이상 하여야 한다.

제65조의3【등기사항을 공고할 신문의 선정】 ① 지방법원장은 매년 12월에 다음 해에 등기사항의 공고를 게재할 신문을 관할구역의 신문 중에서 선정하고, 일간신문에 이를 공고하여야 한다.
② 공고를 게재할 신문이 휴간되거나 폐간되었을 때에는 다시 다른 신문을 선정하여 제1항과 같은 방법으로 공고하여야 한다.

제65조의4【신문 공고를 갈음하는 게시】 지방법원장은 그 관할구역에 공고를 게재할 적당한 신문이 없다고 인정할 때에는 신문에 게재하는 공고를 갈음하여 등기소와 그 관할구역의 시 · 군 · 구의 게시판에 공고할 수 있다.

제66조【「상업등기법」의 준용】 ① 법인과 대한민국에 사무소를 둔 외국법인의 등기에 관하여는 「상업등기법」 제3조, 제5조부터 제10조까지, 제11조 제2항 · 제3항, 제12조부터 제22조까지, 제24조, 제25조, 제26조 제1호부터 제10호까지 및 제12호 · 제14호 · 제17호, 제28조, 제75조부터 제80조까지, 제82조부터 제86조까지, 제87조 제1항, 제88조, 제89조 및 제91조를 준용한다. 다만, 임시이사의 등기신청에 관하여는 「상업등기법」 제25조 제1항 및 제2항을 준용하지 아니한다.
② 법인의 등기에 관하여는 「상업등기법」 제54조부터 제56조까지 및 제60조를 준용한다.
③ 대한민국에 사무소를 둔 외국법인의 등기에 관하여는 「상업등기법」 제23조 제3항을 준용한다.

제67조【법인등기 규정의 특수법인등기에의 적용 등】 ① 이 법 중 법인의 등기에 관한 규정은「민법」및「상법」외의 법령에 따라 설립된 법인의 등기에 대하여도 적용한다. 다만, 그 법령에 특별한 규정이 있거나 성질상 허용되지 아니하는 경우에는 그러하지 아니하다.
② 제1항에 규정된 법인의 업무에 관하여 재판상 또는 재판 외의 모든 행위를 할 수 있는 대리인에 관하여는「상업등기법」제16조 및 제17조 중 지배인에 관한 규정과 같은 법의 회사의 지배인등기에 관한 규정을 준용한다.

Chapter

13 민사(民事)비송사건 - 부부재산 약정의 등기

제68조【관할등기소】 부부재산 약정(約定)의 등기에 관하여는 남편이 될 사람의 주소지를 관할하는 지방법원, 그 지원 또는 등기소를 관할등기소로 한다.

제70조【부부재산 약정에 관한 등기신청인】 부부재산 약정에 관한 등기는 약정자 양쪽이 신청한다. 다만, 부부 어느 한쪽의 사망으로 인한 부부재산 약정 소멸의 등기는 다른 한쪽이 신청한다.

제71조【「부동산등기법」의 준용】 부부재산 약정의 등기에는 「부동산등기법」 제2조 제1호부터 제3호까지, 제6조, 제8조부터 제13조까지, 제14조 제2항부터 제4항까지, 제16조부터 제20조까지, 제22조, 제24조 제1항 제1호 및 같은 조 제2항, 제29조 제1호부터 제5호까지 및 제8호부터 제10호까지, 제31조부터 제33조까지, 제58조, 제100조, 제101조(전산정보처리조직을 이용한 이의신청에 관한 부분은 제외한다), 제102조부터 제109조까지, 제109조의2 제1항ㆍ제3항(제1항에 관련된 부분만 해당한다) 및 제113조를 준용한다.

Chapter 14

상사(商事)비송사건 - 회사와 경매에 관한 사건

제72조【관할】 ①「상법」 제176조, 제306조, 제335조의5, 제366조 제2항, 제374조의2 제4항, 제386조 제2항, 제432조 제2항, 제443조 제1항 단서와 그 준용규정에 따른 사건 및 같은 법 제277조 제2항, 제298조, 제299조, 제299조의2, 제300조, 제310조 제1항, 제391조의3 제4항, 제417조, 제422조, 제467조, 제582조, 제607조 제3항에 따른 사건은 본점 소재지의 지방법원 합의부가 관할한다.
②「상법」 제239조 제3항과 그 준용규정에 따른 사건은 합병무효의 소(訴)에 관한 제1심 수소법원(受訴法院)이 관할한다.
③「상법」 제619조에 따른 사건은 폐쇄를 명하게 될 외국회사 영업소 소재지의 지방법원이 관할한다.
④「상법」 제600조 제1항에 따른 사건은 합병 후 존속하는 회사 또는 합병으로 인하여 설립되는 회사 본점 소재지의 지방법원이 관할한다.
⑤「상법」 제70조 제1항 및 제808조 제1항에 관한 사건은 경매할 물건 소재지의 지방법원이 관할한다.
⑥「상법」 제394조 제2항에 관한 사건은 같은 법 제403조에 따른 사건의 관할법원이 관할한다.

제73조【검사인 선임신청의 방식】 ① 검사인의 선임신청은 서면으로 하여야 한다.
② 제1항에 따른 신청서에는 다음 각 호의 사항을 적고 신청인이 기명날인하여야 한다.
1. 신청의 사유
2. 검사의 목적
3. 신청 연월일
4. 법원의 표시

제74조【검사인의 보고】 ① 검사인의 보고는 서면으로 하여야 한다.
② 법원은 검사에 관한 설명이 필요할 때에는 검사인을 심문할 수 있다.

제75조【변태설립사항의 변경에 관한 재판】 ①「상법」 제300조에 따른 변태설립사항의 변경에 관한 재판은 이유를 붙인 결정으로써 하여야 한다.
② 법원은 재판을 하기 전에 발기인과 이사의 진술을 들어야 한다.
③ 발기인과 이사는 제1항에 따른 재판에 대하여 즉시항고를 할 수 있다.

제76조【검사인 선임의 재판】「상법」 제467조 제1항에 따른 검사인의 선임에 관한 재판을 하는 경우 법원은 이사와 감사의 진술을 들어야 한다.

제77조【검사인의 보수】 법원은「상법」 제298조, 제310조 제1항, 제422조 제1항 또는 제467조 제1항에 따라 검사인을 선임한 경우 회사로 하여금 검사인에게 보수를 지급하게 할 수 있다. 이 경우 그 보수액은 이사와 감사의 의견을 들어 법원이 정한다.

제78조【즉시항고】 제76조 및 제77조에 따른 재판에 대하여는 즉시항고를 할 수 있다.

제79조【업무 · 재산상태의 검사를 위한 총회 소집】 법원은「상법」 제467조에 따른 검사를 할 때에 주주총회의 소집이 필요하다고 인정하면 일정 기간 내에 그 소집을 할 것을 명하여야 한다.

제80조【업무 · 재산상태의 검사 및 총회 소집허가의 신청】 ①「상법」 제277조 제2항에 따른 검사의 허가를 신청하는 경우에는 검사를 필요로 하는 사유를 소명하고, 같은 법 제366조 제2항에 따른 총회 소집의 허가를 신청하는 경우에는 이사가 그 소집을 게을리한 사실을 소명하여야 한다.
② 제1항에 따른 신청은 서면으로 하여야 한다.

제81조【업무 · 재산상태의 검사 등의 신청에 대한 재판】 ① 제80조에 따른 신청에 대하여는 법원은 이유를 붙인 결정으로써 재판을 하여야 한다.
② 신청을 인용한 재판에 대하여는 불복신청을 할 수 없다.

제82조【납입금의 보관자 등의 변경 허가신청】「상법」 제306조(「상법」 제425조 제1항 및 제516조의9 제4항에서 준용하는 경우를 포함한다)에 따른 허가의 신청은 그 사유를 소명하고 발기인 또는 이사가 공동으로 하여야 한다.

제83조【단주 매각의 허가신청】「상법」 제443조 제1항 단서(「상법」 제461조 제2항 및 제530조 제3항에서 준용하는 경우를 포함한다)에 따른 허가의 신청에 관하여는 제82조를 준용한다.

제84조【직무대행자 선임의 재판】 ①「상법」 제386조 제2항(「상법」 제415조에서 준용하는 경우를 포함한다)에 따른 직무대행자 선임에 관한 재판을 하는 경우 법원은 이사와 감사의 진술을 들어야 한다.
② 제1항의 경우에는 제77조, 제78조 및 제81조를 준용한다.

03

제84조의2【소송상 대표자 선임의 재판】 ①「상법」 제394조 제2항에 따른 소송상 대표자 선임에 관한 재판을 하는 경우 법원은 이사 또는 감사위원회의 진술을 들어야 한다.
② 제1항의 경우에는 제81조를 준용한다.

제85조【직무대행자의 상무 외 행위의 허가신청】 ①「상법」 제408조 제1항 단서에 따른 상무(常務) 외 행위의 허가신청은 직무대행자가 하여야 한다.
② 신청을 인용한 재판에 대하여는 즉시항고를 할 수 있다. 이 경우 항고기간은 직무대행자가 재판의 고지를 받은 날부터 기산한다.
③ 제2항에 따른 항고는 집행정지의 효력이 있다.

제86조【주식의 액면 미달 발행의 인가신청 등】 ①「상법」 제417조에 따른 주식의 액면 미달 발행의 인가신청은 서면으로 하여야 한다.
② 제1항에 따른 신청에 대한 재판은 이유를 붙인 결정으로써 하여야 한다.
③ 법원은 재판을 하기 전에 이사의 진술을 들어야 한다.
④ 제2항에 따른 재판에 대하여는 즉시항고를 할 수 있다.
⑤ 제4항에 따른 항고는 집행정지의 효력이 있다.

제86조의2【주식매도가액 및 주식매수가액 결정의 재판】 ① 법원은「상법」 제335조의5 및 그 준용규정에 따른 주식매도가액의 결정 또는 같은 법 제374조의2 제4항 및 그 준용규정에 따른 주식매수가액의 결정에 관한 재판을 하기 전에 주주와 매도청구인 또는 주주와 이사의 진술을 들어야 한다.
② 여러 건의 신청사건이 동시에 계속(係屬) 중일 때에는 심문과 재판을 병합하여야 한다.
③ 제1항에 따른 재판에 관하여는 제86조 제1항 · 제2항 · 제4항 및 제5항을 준용한다.

제88조【신주의 발행 무효로 인하여 신주의 주주가 받을 금액의 증감 신청】 ①「상법」 제432조 제2항에 따른 신청은 신주발행 무효 판결이 확정된 날부터 6개월 내에 하여야 한다.
② 심문은 제1항에 따른 기간이 경과한 후에만 할 수 있다.
③ 여러 건의 신청사건이 동시에 계속 중일 때에는 심문과 재판을 병합하여야 한다.
④ 법원은 제1항에 따른 신청을 받으면 지체 없이 그 사실을 관보에 공고하여야 한다.

제89조【제88조의 신청에 대한 재판의 효력】 ① 제88조 제1항에 따른 신청에 대한 재판은 총주주(總株主)에 대하여 효력이 있다.
② 제1항에 따른 재판에 관하여는 제75조 제1항, 제76조, 제78조 및 제85조 제3항을 준용한다.

제90조【해산을 명하는 재판】 ①「상법」제176조 제1항에 따른 재판에 관하여는 제75조 제1항을 준용한다.
② 법원은 재판을 하기 전에 이해관계인의 진술과 검사의 의견을 들어야 한다.

제91조【즉시항고】 회사, 이해관계인 및 검사는 제90조에 따른 재판에 대하여 즉시항고를 할 수 있다. 이 경우 항고는 집행정지의 효력이 있다.

제92조【해산명령신청의 공고와 그 방법】「상법」제176조 제1항에 따른 해산명령의 신청이 있는 경우에는 제88조 제4항을 준용한다.

제93조【해산재판의 확정과 등기촉탁】 회사의 해산을 명한 재판이 확정되면 법원은 회사의 본점 소재지의 등기소에 그 등기를 촉탁하여야 한다.

제94조【해산명령 전의 회사재산 보전에 필요한 처분】 ①「상법」제176조 제2항에 따라 관리인의 선임, 그 밖에 회사재산의 보전에 필요한 처분을 하는 경우에는 제44조의9, 제77조 및 제78조를 준용한다.
② 제1항에 따른 관리인에 관하여는「민법」제681조, 제684조, 제685조 및 제688조를 준용한다.

제94조의2【관리인의 사임허가 등】 ① 법원은 제94조에 따른 관리인의 사임을 허가하거나 관리인을 해임할 수 있다. 관리인의 사임을 허가하는 경우 법원은 다시 관리인을 선임하여야 한다.
② 관리인의 사임허가 또는 해임절차에 관하여는 제44조의11을 준용한다.

제95조【회사관리인의 회사 재산상태 보고 등】 ① 법원은 그 선임한 관리인에게 재산상태를 보고하고 관리계산(管理計算)을 할 것을 명할 수 있다. 이 재판에 대하여는 불복신청을 할 수 없다.
② 이해관계인은 제1항에 따른 보고와 계산에 관한 서류의 열람을 신청하거나 수수료를 내고 그 등본의 발급을 신청할 수 있다.
③ 검사는 제2항에 따른 서류를 열람할 수 있다.

제96조【비용의 부담】 ① 법원이「상법」제176조 제2항에 따라 직권으로 재판을 하였거나 신청에 상응한 재판을 한 경우에는 재판 전의 절차와 재판의 고지비용은 회사가 부담한다. 법원이 명한 처분에 필요한 비용도 또한 같다.
② 법원이 항고인의 신청에 상응한 재판을 한 경우에는 항고절차의 비용과 항고인이 부담하게 된 전심의 비용은 회사가 부담한다.

제97조【해산명령 청구자의 담보제공】「상법」제176조 제3항에 따라 제공할 담보에 관하여는「민사소송법」제120조 제1항 및 제121조부터 제126조까지의 규정을 준용한다.

제98조【설립 무효판결의 확정과 등기촉탁】 회사설립을 무효로 하는 판결이 확정되면 제1심 수소법원은 회사의 본점 소재지의 등기소에 그 등기를 촉탁하여야 한다.

제99조【합병 등의 무효판결의 확정과 등기촉탁】 회사의 합병, 주식회사의 분할 또는 분할합병을 무효로 하는 판결이 확정된 경우에는 제98조를 준용한다.

제100조【합병회사의 채무부담부분 결정의 재판】「상법」제239조 제3항(「상법」제269조 및 제530조 제2항에서 준용하는 경우를 포함한다)에 따른 재판에 관하여는 제75조 제1항, 제78조 및 제85조 제3항을 준용한다.

제101조【유한회사와 외국회사 영업소 폐쇄에의 준용】① 유한회사에 관하여는 제76조부터 제81조까지, 제83조, 제84조, 제84조의2, 제85조, 제88조, 제89조 및 제100조를 준용한다.
② 외국회사 영업소의 폐쇄를 명하는 경우에는 제90조부터 제94조까지, 제94조의2 및 제95조부터 제97조까지의 규정을 준용한다.

제102조【지분압류채권자의 보전청구】①「상법」제224조 제1항 단서(「상법」제269조에서 준용하는 경우를 포함한다)에 따른 예고를 한 채권자는 회사의 본점 소재지의 지방법원 합의부에 지분환급청구권의 보전(保全)에 필요한 처분을 할 것을 청구할 수 있다.
② 제1항에 따른 청구에 대한 재판에 관하여는 제75조 제1항 및 제78조를 준용한다.

제104조【유한회사와 주식회사의 합병 인가신청】「상법」제600조 제1항에 따른 합병의 인가신청은 합병을 할 회사의 이사와 감사가 공동으로 신청하여야 한다.

제105조【유한회사의 조직 변경 인가신청】「상법」제607조 제3항에 따른 인가신청을 하는 경우에는 제104조를 준용한다.

제106조【유한회사의 합병 인가신청 등에 관한 재판】제104조 및 제105조에 따른 신청이 있는 경우에는 제81조를 준용한다.

제107조【그 밖의 등기촉탁을 할 경우】다음 각 호의 어느 하나에 해당하는 경우에는 제1심 수소법원은 회사의 본점 소재지의 등기소에 그 등기를 촉탁하여야 한다.

1. 회사 청산인의 해임 재판이 있는 경우
2. 합명회사, 합자회사 또는 유한회사의 설립을 취소하는 판결이 확정된 경우
3. 합명회사 또는 합자회사의 사원 제명(除名) 또는 그 업무집행권한이나 대표권 상실의 판결이 확정된 경우
4. 주식회사의 이사·감사·대표이사 또는 청산인이나 유한회사의 이사·감사 또는 청산인의 직무를 일시적으로 맡아 할 사람을 선임한 경우
5. 주식회사의 이사 또는 감사나 유한회사 이사의 해임 판결이 확정된 경우
6. 주식회사의 창립총회 또는 주주총회나 유한회사의 사원총회가 결의한 사항이 등기된 경우에 결의취소·결의무효확인·결의부존재확인(決議不存在確認)의 또는 부당결의의 취소나 변경의 판결이 확정된 경우
7. 주식회사의 신주 발행 또는 자본 감소의 무효판결이 확정된 경우
8. 주식회사의 주식 교환 또는 이전(移轉)의 무효판결이 확정된 경우
9. 유한회사의 자본 증가 또는 자본 감소의 무효판결이 확정된 경우

제108조【등기촉탁서의 첨부서면】이 법에 따라 법원이 회사의 본점 소재지의 등기소에 등기를 촉탁할 때에는 촉탁서에 재판의 등본을 첨부하여야 한다.

1. 회사의 설립에 있어서 검사인 선임

1) 변태설립사항 조사를 위한 검사인 선임신청

(1) 신청인

정관으로 변태설립사항[3]을 정한 경우 발기설립은 발기인들에 의해 선임된 이사가, 모집설립은 창립총회가 개최되기 전의 기관인 발기인이 신청인이 된다. 이사나 발기인이 여러 사람인 경우에는 원칙적으로 대표권이 있는 이사나 업무집행권이 있는 발기인이 신청하여야 한다. 발기인 중 업무집행자를 따로 정하지 않는 경우에는 검사인 신청을 발기인조합의 통상사무로 보아 각 발기인이 단독으로 청구할 수 있다.

(2) 신청방식

검사인의 선임신청은 서면으로 하여야 한다.

(3) 관할법원

회사가 설립되기 전이므로 정관에 기재된 회사의 본점 소재지의 지방법원 합의부가 관할한다.

2) 검사인의 보고서 제출

(1) 검사인의 조사, 보고

① **발기설립의 경우**

검사인은 조사사항에 대해 조사를 시행하고 그 결과를 법원에 보고하여야 한다. 검사인은 조사보고서를 작성한 후 지체 없이 그 등본을 각 발기인에게 교부하여야 한다(상법 제299조 제3항). 검사인의 보고서에 사실과 다른 사항이 있는 경우에는 발기인은 이에 대한 설명서를 법원에 제출할 수 있다(상법 제299조 제4항).

② **모집설립의 경우**

검사인은 먼저 보고서를 법원에 제출해야 한다. 그러면 제출받은 법원은 이를 심사하지 아니하고 원본 및 부본에 재판장이 기명날인하여 신청인에게 부본을 송달한다. 그리고 신청인인 발기인이 창립총회에 보고서를 제출하게 된다.

---

3 상법 제290조 【변태설립사항】 다음의 사항은 정관에 기재함으로써 그 효력이 있다.
1. 발기인이 받을 특별이익과 이를 받을 자의 성명
2. 현물출자를 하는 자의 성명과 그 목적인 재산의 종류, 수량, 가격과 이에 대하여 부여할 주식의 종류와 수
3. 회사성립 후에 양수할 것을 약정한 재산의 종류, 수량, 가격과 그 양도인의 성명
4. 회사가 부담할 설립비용과 발기인이 받을 보수액

(2) 검사인 보고방법과 심문

정확성을 기하기 위해 검사인의 보고는 반드시 서면으로 하여야 한다. 그리고 법원은 검사에 관하여 설명을 필요로 할 때에는 검사인을 심문할 수 있다.

3) 조사사항의 변경에 대한 조치

(1) 변경에 관한 재판

발기설립의 경우 회사의 설립에 관하여 법원이 검사인 또는 공증인의 조사보고서 또는 감정인의 감정결과와 설명서를 심사한 결과 변태설립사항이 부당하다고 인정하는 때에는 이를 변경할 수 있다.

(2) 심리 및 재판

① 법원은 재판을 하기 전에 발기인과 이사의 진술을 들어야 한다.

② 변경재판의 내용은 현물출자자에 대해서 부여하는 주식수를 감소시키고, 회사가 부담하는 설립비용의 액을 감소시키는 등의 소극적이고 억제적인 것에 그친다.

(3) 불복방법

발기인과 이사는 재판에 대하여 즉시항고를 할 수 있다.

4) 검사인의 보수

법원은 검사인을 선임한 경우 회사로 하여금 검사인에게 보수를 지급하게 할 수 있다. 이 경우 그 보수액은 이사와 감사의 의견을 들어 법원이 정한다. 이 결정에 대하여 즉시항고할 수 있다.

2. 주식회사의 업무와 재산상태 검사를 위한 검사인 선임

회사의 업무집행에 관하여 부정행위 또는 법령이나 정관에 위반한 중대한 사실이 있음을 의심할 사유가 있는 때에는 발행주식의 총수의 3/100 이상에 해당하는 주식을 가진 주주는 회사의 업무와 재산상태를 조사하게 하기 위하여 법원에 검사인의 선임을 청구할 수 있다(상법 제467조 제1항).

3. 주금납입금의 보관자 등 변경허가

회사설립 시(상법 제305조)와 신주발행 시(상법 제425조)의 경우 주식청약을 하고 주금을 납입하면 주금을 보관하게 된다. 주식회사의 설립 또는 설립 후 신주발행 시 주식인수의 청약을 하고자 하는 자는 주식청약서에 의해 청약을 하고, 주식청약서에는 납입을 맡을 은행, 기타 금융기관을 기재하여야 한다(상법 제302조). 그런데 납입금의 보관장소를 변경할 필요가 있는 경우 법원의 허가를 얻어 보관자나 납입장소를 변경할 수 있다.
주금납입금의 보관자 등 변경허가신청은 그 사유를 소명하고 발기인 또는 이사의 공동신청으로 하여야 한다.

4. 단주 임의매각허가

1주 미만의 주식을 단주[4]라 하고 주식병합, 주식분할, 주식배당 등의 사유로 발생한다. 상법은 단주를 인정하지 않으므로 그 처리가 문제가 된다. 병합에 적당하지 아니한 수의 주식이 있는 때에는 그 병합에 적당하지 아니한 부분에 대하여 발행한 신주를 경매하여 각 주수에 따라 그 대금을 종전의 주주에게 지급하여야 한다. 그러나 거래소의 시세가 있는 주식은 거래소를 통하여 매각하고, 거래소의 시세가 없는 주식은 법원의 허가를 받아 경매 외의 방법으로 매각할 수 있다.

5. 일시이사의 직무대행자 선임

법률 또는 정관에 정한 이사의 원수를 결한 경우에는 임기의 만료 또는 사임으로 인하여 퇴임한 이사는 새로 선임된 이사가 취임할 때까지 이사의 권리·의무가 있다. 그러나 이때 법원은 필요하다고 인정할 때에는 이사, 감사, 기타의 이해관계인의 청구에 의하여 일시이사의 직무를 행할 자를 선임할 수 있다. 이 경우에는 본점 소재지에서 그 등기를 하여야 한다(상법 제386조).

6. 직무대행자 상무 외 행위허가

이사선임결의의 무효나 취소 또는 이사해임의 소가 제기된 경우에는 법원은 당사자의 신청에 의하여 가처분으로써 이사의 직무집행을 정지할 수 있다. 이때 직무집행이 정지된 이사를 대신할 직무대행자를 선임할 수 있다(상법 제407조).
직무대행자는 가처분명령에 다른 정함이 있는 경우 외에는 회사의 상무(회사의 영업을 함에 있어서 통상업무범위 내의 사무로 회사의 경영에 중요한 영향을 미치지 않는 업무)에 속하지 아니한 행위를 하지 못한다. 그러나 법원의 허가를 얻은 경우에는 그러하지 아니하다(상법 제408조 제1항).

4 예를 들어, 주주총회에서 주식배당결의를 하였는데 종래의 1주당 0.1주 하기로 하는 경우, 125주를 가진 주주는 12주를 배당받을 수 있지만 나머지 5주에 대해서는 대응하는 주주가 0.5주에 해당하기 때문에 주식을 배당받을 수 없다. 이런 경우 단주가 발생한다.

직무대행자의 상무 외 행위 허가신청을 인용한 재판에 대하여는 즉시항고를 할 수 있다. 이 경우 즉시항고는 집행정지의 효력이 있다.

7. 주식의 액면 미달 발행 인가

회사는 자본충실의 원칙상 액면가액 미만의 주식을 발행하지 못한다. 그러나 경영의 부실로 인한 결손의 누적으로 자산상태가 악화된 회사가 신주를 발행하는 경우처럼 특별한 사유가 있는 경우에는 예외적으로 액면 미달 발행을 허용하고 있다. 자본충실의 원칙을 회사 성립 후에도 일관되게 유지하면 회사 자금조달이 어려워져 엄격한 제한하에 허용하고 있는 것이다. 이 경우 법원은 회사의 재산상태, 기타 필요한 사항을 조사하게 하기 위하여 검사인을 선임할 수 있다.

8. 주식의 매수가액 산정 · 결정신청

주식매수청구권은 주식회사의 주주가 특정한 경우에 회사에 대해서 자기 소유분의 주식을 매수할 것을 청구할 수 있는 권리이다. 상법상 주식매수청구권이 문제되는 경우는 다음과 같다.

1) 주식양도에 관하여 이사회 승인을 얻어야 하는 경우

주식의 양도에 관하여 이사회의 승인을 얻어야 하는 경우에는 주식을 양도하고자 하는 주주는 회사에 대하여 양도의 상대방 및 양도하고자 하는 주식의 종류와 수를 기재한 서면으로 양도의 승인을 청구할 수 있다. 이 경우 양도승인거부의 통지를 받은 주주는 통지를 받은 날부터 회사에 대하여 그 주식의 매수를 청구할 수 있다(상법 제335조의2 제4항).
주식의 매도가액은 주주와 매도청구인 간의 협의로 결정하는 것이 원칙이지만, 협의가 이루어지지 아니하는 경우에 주주 또는 매수청구인은 법원에 매수가액의 결정을 청구할 수 있다(상법 제335조의5, 제374조의2 제4항).

2) 영업양도, 합병의 경우 결의 반대주주의 주식매수청구권(상법 제374조의2)

영업양도, 합병 결의사항에 반대하는 주주는 회사에 대하여 자기가 소유하고 있는 주식의 매수를 청구할 수 있다.
주식의 매수가액은 주주와 회사 간의 협의에 의하여 결정하는 것이 원칙이지만, 협의가 이루어지지 아니한 경우에는 회사 또는 주식의 매수를 청구한 주주는 법원에 대하여 매수가액의 결정을 청구할 수 있다.

3) 지배주주 주식매도청구권

소수주주가 그의 주식매도를 원하지 않으면서 회사의 경영의 효율성을 저하시키는 경우에 회사의 발행주식 총수의 95/100 이상을 보유하고 있는 주주(지배주주)는 소수주주에게 그 보유하는 주식의 매도를 청구할 수 있다.
주식의 매수가액은 매도청구를 받은 소수주주와 매도를 청구한 지배주주 간의 협의로 결정하는 것이 원칙이지만, 협의가 이루어지지 아니한 경우에는 매도청구를 받은 소수주주 또는 매도청구를 한 지배주주는 법원에 매매가액의 결정을 청구할 수 있다(상법 제360조의24 제7항 · 제8항).

4) 소수주주의 매수청구권(상법 제360조의25)

지배주주가 있는 회사의 소수주주는 언제든지 지배주주에게 그 보유주식의 매수를 청구할 수 있다. 주식의 매수가액은 매수를 청구한 소수주주와 매수청구를 받은 지배주주 간의 협의로 결정하는 것이 원칙이지만, 협의가 이루어지지 아니한 경우에는 매수청구를 받은 지배주주 또는 매수청구를 한 소수주주는 법원에 대하여 매매가액의 결정을 청구할 수 있다.

9. 회사 해산명령

1) 의의

해산명령이란 회사가 공익상 회사의 존속이 허용될 수 없는 경우에 법원이 이해관계인이나 검사의 청구에 의하여 또는 직권으로 회사의 해산을 명할 수 있는 것이다(상법 제176조).

2) 해산명령사유

(1) 회사의 설립목적이 불법한 것인 때

(2) 회사가 정당한 사유 없이 설립 후 1년 내에 영업을 개시하지 아니하거나 1년 이상 영업을 휴지하는 때

(3) 이사 또는 회사의 업무를 집행하는 사원이 법령 또는 정관에 위반하여 회사의 존속을 허용할 수 없는 행위를 한 때

3) 관할법원

회사의 본점 소재지의 지방법원 합의부가 관할한다.

4) 신청절차

(1) 신청인

법원은 이해관계인이나 검사의 청구에 의하여 또는 직권으로 해산을 명할 수 있다(상법 제176조 제1항).

(2) 신청방식

특별규정이 없으므로 비송사건절차법 일반원칙에 의한다.

5) 심리 및 재판

(1) 공고

법원은 신청을 받으면 지체 없이 그 사실을 관보에 공고하여야 한다.

(2) 회사재산의 보전처분

청구가 있는 때에는 법원은 폐쇄를 명하기 전일지라도 이해관계인이나 검사의 청구에 의하여 또는 직권으로 관리인의 선임, 기타 회사재산의 보전에 필요한 처분을 할 수 있다.

(3) 해산명령청구자의 담보제공

회사는 이해관계인이 해산명령을 청구하는 경우 법원에 대하여 이해관계인에게 상당한 담보를 제공할 것을 청구할 수 있고, 법원은 회사의 청구에 의하여 상당한 담보를 제공할 것을 명할 수 있다. 이때 회사가 담보제공청구를 함에는 이해관계인의 청구가 악의임을 소명하여야 한다.

(4) 이해관계인의 심문과 검사의 의견청취

법원은 재판을 하기 전에 이해관계인의 진술과 검사의 의견을 들어야 한다.

(5) 재판

재판은 이유를 붙인 결정으로써 하여야 한다.

6) 불복방법

해산명령에 대하여 회사, 이해관계인 및 검사는 즉시항고를 할 수 있다. 이 경우 항고는 집행정지의 효력이 있다.

7) 비용부담

법원이 직권으로 재판을 하였거나 신청에 상응한 재판을 한 경우 비용은 회사가 부담한다.

8) 해산재판의 확정과 등기촉탁

회사의 해산을 명한 재판이 확정되면 법원은 회사의 본점 소재지의 등기소에 그 등기를 촉탁하여야 한다.

10. 외국회사 영업소의 폐쇄명령

1) 의의

외국회사는 우리 상법이 아닌 외국법에 의하여 설립되기 때문에 우리 상법의 해산명령을 하여 법인격을 박탈할 수는 없다. 따라서 외국회사에 대해서는 회사의 해산명령(상법 제176조)에 갈음하여 영업소 폐쇄명령제도를 두고 있다.

2) 관할법원

폐쇄를 명하게 될 외국회사 영업소 소재지의 지방법원이 관할한다.

3) 신청절차

(1) 신청인

이해관계인 또는 검사의 신청에 의한다. 법원이 직권으로 할 수 없다는 점에서 해산명령과 차이가 있다.

(2) 신청방식

비송사건절차의 일반원칙에 의한다.

4) 심리 및 재판

(1) 공고

법원은 신청을 받으면 지체 없이 그 사실을 관보에 공고하여야 한다.

(2) 영업소 재산의 보전처분

청구가 있는 때에는 법원은 폐쇄를 명하기 전일지라도 이해관계인이나 검사의 청구에 의하여 또는 직권으로 관리인의 선임, 기타 영업소 재산의 보전에 필요한 처분을 할 수 있다.

(3) 담보제공

영업소는 이해관계인이 폐쇄명령을 청구하는 경우 법원에 대하여 이해관계인에게 상당한 담보를 제공할 것을 청구할 수 있고, 법원은 영업소의 청구에 의하여 상당한 담보를 제공할 것을 명할 수 있다. 이때 영업소가 담보제공청구를 하기 위해 이해관계인의 청구가 악의임을 소명하여야 한다.

(4) 이해관계인의 심문과 검사의 의견청취

법원은 재판을 하기 전에 이해관계인의 진술과 검사의 의견을 들어야 한다.

(5) 재판

재판은 이유를 붙인 결정으로써 하여야 한다.

5) 불복방법

폐쇄명령에 대하여 영업소, 이해관계인 및 검사는 법 제90조에 따른 재판에 대하여 즉시항고를 할 수 있다. 신청을 인용한 결정에 대해서는 영업소가, 청구를 기각이나 각하한 결정에 대해서는 신청인이 한다. 이 경우 즉시항고는 집행정지의 효력이 있다.

6) 비용부담

법원이 신청에 상응한 재판을 한 경우에는 비용은 영업소가 부담한다.

7) 등기

영업소의 폐쇄를 명한 재판이 확정되면 법원은 외국회사 영업소 소재지의 등기소에 그 등기를 촉탁하여야 한다.

Chapter

15 상사(商事)비송사건 - 사채에 관한 사건

第109조【관할법원】「상법」 제439조 제3항(그 준용규정을 포함한다), 제481조, 제482조, 제483조 제2항, 제491조 제3항, 제496조 및 제507조 제1항에 따른 사건은 사채를 발행한 회사의 본점 소재지의 지방법원 합의부가 관할한다.

第110조【사채모집의 수탁회사에 관한 재판】 ①「상법」 제481조에 따른 허가신청, 같은 법 제482조에 따른 해임청구 또는 같은 법 제483조 제2항에 따른 선임청구에 대한 재판은 이해관계인의 의견을 들은 후 이유를 붙인 결정으로써 하여야 한다.
② 신청 및 청구를 인용한 재판에 대하여는 불복신청을 할 수 없다.
③ 신청 및 청구를 인용하지 아니한 재판에 대하여는 즉시항고를 할 수 있다.

第112조【사채권자집회의 소집 허가신청】「상법」 제491조 제3항에 따른 허가신청에 관하여는 제80조 및 제81조를 준용한다.

第113조【사채권자집회의 결의 인가청구】 ①「상법」 제496조에 따른 결의의 인가를 청구하는 경우에는 의사록(議事錄)을 제출하여야 한다.
② 제1항에 따른 청구가 있는 경우에는 제78조, 제85조 제3항 및 제110조 제1항을 준용한다.

第114조【사채모집 위탁의 보수 등 부담 허가신청】 ①「상법」 제507조 제1항에 따른 허가신청은 사채모집을 위탁받은 회사, 대표자 또는 집행자가 하여야 한다.
② 제1항에 따른 신청이 있는 경우에는 제113조 제2항을 준용한다.

第115조【사채권자 이의기간 연장의 신청】「상법」 제439조 제3항(「상법」 제530조 제2항에서 준용하는 경우를 포함한다)에 따른 기간의 연장 허가신청이 있는 경우에는 제110조를 준용한다.

第116조【검사의 불참여】 이 장의 절차에 관하여는 제15조를 적용하지 아니한다.

Chapter

16 상사(商事)비송사건 - 회사의 청산에 관한 사건

제117조 【관할법원】 ① 합명회사와 합자회사의 청산에 관한 사건은 회사의 본점 소재지의 지방법원이 관할한다.
② 주식회사와 유한회사의 청산에 관한 사건은 회사의 본점 소재지의 지방법원 합의부가 관할한다.
제118조 【법원의 감독】 ① 회사의 청산은 법원의 감독을 받는다.
② 법원은 회사의 업무를 감독하는 관청에 의견의 진술을 요청하거나 조사를 촉탁할 수 있다.
③ 회사의 업무를 감독하는 관청은 법원에 그 회사의 청산에 관한 의견을 진술할 수 있다.
제119조 【청산인의 선임 · 해임 등의 재판】 청산인의 선임 또는 해임의 재판에 대하여는 불복신청을 할 수 없다.
제120조 【청산인의 업무대행자】 주식회사와 유한회사의 청산인에 관하여는 제84조 및 제85조를 준용한다.
제121조 【청산인의 결격사유】 다음 각 호의 어느 하나에 해당하는 자는 청산인으로 선임될 수 없다.
1. 미성년자
2. 피성년후견인
3. 자격이 정지되거나 상실된 자
4. 법원에서 해임된 청산인
5. 파산선고를 받은 자

제123조 【청산인의 보수】 법원이 청산인을 선임한 경우에는 제77조 및 제78조를 준용한다.
제124조 【감정인의 선임 비용】 법원이 「상법」 제259조 제4항 또는 그 준용규정에 따른 감정인을 선임한 경우 그 비용은 회사가 부담한다. 감정인의 소환 및 심문 비용의 경우에도 또한 같다.
제125조 【감정인 선임의 절차 및 재판】 제124조에 따른 감정인의 선임 절차와 재판에 관하여는 제58조 및 제59조를 준용한다.
제126조 【청산인의 변제 허가신청】 「상법」 제536조 제2항 또는 그 준용규정에 따른 허가의 신청에 관하여는 제81조 제1항 및 제82조를 준용한다.
제127조 【서류 보존인 선임의 재판】 「상법」 제541조 제2항 또는 그 준용규정에 따른 서류 보존인 선임의 재판에 대하여는 불복신청을 할 수 없다.
제128조 【외국회사의 영업소 폐쇄 시의 청산절차】 「상법」 제620조에 따른 청산에 관하여는 그 성질상 허용되지 아니하는 경우를 제외하고는 이 장의 규정을 준용한다.

Chapter

17 과태료사건

제247조【과태료사건의 관할】 과태료사건은 다른 법령에 특별한 규정이 있는 경우를 제외하고는 과태료를 부과받을 자의 주소지의 지방법원이 관할한다.

제248조【과태료재판의 절차】 ① 과태료재판은 이유를 붙인 결정으로써 하여야 한다.
② 법원은 재판을 하기 전에 당사자의 진술을 듣고 검사의 의견을 구하여야 한다.
③ 당사자와 검사는 과태료재판에 대하여 즉시항고를 할 수 있다. 이 경우 항고는 집행정지의 효력이 있다.
④ 과태료재판 절차의 비용은 과태료를 부과하는 선고가 있는 경우에는 그 선고를 받은 자가 부담하고, 그 밖의 경우에는 국고에서 부담한다.
⑤ 항고법원이 당사자의 신청을 인정하는 재판을 한 경우에는 항고절차의 비용 및 전심에서 당사자가 부담하게 된 비용은 국고에서 부담한다.

제249조【과태료재판의 집행】 ① 과태료재판은 검사의 명령으로써 집행한다. 이 경우 그 명령은 집행력 있는 집행권원과 같은 효력이 있다.
② 과태료재판의 집행절차는 「민사집행법」의 규정에 따른다. 다만, 집행을 하기 전에 재판의 송달은 하지 아니한다.

제250조【약식재판】 ① 법원은 타당하다고 인정할 때에는 당사자의 진술을 듣지 아니하고 과태료재판을 할 수 있다.
② 당사자와 검사는 제1항에 따른 재판의 고지를 받은 날부터 1주일 내에 이의신청을 할 수 있다.
③ 제1항에 따른 재판은 이의신청에 의하여 그 효력을 잃는다.
④ 이의신청이 있는 경우 법원은 당사자의 진술을 듣고 다시 재판하여야 한다.

1. 과태료사건 재판의 적용법령

1) 법원이 처음부터 과태료를 부과하는 경우

사법상·소송법상 의무를 위반하여 과태료를 부과하는 행위에 대해서는 비송사건절차법이 적용된다.

2) 행정청이 일차적으로 과태료를 부과하고 이의제기가 있으면 법원이 부과하는 경우

질서위반행위규제법이 원칙적으로 적용되고 비송사건절차법은 질서위반행위규제법에 위반되지 않는 범위 내에서 보충적으로 적용된다.

2. 관할법원

다른 법령에 특별한 규정이 있는 경우를 제외하고는 과태료를 부과받을 자의 주소지의 지방법원이 관할한다.

3. 절차의 개시

과태료재판절차는 법원 직권으로 개시된다. 따라서 법원이 과태료사건의 존재를 안 경우에 곧바로 재판절차를 개시하면 된다. 관할관청의 통고 또는 통지는 법원의 직권발동을 촉구하는 데에 지나지 아니하므로, 후에 관할관청으로부터 이미 행한 통고 또는 통지의 취하 내지 철회가 있다고 하더라도 그 취하·철회는 비송사건절차법에 의한 법원의 과태료재판을 개시·진행하는 데 장애가 될 수 없다(대법원 1998. 12. 23. 98마2866).

4. 정식재판절차

1) 정식절차의 개념

법원이 과태료재판을 하기 전에 심문기일을 열어 당사자의 진술을 듣고 검사의 의견을 구하는 절차를 거치는 것을 말한다.

2) 당사자의 진술청취

법원은 재판을 하기 전에 당사자의 진술을 듣는다. 당사자의 진술은 서면 또는 말로 한다. 법원은 당사자의 진술을 청취하기 위한 심문기일을 정하고 당사자에게 그 기일을 통지하는 것이 보통이다.

당사자의 진술을 듣도록 하는 것은 당사자에게 진술의 기회를 주어야 한다는 것이므로 일단 심문기일을 정하여 적법하게 통지한 이상 위반자가 출석하지 않거나 서면만을 제출한 경우에는 그대로 심문을 종결하고 결정한다.

3) 검사의 의견청취

과태료사건의 경우 공익과 밀접한 관련이 되기 때문에 검사의 의견을 구하도록 하고 있다.

4) 심문의 공개 여부

과태료재판의 심문은 공개하지 아니하고, 법원은 상당하다고 인정하는 자에게 방청을 허가할 수 있을 뿐이다.

5) 정식재판절차에 대한 불복

당사자와 검사는 정식재판절차에 의한 과태료재판에 대하여 즉시항고할 수 있고, 즉시항고에는 집행정지의 효력이 있다.

6) 항고법원의 심리범위

항고법원의 심리는 항고이유에 제한되지 않으므로 항고법원은 항고이유의 주장 유무에 관계없이 기록에 나타난 자료의 진실 여부를 직권으로 조사하여 심리·판단하여야 한다.

7) 불이익변경금지의 원칙 적용

즉시항고는 불이익변경금지의 원칙이 적용된다.

8) 재항고

항고법원의 결정에 대하여는 재판에 영향을 미친 헌법, 법률, 명령 또는 규칙의 위반을 이유로 드는 때에만 재항고할 수 있다. 따라서 법원이 비송사건절차법에 따라 과태료재판을 함에 있어서는 관계 법령에서 규정하는 과태료 상한의 범위 내에서 그 동기, 위반의 정도, 결과 등 여러 인자를 고려하여 재량으로 그 액수를 정할 수 있고, 원심이 정한 과태료 액수가 법령이 정한 범위 내에서 이루어진 이상 그것이 현저히 부당하여 재량권 남용에 해당되지 않는 한 그 액수가 많다고 다투는 것은 적법한 재항고이유가 될 수 없다(대법원 1998. 12. 23. 98마2866).

5. 약식재판절차

1) 약식절차의 개념

법원이 타당하다고 인정할 때에 당사자의 진술을 듣지 않고 과태료재판을 하는 것을 약식재판이라고 한다.

2) 심리방식

약식절차에 의하는 경우 서면심리에 의한다. 당사자의 진술을 듣지 않거나 검사의 의견을 듣지 않고 재판하더라도 위법한 것은 아니다.

3) 불복절차 – 이의신청

(1) 이의신청의 방식

약식절차에 의한 과태료재판에 대하여 당사자와 검사는 재판의 고지를 받은 날부터 1주일 내에 이의신청을 할 수 있다. 이 경우 약식절차에 의한 과태료재판은 이의신청에 의하여 효력을 잃고, 법원은 당사자의 진술을 듣고 다시 재판하여야 한다.

(2) 이의신청기간

이의신청기간은 재판의 고지를 받은 날부터 일주일 이내이고, 이의신청기간이 도과하면 그 재판은 확정되어 더 이상 다툴 수 없게 된다. 따라서 이의신청기간이 도과된 후에 제기된 이의신청은 부적법하고, 그러한 이의신청은 결정으로 각하한다.

(3) 이의신청의 효력

약식재판은 이의신청에 의하여 그 효력을 잃는다. 이의신청이 있는 때에는 법원은 당사자의 진술을 듣고 다시 재판하여야 한다.

(4) 약식재판에 대한 즉시항고

약식재판에 대한 불복은 이의신청만이 가능하며 당사자의 불복에 대한 의사는 그 제목 여하에 관계없이 이의신청으로 취급한다. 따라서 약식재판에 대하여 즉시항고장을 제출한 경우 그 제목에도 불구하고 이의신청으로 보아 처리하여야 한다.

6. 재판

과태료의 재판은 이유를 붙인 결정으로써 한다.

7. 비용의 부담

1) 과태료의 재판절차의 비용은 과태료를 부과하는 선고가 있는 경우에는 그 선고를 받은 자의 부담으로 하고, 그 외의 경우에는 국고의 부담으로 한다.

2) 항고법원이 당사자의 신청을 인정하는 재판을 한 때에는 항고절차의 비용과 전심에서 당사자의 부담이 된 비용은 국고의 부담으로 한다.

8. 집행

1) 과태료의 재판은 검사의 명령으로써 이를 집행한다. 이 경우 그 명령은 집행력 있는 집행권원과 동일한 효력이 있다.

2) 과태료재판의 집행절차는 민사집행법의 규정에 따른다. 다만, 집행을 하기 전에 재판의 송달은 하지 아니한다.

행정사
이준희 행정사실무법

부록

기출문제 모범답안

2013년 제1회 행정사 2차 기출문제

행정사실무법 모범답안

| 문제 1 | **도시개발사업의 시행자인 A는 개발 구역 내 토지가격을 평가함에 있어 반드시 거쳐야 하는 절차인 토지평가협의회의 심의를 거치지 아니하고 토지가격을 평가하였고, 관할 행정청은 이에 근거하여 환지예정지 지정처분을 내렸다. 처분을 받은 甲은 절차상 하자를 이유로 처분의 취소를 구하는 행정심판을 청구하고자 한다. 그런데 이 처분의 기초가 된 가격평가의 내용은 적정하였을 뿐만 아니라 환지예정지 지정처분을 받은 이해관계인들 중 甲을 제외하고는 아무도 이에 불복하지 않고 있다. 또한 만약 이 처분이 취소될 경우 다른 이해관계인들에 대한 환지예정지 지정처분까지도 변경되어 사실관계가 매우 복잡해짐으로써 사회적 혼란이 발생할 수 있게 된다. 甲의 청구가 인용될 수 있는지에 관하여 논하시오. (40점)**

모범답안

Ⅰ 문제점

甲의 청구가 인용되기 위해서는 甲의 신청이 청구의 적법요건을 갖추고 甲의 주장이 이유 있을 것이 요구된다. 청구의 적법요건과 절차상 하자의 위법성 여부, 그리고 위 처분이 사정재결의 대상이 되는지에 대해서 검토해야 한다.

Ⅱ 청구의 적법요건

행정심판청구가 적법하기 위해서는 다른 법률에 특별한 규정이 없을 것, 행정심판의 대상으로서 처분이나 부작위에 대한 청구일 것, 청구인 적격이 있을 것, 심판청구의 현실적 필요성이 있을 것, 피청구인을 상대로 청구기간 내의 청구일 것, 재심판청구가 아닐 것 등이 요구된다. 사안의 경우 도시개발사업자 A의 가격평가에 따라 관할 행정청의 환지예정지 지정처분이 행해지면 토지소유자의 권리·의무에 영향을 미친다는 점에서 행정심판의 청구는 적법하다.

Ⅲ 처분의 위법성 여부

1. 문제점

사안의 처분은 토지평가협의회의 심의를 거치지 않은 절차상 하자가 존재한다. 이러한 절차상 하자만으로 독자적 위법사유를 인정할 수 있는지와 인정한다면 위법성의 정도에 대한 검토가 필요하다.

2. 절차상 하자

행정절차법은 강행규정인 점, 그리고 신청에 따른 처분이 절차의 위법을 이유로 취소된 경우에도 기속력이 준용된다는 점에서 절차상 하자만으로 독자적 위법사유를 인정하는 것이 타당하다.

사안에서 가격이 적정했다고 하더라도 도시개발사업자의 시행자인 A가 토지평가협의회의 심의를 거치지 아니하고 한 가격결정은 절차상 하자가 존재하여 위법하며, 그 위법성의 정도는 중대·명백설에 따라 취소사유에 해당한다.

Ⅳ 사정재결

1. 의의

심판청구가 이유 있다고 인정하는 경우에도 인용하는 것이 공공복리에 크게 위배된다고 인정할 때에는 그 심판청구를 기각하는 재결을 의미한다.

2. 적용범위

취소심판 및 의무이행심판에만 인정되고, 무효등확인심판은 인정되지 않는다.

3. 요건

(1) 실질적 요건

사정재결은 심판청구를 인용하는 것이 공공복리에 크게 위배된다고 인정하는 때에 한하여 행해질 수 있다.

(2) 형식적 요건

행정심판위원회는 그 재결의 주문에서 그 처분 또는 부작위가 위법 또는 부당함을 명시하여야 한다.

4. 구제방법

행정심판위원회는 사정재결을 함에 있어서, 직접 청구인에 대하여 상당한 구제방법을 취하거나 피청구인에게 상당한 구제방법을 취할 것을 명할 수 있다.

5. 사안의 경우

새로운 환지예정지를 지정하기 위하여 환지계획을 변경할 경우 기존의 처분으로 이미 사실관계를 형성한 다수의 다른 이해관계인들에 대한 환지예정지 지정처분까지도 변경되어 사회적 혼란이 생길 수도 있는 반면, 기존의 처분의 기초가 되는 가격평가의 내용이 적정하였다는 점에서 청구인 甲은 현실적으로 손해를 입었다고 볼 만한 사정도 보이지 않는다. 따라서 처분이 절차상 하자가 있다는 사유만으로 이를 취소하는 것은 현저히 공공복리에 적합하지 아니하므로 사정재결을 하는 것이 타당하다.

Ⅴ 사안의 해결

甲의 행정심판청구는 적법하고, 토지평가협의회의 심의를 거치지 않은 절차상 하자가 존재한다는 점에서 그 주장도 타당하다. 그러나 이러한 절차상 하자를 이유로 처분을 취소하는 경우 기존의 권리나 사실관계가 소급적으로 무효화되어 공공복리에 중대한 영향을 미친다는 점에서 甲의 청구를 기각하는 사정재결이 타당하다.

| 문제 2 | 행정심판위원회의 위원 등의 제척, 기피, 회피를 설명하시오. (20점)

모범답안

Ⅰ 의의

행정심판위원회 위원의 제척・기피・회피란 행정심판의 심리・재결의 공정성을 확보하기 위하여 위원회의 위원을 그 심판으로부터 배제하는 제도를 말한다.

Ⅱ 제척

1. 개념

법정사유가 있으면 법률상 당연히 그 사건에 대한 직무집행에서 배제되는 제도를 말한다.

2. 제척사유

(1) 위원 또는 그 배우자나 배우자이었던 사람이 사건의 당사자이거나 사건에 관하여 공동 권리자 또는 의무자인 경우

(2) 위원이 사건의 당사자와 친족이거나 친족이었던 경우

(3) 위원이 사건에 관하여 증언이나 감정(鑑定)을 한 경우

(4) 위원이 당사자의 대리인으로서 사건에 관여하거나 관여하였던 경우

(5) 위원이 사건의 대상이 된 처분 또는 부작위에 관여한 경우

Ⅲ 기피

당사자는 위원에게 공정한 심리・의결을 기대하기 어려운 사정이 있으면 위원장에게 기피신청을 할 수 있다.

Ⅳ 회피

위원회의 회의에 참석하는 위원이 제척사유 또는 기피사유에 해당되는 것을 알게 되었을 때에는 스스로 그 사건의 심리・의결에서 회피할 수 있다. 이 경우 회피하고자 하는 위원은 위원장에게 그 사유를 소명하여야 한다.

| 문제 3 | 비송사건의 심리방법에 관하여 설명하시오. (20점)

모범답안

Ⅰ 심리

재판에 필요한 사실관계 및 법률관계를 명확히 하기 위하여 법원이 사건을 조사하는 행위를 말한다.

Ⅱ 심리방법

1. 임의적 변론

비송사건의 재판은 판결이 아닌 결정으로써 하므로, 그 심리를 위해 반드시 변론을 열어야 하는 것은 아니다. 임의적 변론절차에서는 변론이 열려도 반드시 기일에 출석하여 말로 진술하여야 하는 것은 아니며, 서면으로 제출해도 된다.

2. 임의적 심문

비송사건절차에서 심문은 임의적이다. 다만 비송사건 중 재판 전에 관계인의 의견 또는 진술을 듣도록 규정하고 있는 경우에는 그 의견이나 진술을 반드시 들어야 한다.

재판 전에 이해관계인의 의견 또는 진술을 듣도록 규정하고 있는 경우에도 이해관계인 중 일부에 대하여 진술 기회를 부여하였다면, 그와 이해관계를 달리하는 관계인 모두에게 각각의 진술 기회를 주어야 하는 것은 아니다.

3. 비공개주의

비송사건의 심문은 공개하지 아니하며, 다만 법원은 심문을 공개함이 적정하다고 인정하는 자에게는 방청을 허가할 수 있다.

4. 조서의 작성

법원사무관 등은 증인 또는 감정인의 심문에 관하여는 필요적으로 조서를 작성하여야 하고, 그 밖의 심문에 관하여는 필요하다고 인정하는 경우에만 조서를 작성한다.

| 문제 4 | 재판상의 대위에 관한 사건을 설명하시오. (20점)

모범답안

Ⅰ 비송사건의 의의

비송사건이란 사권 관계의 발생 · 변경 · 소멸에 관하여 법원이 후견적 입장에서 관여하는 사건을 말한다.

Ⅱ 재판상의 대위에 관한 사건

채권자대위권은 채권자가 자기 채권을 보전하기 위하여 채무자의 권리를 대신 행사하는 것을 말한다. 민법은 채권의 기한이 도래하기 전에 채권자대위권을 행사하기 위해서는 보존행위를 제외하고는 법원의 허가에 의하도록 하고 있다.

Ⅲ 절차

1. 관할

재판상의 대위는 채무자의 보통재판적이 있는 곳의 지방법원이 관할한다.

2. 신청인

채권자의 신청으로 개시한다.

3. 신청방식

일반원칙에 따라 서면 또는 말로 한다.

4. 심리 및 재판

(1) 심리는 공개하며, 검사의 참여는 금지된다.
(2) 채권자와 변제자를 심문하여야 한다.
(3) 법원은 직권으로 사실의 탐지와 증거조사를 하여야 한다.
(4) 재판은 결정으로써 하며, 이유를 붙이지 않는다.
(5) 법원은 대위의 신청이 이유 있다고 인정한 경우 담보를 제공하게 하거나 제공하게 하지 아니하고 허가할 수 있다.
(6) 대위의 신청을 허가한 재판은 직권으로 채무자에게 고지하여야 한다. 고지를 받은 채무자는 그 권리를 처분할 수 없다.

Ⅳ 불복절차

1. 항고권자

대위의 신청을 각하한 재판에 대하여는 신청인인 채권자가 즉시항고를 할 수 있다. 그리고 대위의 신청을 허가한 재판에 대하여는 채무자가 즉시항고를 할 수 있다.

2. 집행정지효 부정

즉시항고는 집행정지의 효력이 없으므로, 채무자의 즉시항고가 있더라도 채권자는 대위권을 행사할 수 있다.

3. 항고기간의 기산점

항고의 기간은 채무자가 재판의 고지를 받은 날부터 기산한다.

Ⅴ 항고비용의 부담

채무자의 항고가 이유가 있으면 그 비용은 신청인이 부담하고, 항고가 이유 없으면 채무자의 부담으로 한다.

2014년 제2회 행정사 2차 기출문제

행정사실무법 모범답안

| 문제 1 | 甲은 운전면허취소사유에 해당하는 혈중알콜농도 0.15%인 상태로 운전하다가 경찰관 乙에게 적발되었다. 乙은 운전면허취소권자인 관할 지방경찰청장에게 甲에 대한 운전면허취소의 행정처분을 의뢰하였다. 한편 乙과 함께 근무하는 순경의 전산입력 착오로 甲은 운전면허정지 대상자로 분류되어 관할 경찰서장은 2014. 7. 20. 운전면허정지처분을 하였고, 甲은 운전면허증을 반납하였다. 이후 乙의 의뢰를 받은 관할 지방경찰청장은 2014. 8. 27. 甲의 운전면허를 취소하는 처분을 하였다. 甲은 운전면허취소처분의 취소를 구하는 행정심판을 청구하면서 자신은 운전면허정지처분을 신뢰하였으며, 그 신뢰는 보호되어야 한다고 주장한다. 甲의 청구가 인용될 수 있는지에 대하여 논하시오. (40점)

모범답안

Ⅰ 문제의 소재

甲의 청구가 인용되기 위해서는 행정심판청구가 청구요건을 충족하고 있어야 하고, 청구인의 주장이 타당하여야 한다. 따라서 심판청구가 청구의 적법 여부와 청구인 甲이 당해 처분을 신뢰하였다는 점에서 신뢰보호의 원칙에 대한 검토가 필요하다.

Ⅱ 청구의 적법 여부

1. 행정심판청구요건

행정심판청구가 적법하기 위해서는 다른 법률에 특별한 규정이 없을 것, 행정심판의 대상으로서 처분이나 부작위에 대한 청구일 것, 청구인 적격이 있을 것, 심판청구의 현실적 필요성이 있을 것, 피청구인을 상대로 청구기간 내의 청구일 것, 재심판청구가 아닐 것 등이 요구된다.

2. 청구인 적격

취소심판의 청구는 처분의 취소 또는 변경을 구할 법률상 이익이 있는 자가 제기할 수 있다. 사안의 경우 甲은 침익적 처분의 직접 상대방으로 도로교통법상 처분의 취소를 구할 법률상 이익이 있다.

3. 대상적격

행정심판은 처분 또는 부작위를 대상으로 한다. 처분이란 행정청이 행하는 구체적 사실에 관한 법집행으로서의 공권력의 행사 또는 그 거부, 그 밖에 이에 준하는 행정작용을 말한다.

사안에서 운전면허가 취소되면 운전을 할 권리가 소멸한다는 점에서 甲의 권리·의무에 영향을 미치므로 처분에 해당한다.

4. 피청구인 적격

피청구인 적격을 가지는 자는 처분 등을 행한 행정청, 즉 처분청이 됨이 원칙이다. 이때 처분청이란 국가 또는 공공단체의 의사를 결정하여 외부적으로 표시할 수 있는 기관을 말한다.

사안의 경우 운전면허취소처분은 관할 지방경찰청장의 명의로 한 것이므로 관할 지방경찰청장을 상대로 행정심판을 제기해야 한다.

5. 사안의 적용

甲은 처분의 직접 상대방으로 처분의 취소를 구할 법률상 이익이 있고, 운전면허취소처분은 甲의 권리·의무에 영향을 미치므로 처분에 해당함에 의문이 없다는 점에서 운전면허취소처분을 한 관할 지방경찰청장을 상대로 제기하였다면 행정심판은 적법하다.

Ⅲ 신뢰보호의 원칙

1. 의의 및 근거

행정청은 공익 또는 제3자의 이익을 현저히 해칠 우려가 있는 경우를 제외하고는 행정에 대한 국민의 정당하고 합리적인 신뢰를 보호하여야 한다. 이는 행정기본법 제12조를 근거로 한다.

2. 신뢰보호원칙의 성립요건

(1) 행정청의 개인에 대한 공적 견해표명

(2) 공적 견해표명에 대한 개인의 보호가치 있는 신뢰

(3) 신뢰로 인한 개인의 행위

(4) 공적 견해표명에 반하는 행정청의 처분

(5) 그 견해표명에 따른 행정처분을 할 경우 이로 인하여 공익 또는 제3자의 정당한 이익을 현저히 해할 우려가 있는 경우가 아니어야 한다.

3. 사안의 적용

행정청의 공적 견해표명은 행정조직법상의 형식적인 권한분장에 구애될 것이 아니라 상대방의 신뢰가능성에 비추어 실질에 의해서 판단되어야 한다. 따라서 사안에서 관할 경찰서장의 운전면허정지처분은 선행조치에 해당한다. 또한 甲은 그 면허정지처분이 효력을 발생함으로써 그 처분의 존속에 대한 신뢰가 이미 형성되었다 할 것이고, 동일한 사유에 관하여 보다 무거운 면허취소처분을 하기 위하여 이미 행하여진 가벼운 면허정지처분을 취소하는 것은 선행처분에 대한 당사자의 신뢰를 침해한다. 따라서 관할 지방경찰청장이 행한 운전면허취소처분이 신뢰에 반하여 위법하다는 甲의 주장은 타당하다.

Ⅳ 사안의 해결

처분의 직접 상대방인 甲이 관할 지방경찰청장의 운전면허취소처분을 상대로 행정심판을 제기한 점에서 청구요건을 갖추었고, 甲이 운전면허정지처분에 대한 정당한 신뢰를 하였음에도 이에 반하여 관할 지방경찰청장이 운전면허취소처분을 한 것은 신뢰보호의 원칙에 반하여 위법하다. 따라서 甲의 청구는 인용되어야 한다.

| 문제 2 | 행정사법상 행정사의 업무정지사유와 업무정지처분효과의 승계에 대하여 설명하시오. (20점)

모범답안

Ⅰ 업무의 정지

1. 절차

행정사사무소의 소재지를 관할하는 시장 등은 6개월의 범위에서 기간을 정하여 업무의 정지를 명할 수 있다. 단, 업무정지처분은 그 사유가 발생한 날부터 3년이 지나면 할 수 없다.

2. 업무정지사유

(1) 행정사가 두 개 이상의 사무실을 설치한 경우

(2) 행정사합동사무소를 구성하는 행정사 또는 법인구성원이 상근하지 아니한 경우

(3) 휴업신고를 하지 아니한 경우

(4) 위임인으로부터 보수 외에 금전 또는 재산상 이익이나 그 밖의 반대급부를 받은 경우

(5) 소속행정사 및 법인구성원이 따로 사무소를 둔 경우

(6) 감독상 명령에 따른 보고 또는 업무처리부 자료제출 등의 명령에 따르지 아니하거나 검사 또는 질문을 거부·방해 또는 기피한 경우

3. 자격취소

행정안전부장관은 업무정지처분을 받고 그 업무정지 기간에 행정사 업무를 한 경우 그 자격을 취소하여야 한다.

Ⅱ 업무정지처분효과의 승계

1. 지위승계

폐업신고를 한 후 업무를 다시 시작하는 신고를 한 행정사 또는 행정사법인은 폐업신고 전 행정사 또는 행정사법인의 지위를 승계한다.

2. 처분승계

폐업신고 전의 행정사 또는 행정사법인에 대하여 업무의 정지에 해당하는 위반행위를 사유로 한 행정처분의 효과는 그 처분일부터 1년간 업무를 다시 시작하는 신고를 한 행정사 또는 행정사법인에게 승계된다.

3. 위반행위승계

업무를 다시 시작하는 신고를 한 행정사 또는 행정사법인에 대하여 폐업신고 전 행정사 또는 행정사법인의 업무의 정지에 해당하는 위반행위를 사유로 행정처분을 할 수 있다. 이 경우에는 폐업한 기간과 폐업의 사유 등을 고려하여 업무정지의 기간을 정하여야 한다. 다만, 폐업신고를 한 날부터 업무를 다시 시작하는 신고를 한 날까지의 기간이 1년을 넘은 경우는 그러하지 아니하다.

| 문제 3 | 비송사건절차의 종료 사유에 대하여 설명하시오. (20점)

모범답안

Ⅰ 종국재판에 의한 종료

1. 보통항고

재판의 고지와 동시에 당해 심급의 절차가 종료된다.

2. 즉시항고

즉시항고는 불복신청기간을 재판이 고지된 날부터 1주일을 불변기간으로 제한하고 있으며, 원칙적으로 확정차단효가 있다. 따라서 재판이 고지된 날부터 1주일이 경과하면 절차가 종료된다.

Ⅱ 당사자의 행위에 의한 종료

1. 신청취하

(1) 당사자의 신청에 의해서만 절차가 개시되는 경우에는 재판이 있을 때까지는 자유로이 취하할 수 있다.

(2) 법원이 직권으로 절차를 개시하는 사건은 취하의 관념을 인정할 수 없다. 따라서 당사자의 신청 또는 법원의 직권으로 개시되는 사건의 경우, 당사자의 신청으로 절차가 개시된 경우에 해당하더라도 재판의 공익성에 비추어 신청의 취하가 인정되지 않는다.

2. 신청포기

신청의 포기가 인정되지 않는다.

Ⅲ 당사자 사망에 의한 종료

권리가 상속의 대상인 경우 상속인이 절차를 승계하게 된다. 그러나 그 권리가 상속의 대상이 아닌 일신전속적인 것이라면 절차는 당사자의 사망으로 종료하게 된다.

| 문제 4 | 비송사건절차법상 과태료 재판에 대한 불복방법을 설명하시오. (20점)

모범답안

Ⅰ 정식절차에 의하는 경우

1. 절차 진행

법원은 재판을 하기 전에 당사자의 진술을 듣고 검사의 의견을 구하여야 한다.

2. 즉시항고

당사자와 검사는 과태료재판에 대하여 즉시항고를 할 수 있다. 이 경우 항고는 집행정지의 효력이 있다. 항고심에서는 불이익변경금지의 원칙이 적용된다.

Ⅱ 약식절차에 의하는 경우

1. 절차 진행

법원은 타당하다고 인정할 때에는 당사자의 진술을 듣지 않고 과태료의 재판을 할 수 있다.

2. 이의신청

(1) 당사자와 검사는 재판의 고지를 받은 날부터 1주일 내에 이의신청을 할 수 있다.

(2) 약식재판은 이의신청에 의하여 그 효력을 잃는다. 따라서 법원은 당사자의 진술을 듣고 다시 재판하여야 한다.

(3) 약식재판에 대한 불복은 이의신청만이 가능하며 즉시항고는 허용되지 않는다. 따라서 당사자의 불복에 대한 의사는 그 제목 여하에 관계없이 이의신청으로 취급한다.

2015년 제3회 행정사 2차 기출문제

행정사실무법 모범답안

| 문제 1 | A시는 2014. 5. 30. 구(舊) 도심지의 도시재생사업을 수행할 사업자를 공모하였다. 이 공모에는 甲, 乙, 丙 3개 업체가 지원하였다. 공모심사 결과, 乙이 사업자로 선정되고 甲과 丙은 탈락하였다. 甲은 2015. 5. 4. 乙이 해당 사업을 시행할 능력이 부족하고 사업자 선정과정도 공정하지 못하였다고 주장하면서, A시장에게 ① 심사위원별 평가점수, ② 심사위원 인적 사항 및 ③ 乙업체의 재정상태와 사업실적의 정보공개를 청구하였다. 그런데 A시장은 2015. 5. 18. 위 청구 중 ③에 관한 정보를 보유하고 있지 않으며, ①과 ②에 관한 정보는 비공개대상이라는 사유로 공개를 거부하고, 같은 날 이를 甲에게 통지하였다. 甲은 A시장의 정보공개거부처분의 위법 · 부당함을 주장하면서 이의신청을 하였으나 2015. 6. 15. 기각결정서를 송달받았다. 이에 甲은 2015. 8. 31. A시장을 상대로 관할 행정심판위원회에 정보공개거부처분의 취소를 구하는 행정심판을 청구하였다. 위 행정심판 청구요건의 적법 여부 및 A시장의 정보공개거부처분의 적법 여부에 관하여 논하시오. (40점)

모범답안

Ⅰ 문제의 소재

행정심판청구가 적법하기 위해서는 다른 법률에 특별한 규정이 없을 것, 행정심판의 대상으로서 처분이나 부작위에 대한 청구일 것, 청구인 적격이 있을 것, 심판청구의 현실적 필요성이 있을 것, 피청구인을 상대로 청구기간 내의 청구일 것, 재심판청구가 아닐 것 등이 요구된다.

그리고 A시장의 정보공개거부처분의 적법 여부에 대해서는 ① 심사위원별 평가점수, ② 심사위원 인적사항, ③ 乙업체의 재정상태와 사업실적이 비공개대상인지 검토하여야 한다.

Ⅱ 취소심판청구의 적법 여부

1. 심판청구의 형식

판례는 당사자의 신청을 거부하는 처분을 취소하는 재결이 있는 경우에는 행정청은 그 재결의 취지에 따라 이전의 신청에 대한 처분을 하여야 한다고 하여 거부처분의 취소를 인정하고 있으며 행정심판법 역시 제49조 제2항에서 거부처분취소심판을 인정하고 있다.

사안의 경우 甲이 A시장의 비공개결정에 대해 거부처분취소심판을 제기한 것은 적법하다.

2. 대상적격

비공개결정이 취소심판의 대상이 되는 거부처분에 해당하려면 ① 신청의 내용이 공권력의 행사 또는 이에 준하는 행정작용이어야 하고 ② 신청인의 법률관계에 직접 영향을 미치는 것이어야 하며 ③ 신청인에게 특정행위를 요구할 수 있는 법규상 또는 조리상 신청권이 있어야만 한다.

공공기관의 정보공개에 관한 법률상 모든 국민은 정보공개청구권을 가지며, 이는 헌법상 기본권인 알 권리를 근거로 한다. 따라서 A시장의 비공개결정은 거부처분취소심판의 대상이다.

3. 청구인 적격

정보공개청구권은 법률상 보호되는 구체적 이익이므로 정보공개청구권이 있는 자는 개인적인 이해관계와 관계없이 공개거부로 인해 그 권리를 침해받는 것이므로 당연히 공개거부를 다툴 청구인 적격이 있다.

다만, 공공기관이 그 정보를 보유 · 관리하고 있지 아니한 경우에는 비공개대상정보에 해당하여 정보공개거부처분의 취소를 구할 법률상의 이익이 없다.

따라서 사안에서 A시장의 비공개결정 중 "乙업체의 재정상태와 사업실적"에 대한 甲의 청구는 보유하고 있지 않은 정보에 대한 청구로서 청구이익이 없다.

4. 청구기간

행정심판은 처분이 있음을 알게 된 날부터 90일 이내, 처분이 있었던 날부터 180일 이내에 청구하여야 한다. 다만, 이의신청에 대한 결과를 통지받은 후 행정심판을 제기하려는 자는 그 결과를 통지받은 날부터 90일 이내에 행정심판을 제기할 수 있다.

따라서 甲은 이의신청 기각결정서를 송달받은 날부터 90일 이내에 행정심판을 청구하였으므로 甲의 심판청구는 적법하다.

Ⅲ A시장의 정보공개거부처분의 적법 여부

1. 심사위원별 평가점수

공모심사 결과에 대한 대외적 공표행위가 있은 후에는 의사결정 과정이나 내부 검토 과정에 있는 사항이라고 할 수 없고 심사위원별 평가점수를 공개하더라도 업무의 공정한 수행에 지장을 초래할 염려가 없다. 따라서 乙이 사업자로 선정되었음에도 불구하고 A시장이 심사위원별 평가점수에 대해 비공개하는 것은 위법하다.

2. 심사위원 인적사항

심사위원의 인적사항은 개인정보에 해당하고, A시장이 심사위원의 인적사항에 대해 비공개결정을 한 것은 적법하다.

3. 乙업체의 재정상태와 사업실적

공개청구의 대상이 되는 정보란 공공기관이 직무상 작성 또는 취득하여 현재 보유·관리하고 있는 문서이다. 사안에서 乙업체의 재정상태와 사업실적은 A시가 보유하고 있지 않은 정보이므로 A시장의 공개거부는 적법하다.

Ⅳ 사안의 해결

A시장의 심사위원 인적사항 및 乙업체의 재정상태와 사업실적에 대한 정보공개거부처분은 적법하다. 그러나 심사위원별 평가점수는 공개대상정보에 해당한다. 따라서 심사위원별 평가점수만을 분리하여 공개가 가능함에도 불구하고 甲의 공개청구에 대하여 전부를 비공개한 것은 부적법하다. A시장의 정보공개거부처분에 대한 甲의 취소심판은 일부취소재결이 타당하다.

| 문제 2 | 비송사건절차에서 항고의 의의 및 종류에 관하여 설명하시오. (20점)

모범답안

Ⅰ 항고의 의의

비송사건절차에서 항고란 하급법원의 결정에 대하여 그 취소·변경을 상급법원에 구하는 불복신청을 말한다.

Ⅱ 항고의 종류

1. 보통항고

보통항고는 기간의 제한이 없는 항고로서 신청의 이익이 있는 한 언제든지 제기할 수 있다. 비송사건에서의 항고는 보통항고가 원칙이다.

2. 즉시항고

즉시항고는 기간의 제한이 있는 항고로서 법률에 즉시항고를 할 수 있다는 개별적 규정이 있어야만 제기할 수 있다. 고지일로부터 1주일 이내에 즉시항고를 제기하여야 하며, 그 기간은 불변기간이다.

3. 재항고

재항고는 최초의 항고법원의 결정이나 고등법원의 결정에 대하여 대법원에 다시 불복하는 절차이다.

4. 특별항고

불복할 수 없는 결정에 대하여 재판에 영향을 미친 헌법의 위반이 있거나, 재판의 전제가 된 명령·규칙·처분의 헌법 또는 법률의 위반 여부에 대한 판단이 부당하다는 것을 이유로 하는 때에만 대법원에 특별항고를 할 수 있다. 특별항고는 재판이 고지된 날부터 1주 이내에 하여야 하며, 기간은 불변기간으로 한다.

| 문제 3 | 비송사건 관할에 관한 다음 물음에 답하시오. (20점)

물음 1) '토지관할'과 '우선관할 및 이송'에 관하여 설명하시오. (15점)

물음 2) 관할법원의 지정에 관하여 설명하시오. (5점)

모범답안

물음 1) (15점)

Ⅰ 토지관할

1. 개념

소재지를 달리하는 같은 종류의 법원 사이에 제1심 사건의 분담관계를 정해놓은 것을 토지관할이라고 한다.

2. 비송사건의 경우

비송사건절차법은 토지관할에 대한 일반규정은 없으며, 각각의 사건마다 당사자와 법원의 편의를 고려하여 개별적으로 토지관할을 규정하고 있다.

3. 토지관할이 주소에 의하여 정하여질 경우

(1) 대한민국에 주소가 없을 때 또는 대한민국 내의 주소를 알지 못할 때에는 거소지의 지방법원이 사건을 관할한다.

(2) 거소가 없을 때 또는 거소를 알지 못할 때에는 마지막 주소지의 지방법원이 사건을 관할한다.

(3) 마지막 주소가 없을 때 또는 그 주소를 알지 못할 때에는 재산이 있는 곳 또는 대법원이 있는 곳을 관할하는 지방법원이 사건을 관할한다.

부록

Ⅱ 우선관할 및 이송

1. 우선관할

관할법원이 여러 개인 경우 최초로 사건을 신청받은 법원이 그 사건을 관할한다.

2. 이송

우선관할권을 가진 법원은 신청 또는 직권으로 적당하다고 인정하는 다른 법원에 이송할 수 있다.
사건을 이송받은 법원은 이송결정에 따라야 하고, 사건을 이송받은 법원은 사건을 다시 다른 법원에 이송하지 못한다.

물음 2) (5점)

법원의 관할구역이 불분명하거나 관할의 원인이 되는 사실이 명확하지 않은 경우 신청에 의하여 관계 법원의 공통되는 바로 위 상급법원이 관할법원을 정한다.
관할법원의 지정은 결정의 형식으로 하며 관할법원 지정결정에는 불복신청을 할 수 없다. 그러나 관할법원의 지정신청을 각하한 경우에는 항고할 수 있다.

| 문제 4 | 행정사법 제31조(감독상 명령 등)에 따른 '장부 검사'와 제30조(자격의 취소)에 따른 '자격취소'에 관하여 설명하시오. (20점)

모범답안

Ⅰ 감독기관

행정사 또는 행정사법인은 행정안전부장관 또는 사무소의 소재지(행정사합동사무소 또는 행정사법인의 경우에는 주사무소)를 관할하는 시장 등의 감독을 받는다.

Ⅱ 감독상 명령

1. 행정조사

행정사 또는 행정사법인에 대한 감독을 위하여 필요하다고 인정하면 해당 행정사 또는 행정사법인에 대하여 업무에 관한 사항을 보고하게 하거나 자료의 제출 또는 그 밖에 필요한 명령을 할 수 있으며, 소속 공무원으로 하여금 그 사무소에 출입하여 장부 · 서류 등을 검사하거나 질문하게 할 수 있다. 출입 · 검사 등을 하는 공무원은 행정안전부령으로 정하는 증표를 지니고 상대방에게 이를 보여 주어야 한다.

2. 과태료

보고 또는 자료제출을 정당한 사유 없이 하지 아니하거나, 거짓으로 보고 · 자료제출을 하거나, 출입 · 검사를 방해 · 거부 또는 기피한 자에게는 500만 원 이하의 과태료를 부과한다.

3. 업무정지

보고 또는 업무처리부 자료제출 등의 명령에 따르지 아니하거나 검사 또는 질문을 거부 · 방해 또는 기피한 경우 6개월의 범위에서 기간을 정하여 업무의 정지를 명할 수 있다.

Ⅲ 자격의 취소

1. 절차

행정안전부장관은 행정사가 자격취소사유에 해당하는 경우에는 청문 절차를 거쳐 그 자격을 취소하여야 한다.

2. 취소사유

(1) 거짓이나 그 밖의 부정한 방법으로 행정사 자격을 취득한 경우

(2) 신고확인증을 양도하거나 대여한 경우

(3) 업무정지처분을 받고 그 업무정지 기간에 행정사 업무를 한 경우

(4) 행정사법을 위반하여 징역형이 확정된 경우

2016년 제4회 행정사 2차 기출문제

행정사실무법 모범답안

| 문제 1 | 甲은 A행정청이 시행한 국가공무원시험의 1차 객관식시험에 응시하였으나 불합격(이하 '처분'이라 함)하였다. 이 시험은 1차 객관식시험, 2차 주관식시험과 3차 면접시험으로 구성되고, 3차 면접시험에 합격한 경우에 최종합격자가 된다. 또한 3차 면접시험에 응시하기 위해서는 2차 주관식시험에, 2차 주관식시험에 응시하기 위해서는 1차 객관식시험에 각각 합격하여야 한다. 甲은 위 처분에 대하여 행정심판을 청구하였으나, 관할 행정심판위원회가 2차 주관식시험 시행 전까지 재결하지 않을 것에 대비하여 법적 수단을 강구하고자 한다. 甲이 재결 전이라도 2차 주관식시험에 응시하기 위하여 취할 수 있는 행정심판법상 구제수단에는 어떠한 것이 있는지 논하시오. (40점)

모범답안

Ⅰ 문제의 소재

甲이 국가공무원시험의 1차 객관식 시험 불합격 처분에 대해 행정심판을 청구하면서 재결 전이라도 2차 주관식 시험에 응시하기 위한 행정심판법상 구제 수단으로 집행정지와 임시처분을 고려해 볼 수 있다.

Ⅱ 집행정지

1. 의의

처분의 집행 등으로 인하여 중대한 손해가 생길 경우에, 당사자의 권리·이익을 보전하기 위하여 위원회가 처분의 효력이나 그 집행 또는 절차의 속행의 전부 또는 일부를 잠정적으로 정지하는 제도이다.

2. 적극적 요건

(1) 집행정지의 대상인 처분이 존재하여야 한다.

(2) 심판청구가 계속되고 있어야 한다.

(3) 중대한 손해가 생길 우려가 있어야 한다.

(4) 긴급한 필요가 있어야 한다.

3. 소극적 요건

(1) 공공복리에 중대한 영향을 미칠 우려가 없어야 한다.

(2) 본안청구의 이유 없음이 명백하지 않아야 한다.

4. 집행정지결정의 내용

(1) 처분의 효력, 집행, 절차속행의 전부 또는 일부 정지

집행정지결정은 처분의 효력이나 그 집행, 절차의 속행의 전부 또는 그 일부를 정지함을 내용으로 한다.

(2) 처분의 효력정지가 허용되지 않는 경우

처분의 효력정지는 처분의 집행 또는 절차의 속행을 정지함으로써 목적을 달성할 수 있는 경우에는 허용되지 아니한다.

5. 거부처분에 대한 집행정지 가능 여부

거부처분의 경우 처분의 효력, 처분의 집행 또는 절차속행의 전부 또는 일부의 정지를 잠정적으로 결정한다고 하여 신청이 인정되는 것이 아니며 단지 거부처분이 없는 상태로 돌아가는 것에 불과하다는 점에서 집행정지의 실효성이 없다. 또한 행정심판법의 경우 임시처분이라는 집행정지의 보충적 제도가 존재한다. 따라서 거부처분은 집행정지의 대상이 아니라고 보는 것이 타당하다.

Ⅲ 임시처분

1. 의의

임시처분이란 처분 또는 부작위 때문에 당사자가 받을 우려가 있는 중대한 불이익이나 당사자에게 생길 급박한 위험을 막기 위하여 임시지위를 정해야 할 필요가 있는 경우 행정심판위원회가 발하는 가구제 수단을 말한다.

2. 취지

집행정지제도는 소극적인 현상유지적 기능만 있어 잠정적 권리구제 수단으로써 한계가 있다. 이에 임시처분 제도를 도입하여 청구인의 권리를 더욱 두텁게 보호하려는 데 그 취지가 있다.

3. 요건

(1) 심판청구가 계속되고 있어야 한다.

(2) 처분 또는 부작위가 위법·부당하다고 상당히 의심되는 경우여야 한다.

(3) 당사자에게 중대한 불이익이나 급박한 위험이 생길 우려가 있어야 한다.

(4) 공공복리에 중대한 영향을 미칠 우려가 없어야 한다.

4. 집행정지와의 관계(임시처분의 보충성)

임시처분은 집행정지로 목적을 달성할 수 있는 경우에는 허용되지 않는다.

Ⅳ 사안의 해결

본 사안의 처분은 거부처분에 해당하므로 일단 집행정지의 대상은 아니다. 그런데 甲은 적법하게 행정심판을 제기하였고, 시험에 응시하지 못할 경우 중대한 불이익이 예상되며, 시험 전까지 재결이 내려질 가능성이 적어 급박한 위험도 존재한다. 다만, 처분이 위법하다는 상당한 의심이 존재해야 하나 사안의 경우에 명백하지 않다. 따라서 처분이 위법하다는 상당한 의심이 존재한다면 위원회는 甲이 시험에 응시할 수 있도록 임시처분을 결정하여야 할 것이다.

| 문제 2 | 비송사건절차법상 재판의 방식과 고지에 대하여 설명하시오. (20점)

모범답안

Ⅰ 재판의 방식

1. 결정

비송 재판은 결정으로 하며, 이유기재를 생략한다. 그러나 재판의 형식을 이유를 붙인 결정으로 하도록 특별히 규정하고 있는 경우에는 이를 따른다.

2. 재판의 원본

재판의 원본에 판사가 서명날인하여야 한다. 서명날인은 기명날인으로 갈음할 수 있으며, 신청서 또는 조서에 재판에 관한 사항을 기재하고 판사가 이에 서명날인함으로써 원본에 갈음할 수 있다.

3. 재판의 정본과 등본

재판의 정본과 등본에는 법원사무관 등이 기명날인하고, 정본에는 법원인을 찍어야 한다.

Ⅱ 재판의 고지

1. 효력발생요건

재판은 이를 받은 자에게 고지함으로써 효력이 생긴다.

2. 방법

비송사건절차법에 별다른 제한이 없고 법원이 적당하다고 인정하는 방법에 의한다. 다만, 공시송달을 하는 경우에는 민사소송법의 규정에 따라야 한다.

3. 상대방

고지는 재판을 받은 자에게 하여야 한다. 재판을 받은 자란 재판 결과로 자기의 법률관계에 직접 영향을 받는 자로 신청인과는 별개이다.

| 문제 3 | B시의 X지구토지구획정리조합의 조합원인 甲 외 255명은 조합장의 배임행위를 이유로 임시총회 소집을 요구하였으나 조합장이 이에 응하지 않으므로 조합정관의 규정에 따라 법원에 비송사건인 임시총회 소집허가신청을 하였다. 이 절차에서 甲이 영업 중인 행정사 乙에게 소송행위를 대리하게 하였다. 이에 乙이 甲의 대리인으로서 진술하려고 하였으나 법원이 대리행위를 금지하고 퇴정을 명하였다. 법원의 명령이 적법한지 여부와 그 이유를 설명하시오. (20점)

모범답안

Ⅰ 대리인의 자격

사건의 관계인은 소송능력자로 하여금 비송행위를 대리시킬 수 있다.

Ⅱ 대리권의 범위

대리권의 범위는 위임계약에 의해 정해진다. 다만 그 취지가 분명하지 않은 경우에는 대리인은 해당 사건의 모든 행위를 할 수 있으나 신청의 취하, 항고의 제기 및 그 취하에 대해서는 특별수권이 필요하다.

Ⅲ 비송대리가 허용되지 않는 경우

1. 본인출석명령

비송사건에서 대리인이 허용된다 하더라도 법원은 직접 본인의 진술을 들어야 할 필요가 있는 때에는 당사자 본인을 출석하도록 명령할 수 있다. 이때에는 대리가 허용되지 아니하고 본인이 직접 출석하여 진술하여야 한다.

2. 퇴정명령

법원은 변호사가 아닌 자로서 대리를 영업으로 하는 자의 대리를 금하고 퇴정을 명할 수 있다. 이 명령에 대하여는 불복신청을 할 수 없다.

Ⅳ 사안의 적용

본 사안의 경우 당사자인 甲은 영업 중인 행정사 乙에게 임시총회 소집허가라는 비송사건절차에 관하여 대리권을 위임하였다. 변호사가 아닌 자도 비송사건의 대리인으로서 절차에 참여할 수 있으나, 법원도 이에 대한 퇴정명령이 가능하다. 따라서 법원의 명령은 적법하다.

| 문제 4 | 행정사법상 과태료 부과 대상자의 유형 및 내용에 대하여 설명하시오. (20점)

모범답안

Ⅰ 500만 원 이하

1. 행정사 또는 이와 비슷한 명칭을 사용한 자
2. 행정사사무소, 행정사합동사무소 또는 그 분사무소나 행정사법인 또는 그 분사무소와 비슷한 명칭을 사용한 자
3. 손해배상준비금 적립이나 보험가입 등 필요한 조치를 취하지 아니한 행정사법인
4. 정당한 사유 없이 행정안전부장관 또는 사무소의 소재지를 관할하는 시장 등이 행정사에 대한 감독을 위하여 필요하다고 인정하여 요구한 보고 또는 자료제출을 하지 아니하거나, 거짓으로 보고·자료제출을 하거나, 출입·검사를 방해·거부 또는 기피한 자

Ⅱ 100만 원 이하의 과태료

1. 사무소 이전신고를 하지 아니한 자
2. 행정사사무소, 행정사합동사무소 또는 행정사법인이라는 글자를 사용하지 아니하거나 그 분사무소임을 표시하지 아니한 자
3. 업무처리부를 작성하지 아니하거나 거짓으로 작성한 자
4. 연수교육을 받지 아니하고 행정사 업무를 수행한 사람

2017년 제5회 행정사 2차 기출문제

행정사실무법 모범답안

| 문제 1 | 행정사 甲은 "행정사와 그 사무직원은 업무에 관하여 법률이 정한 보수 외에 어떠한 명목으로도 위임인으로부터 금전 또는 재산상의 이익이나 그 밖의 반대급부(反對給付)를 받지 못한다."라는 행정사법의 규정에 위반하는 행위를 하였다는 이유로 관할 행정청인 A시장으로부터 1개월 업무정지처분을 한다는 내용의 처분서를 2017. 5. 1. 송달받았다. 그에 따라 甲은 A시장으로부터 위 처분에 대한 행정심판 고지를 받지 못했다. 甲은 2017. 9. 8. 위 처분에 불복하여 행정심판위원회에 A시장의 업무정지처분의 취소를 구하는 행정심판을 제기하였다. 행정사법 시행규칙 [별표] 업무정지처분 기준에서는 제재처분의 횟수에 따라 제재가 가중되는 것으로 규정하고 있다. 다음 물음에 답하시오. (40점)

물음 1) 甲이 제기한 행정심판은 청구요건을 충족하는가? (30점)

물음 2) 행정심판의 청구요건이 충족되었다고 가정할 경우, A시장은 행정심판 과정에서 처분 시 제시하지 않았던 '甲이 2개의 행정사 사무소를 설치 · 운영하였음'이라는 처분사유를 추가할 수 있는가? (10점)

모범답안

물음 1) (30점)

Ⅰ 문제의 소재

행정심판청구가 적법하기 위해서는 다른 법률에 특별한 규정이 없을 것, 행정심판의 대상으로서 처분이나 부작위에 대한 청구일 것, 청구인 적격이 있을 것, 심판청구의 현실적 필요성이 있을 것, 피청구인을 상대로 청구기간 내의 청구일 것, 재심판청구가 아닐 것 등이 요구된다. 사안의 경우 청구기간 준수 여부와 불고지 효과, 그리고 심판청구의 현실적 필요성에 대하여 검토할 필요가 있다.

Ⅱ 청구기간

1. 원칙

행정심판청구는 원칙적으로 처분이 있음을 알게 된 날로부터 90일 이내, 처분이 있은 날로부터 180일 이내에 제기하여야 한다. 90일은 불변기간에 해당하며, 180일은 불변기간이 아니므로 경과하더라도 그 기간 내에 심판청구를 제기하지 못한 정당한 사유가 있는 경우에는 심판청구를 할 수 있다. 두 기간 중 어느 하나라도 먼저 경과하면 당해 행정심판청구는 부적법한 것으로서 각하된다.

2. 청구기간 불고지의 효과

(1) 고지의무

행정청은 서면에 의한 처분을 하는 경우에 상대방에게 심판청구기간 등 일정한 사항을 알려야 한다.

(2) 불고지

청구기간을 고지하지 않은 경우에는 처분이 있은 날로부터 180일 이내에 행정심판을 청구하면 된다.

3. 甲의 청구기간 준수 여부

갑이 처분을 2017. 5. 1.에 송달받았다면 그날로부터 90일 이내에 제기하여야 함에도 불구하고 송달일인 2017. 5. 1.로부터 90일이 경과한 2017. 9. 8.에 청구를 하였으므로 원칙적으로 청구기간은 도과되었다고 보아야 한다. 그러나 갑은 A시장으로부터 위 처분에 대한 행정심판 가능 여부 고지를 받지 못하였으므로 불고지 효과에 의해 처분이 있은 날로부터 180일 이내에 행정심판을 청구하면 된다. 따라서 갑은 청구기간을 준수하였다.

Ⅲ 심판청구의 현실적 필요성

1. 협의의 청구이익

청구인 적격에서 말하는 법률상 이익을 실제적으로 보호할 필요성을 말한다. 심판은 취소로 인해 구제가 현실적으로 실현될 수 있어야 권리보호의 필요가 존재한다.

2. 협의의 청구이익이 부정되는 경우

처분의 효력이 소멸한 경우, 원상회복이 불가능한 경우, 처분 후의 사정변경이 있는 경우에는 원칙적으로 청구이익이 부정된다.

3. 행정심판법 제13조 제1항 단서

처분의 효과가 기간의 경과, 처분의 집행, 그 밖의 사유로 소멸된 뒤에도 그 처분의 취소로 인하여 회복되는 법률상 이익이 있는 경우에 청구이익을 인정하고 있다.

4. 영업정지 기간 경과 후에 청구의 이익

처분의 효력이 소멸한 후에는 원칙적으로 협의의 청구이익은 인정되지 않는다. 다만 사안의 경우처럼 당해 처분의 존재가 장래의 가중적 제재처분의 요건으로 되어있는 경우에는 그러한 불이익을 제거할 권리보호의 필요성이 인정되므로 예외적으로 청구의 이익이 있다고 본다.

5. 시행규칙에 규정된 가중적 제재처분

제재적 행정처분의 가중사유나 전제조건에 관한 규정이 법령이 아니라 규칙의 형식으로 되어 있다고 하더라도, 관할 행정청이나 담당공무원은 이를 준수할 의무가 있으므로 이들이 그 규칙에 정해진 바에 따라 행정작용을 할 것이 당연히 예견된다. 따라서 상대방이 그 처분의 존재로 인하여 장래에 받을 불이익은 구체적이고 현실적인 것이므로 선행처분을 취소하여 그 불이익을 제거할 필요가 있다.

Ⅳ 사안의 해결

甲은 청구기간 내에 행정심판을 제기하였으며, 심판의 현실적 이익도 있으므로 청구요건을 충족하였다고 본다.

물음 2) (10점)

Ⅰ 처분사유의 추가의 인정 여부

청구인의 권익보호를 위하여 원칙적으로 처분사유의 추가를 허용하지 않는다. 다만, 판례는 처분의 근거로 삼은 사유와 기본적 사실관계의 동일성이 인정되는 범위 내에서 처분시에 존재하였던 사유에 해당한다면 처분사유의 추가를 예외적으로 허용하고 있다.

Ⅱ 사안의 해결

사안의 경우 최초 처분사유와 추가 사유는 전혀 별개의 사정으로서 기본적 사실관계의 동일성이 없다. 따라서 A시장은 甲이 2개의 행정사사무소를 설치·운영하였음이라는 처분사유를 추가할 수 없다.

| 문제 2 | 행정사법상 업무신고와 그 수리거부에 관하여 설명하시오. (20점)

모범답안

Ⅰ 업무신고

행정사 자격이 있는 사람으로서 행정사 업무를 하려는 자는 주된 사무소의 소재지를 관할하는 시장 등에게 행정사업무신고를 하여야 한다. 신고한 사항을 변경할 때도 또한 같다.

Ⅱ 업무신고 기준

1. 결격사유에 해당하지 않을 것
2. 실무교육을 이수했을 것
3. 행정사 자격증이 있을 것
4. 대한행정사회에 가입했을 것

Ⅲ 업무신고의 수리 거부

시장 등은 업무신고 기준을 갖추지 아니한 경우에는 업무신고의 수리를 거부할 수 있다. 이 경우 지체 없이 행정사업무신고의 수리 거부 사실 및 그 사유를 당사자에게 알려야 한다.

Ⅳ 수리 간주

시장 등이 업무신고를 받은 날부터 3개월이 지날 때까지 행정사업무신고확인증을 발급하지 아니하거나 행정사업무신고의 수리 거부 통지를 하지 아니하면 3개월이 되는 날의 다음날에 행정사업무신고가 수리된 것으로 본다.

Ⅴ 이의신청

행정사업무신고의 수리가 거부된 사람은 그 통지를 받은 날부터 3개월 이내에 행정사업무신고의 수리 거부에 대한 불복의 이유를 밝혀 시장 등에게 이의신청을 할 수 있다. 이때 시장 등은 이의신청이 이유 있다고 인정하면 신고확인증을 발급하여야 한다.

Ⅵ 벌칙

업무신고를 하지 아니하고 행정사 업무를 한 자는 1년 이하의 징역 또는 1천만 원 이하의 벌금에 처한다.

| 문제 3 | 법원은 정당한 사유 없이 재판에 증인으로 출석하지 않은 甲에게 약식재판으로 과태료 500만 원을 부과하고, 甲에게 과태료 결정의 고지를 하였다. 甲은 이 고지를 받은 날부터 1주 이내에 즉시항고를 하였다. 이에 법원이 즉시항고에 따른 과태료 재판을 하면서 甲에게 진술기회를 주지 않았다면 그 재판은 적법한지 설명하시오. (20점)

모범답안

Ⅰ 약식재판

법원이 타당하다고 인정하는 경우 당사자의 진술을 듣지 아니하고 행하는 과태료재판을 의미한다.

Ⅱ 약식재판에 대한 불복

1. 당사자와 검사는 재판의 고지를 받은 날부터 1주일 내에 이의신청을 할 수 있다.
2. 약식재판은 이의신청에 의하여 그 효력을 잃는다. 따라서 법원은 당사자의 진술을 듣고 다시 재판하여야 한다.
3. 약식재판에 대한 불복은 이의신청만이 가능하며 즉시항고는 허용되지 않는다. 따라서 당사자의 불복에 대한 의사는 그 제목 여하에 관계없이 이의신청으로 취급한다.

Ⅲ 즉시항고의 방법으로 불복한 경우의 처리

당사자가 비록 즉시항고의 방법으로 불복하여도 이를 이의신청으로 취급한다. 판례도 약식재판에 대하여 즉시항고장을 제출한 경우 그 제목에도 불구하고 이의신청으로 보아 처리하여야 한다고 판시하였다.

Ⅳ 사안의 해결

사안의 경우 갑이 약식재판에 대하여 즉시항고장을 제출하였다고 하더라도 이는 이의신청에 해당하며, 1주일 내에 이의신청을 제기한 것이므로 적법한 불복수단을 행사한 것이다. 따라서 법원은 당사자의 진술을 듣고 다시 재판하여야 하므로 갑에게 진술 기회를 주지 않았다면 그 재판은 위법하다.

| 문제 4 | 비송사건재판의 취소 · 변경을 설명하시오. (20점)

모범답안

Ⅰ 취소 · 변경 자유의 원칙

1심법원은 재판을 한 후에 그 재판이 위법 · 부당하다고 인정할 때 직권으로 이를 취소하거나 변경할 수 있다.

Ⅱ 취소 · 변경의 주체와 시기

1심법원은 항고심이 실체 재판하기 전까지 취소 · 변경할 수 있다.

Ⅲ 취소 · 변경의 제한

1. 신청에 의하여만 재판을 하여야 하는 경우에 신청을 각하한 재판은 신청에 의하지 아니하고는 취소 · 변경할 수 없다.
2. 즉시항고로써 불복할 수 있는 재판은 취소 · 변경할 수 없다.

Ⅳ 사정변경에 의한 취소 · 변경

재판이 원래는 적법 · 정당한 것이었는데도 불구하고 후에 사정변경에 의하여 원래 재판을 유지하는 것이 부당하게 된 경우에도 법원이 이를 취소 · 변경할 수 있다. 대법원은 임시이사 선임사건에서 사정변경에 의한 비송재판의 취소 · 변경을 긍정하였으며, 그 적용 대상은 계속적 법률관계로 한다.

2018년 제6회 행정사 2차 기출문제

행정사실무법 모범답안

| 문제 1 | A시는 영농상 편의를 위해 甲의 토지와 인근 토지에 걸쳐서 이미 형성되어 사용되고 있던 자연발생적 토사구거를 철거하고, 콘크리트 U형 수로관으로 된 구거를 설치하는 공사를 완료하였다. 甲은 A시의 공사가 자신의 토지 약 75m^{2}를 침해하였다는 사실을 발견하게 되었다. 이에 甲은 A시에 자신의 토지 약 75m^{2}에 설치되어 있는 구거를 철거하고 자신의 토지 외의 지역에 새로 구거를 설치해달라는 민원을 제기하였다. 다음 물음에 답하시오. (40점)

물음 1) 甲이 제기한 민원에 대해 A시는 甲이 실제로 해당 구거에 의하여 상당한 영농상의 이득을 향유하고 있으며 구거를 새로 설치하려면 많은 예산이 소요된다는 이유로 甲의 청구를 거부하는 처분을 하였다. 만약 甲이 A시의 거부처분에 대한 취소심판을 제기하여 인용재결을 받았다면, A시는 전혀 다른 사유를 들어 甲의 청구에 대하여 다시 거부처분을 할 수 있는지를 논하시오. (20점)

물음 2) 甲이 민원제기와는 별도로 A시에 대하여 해당 토지에 설치되어 있는 구거의 철거와 새로운 구거의 설치를 요구하는 의무이행심판을 제기하였다면, 甲이 제기한 행정심판의 대상적격과 청구인 적격의 적법 여부에 관하여 논하시오. (20점)

모범답안

물음 1) (20점)

Ⅰ 문제의 소재

甲이 A시의 거부처분에 대한 행정심판에서 인용재결을 받았음에도 A시가 다시 거부하였다면 이 거부처분이 기속력에 위반되는 것은 아닌지에 대하여 검토해 보아야 한다.

Ⅱ 기속력

1. 의의

인용재결시 재결의 취지에 따르도록 구속하는 효력을 말한다.

2. 내용

(1) 반복금지의무(소극적 의무)

동일한 상황하에서 동일한 처분을 반복할 수는 없다.

(2) 재처분의무(적극적 의무)

행정청은 지체 없이 그 재결의 취지에 따른 처분을 하여야 한다.

(3) 결과제거의무

위법 또는 부당으로 판정된 처분에 의하여 초래된 상태를 제거해야 할 원상회복의무가 있다.

3. 범위

(1) **주관적 범위**
기속력은 피청구인인 행정청과 그 밖의 관계 행정청에 미친다.

(2) **객관적 범위**
기속력은 재결의 주문 및 그 전제가 된 요건 사실의 인정과 판단에만 미친다. 따라서 재결에 의하여 취소된 처분과 다른 사유로 처분을 하는 것은 기속력에 저촉되지 않는다. 이때 동일 사유인지 다른 사유인지는 재결에서 판단된 사유와 기본적 사실관계의 동일성이 인정되는지 여부에 따라 판단한다.

(3) **시간적 범위**
기속력은 처분 당시를 기준으로 그 당시까지 존재하였던 처분사유에만 미치고 그 이후에 생긴 사유에는 미치지 않는다.

4. 기속력 위반의 효력

기속력을 위반한 처분은 무효이다.

Ⅲ 사안의 해결

당사자의 신청을 거부한 처분에 대하여 인용재결이 있는 경우에는 행정청은 지체 없이 그 재결의 취지에 따라 다시 이전의 신청에 대한 처분을 하여야 한다. A시가 재차 내린 거부처분은 최초 거부처분과 기본적 사실관계의 동일성이 없는 전혀 다른 거부사유를 들어 거부하였으므로 기속력의 범위에 위반하지 않는 적법한 처분이다.

물음 2) (20점)

Ⅰ 의무이행심판

당사자의 신청에 대한 행정청의 위법 또는 부당한 거부처분이나 부작위에 대하여 일정한 처분을 하도록 하는 행정심판을 말한다.

Ⅱ 대상적격

1. 거부처분

거부행위가 행정처분이 되기 위해서는 ① 신청의 내용이 공권력의 행사 또는 이에 준하는 행정작용이어야 하고, ② 신청인의 법률관계에 직접 영향을 미치는 것이어야 하며, ③ 신청인에게 특정행위를 요구할 수 있는 법규상 또는 조리상 신청권이 있어야만 한다.
신청권 여부는 관계 법규의 해석에 의해 일반 국민에게 신청권을 인정하고 있는지 여부를 추상적으로 결정한다.

2. 부작위

행정청이 당사자의 신청에 대하여 상당한 기간 내에 일정한 처분을 하여야 할 법률상 의무가 있음에도 불구하고 하지 않는 경우에 의무이행심판을 청구할 수 있다.

Ⅲ 청구인 적격

1. 원칙

의무이행심판은 처분을 신청한 자로서 행정청의 거부처분 또는 부작위에 대하여 일정한 처분을 구할 법률상 이익이 있는 자가 청구할 수 있다.

2. 법률상 이익이 있는 자

(1) 법률의 범위

법률은 근거법과 관련법까지 포함한다.

(2) 법률상 이익의 의미

법률상 이익의 의미에 관하여 ① 권리구제설, ② 법률상 이익구제설, ③ 보호가치 있는 이익구제설, ④ 적법성보장설로 견해가 대립되고 있으나, 문자 그대로 법률상 보호되는 이익으로 보는 것이 일반적이다.

(3) 법률상 이익이 있는 자

당해 처분의 근거 법규 및 관련 법규에 의하여 보호되는 개별적 · 직접적 · 구체적 이익이 있는 자를 의미한다.

Ⅳ 甲의 행정심판청구의 적법 여부

의무이행심판의 경우 신청에 대한 거부와 부작위를 그 대상으로 하며, 처분을 신청한 자로서 거부와 부작위에 대한 법률상 이익이 있는 자가 청구한다. 그러나 본 사안의 경우 민원제기와 별도로 의무이행심판을 제기하였으므로 민원신청에 대한 거부와 부작위가 현재 없는 상태이다. 따라서 대상적격과 청구인 적격이 없어 부적법한 심판청구이다.

| 문제 2 | 행정사법상 행정사와 그 사무직원의 금지행위와 이를 위반한 경우의 벌칙에 관하여 설명하시오. (20점)

모범답안

Ⅰ 1년 이하의 징역 또는 1천만 원 이하의 벌금

1. 업무수임 또는 수행 과정에서 관련 공무원과의 연고 등 사적인 관계를 드러내며 영향력을 미칠 수 있는 것으로 선전하는 행위
2. 행정사의 업무에 관하여 거짓된 내용을 표시하거나 객관적 사실을 과장 또는 누락하여 소비자를 오도하거나 오해를 불러일으킬 우려가 있는 내용의 광고행위

Ⅱ 100만 원 이하의 벌금

1. 정당한 사유 없이 업무에 관한 위임을 거부하는 행위
2. 당사자 중 어느 한 쪽의 위임을 받아 취급하는 업무에 관하여 이해관계를 달리하는 상대방으로부터 같은 업무를 위임받는 행위(다만, 당사자 양쪽이 동의한 경우는 제외)
3. 행정사의 업무 범위를 벗어나서 타인의 소송이나 그 밖의 권리관계분쟁 또는 민원사무처리과정에 개입하는 행위
4. 행정사 업무의 알선을 업으로 하는 자를 이용하거나 그 밖의 부당한 방법으로 행정사 업무의 위임을 유치하는 행위

Ⅲ 양벌 규정

행정사의 사무직원이 행정사의 업무에 관하여 벌금 이상의 벌칙에 해당하는 위반행위를 하면 그 행위자를 벌하는 외에 그 행정사에게도 해당 조문의 벌금형을 과한다. 다만, 행정사가 그 위반행위를 방지하기 위하여 해당 업무에 관하여 상당한 주의와 감독을 게을리하지 아니한 경우에는 그러하지 아니하다.

| 문제 3 | 비송사건의 재판에 형성력, 형식적 확정력, 기판력, 집행력이 있는지를 설명하시오. (20점)

모범답안

Ⅰ 재판의 형성력

비송사건의 재판은 재판의 고지와 동시에 그 효력이 발생하며, 그 효과는 재판을 받은 자는 물론이고 제3자에게도 미친다.

Ⅱ 재판의 형식적 확정력

비송사건의 재판은 원칙적으로 확정력이 없다. 그러나 ① 즉시항고를 규정한 재판에서 항고기간이 도과한 경우, ② 항고권의 포기가 있는 때 그리고 ③ 불복신청에 대한 최종심 재판이 있는 경우에는 형식적 확정력이 생긴다.

Ⅲ 기판력

비송사건절차에 있어서의 재판은 원칙적으로 기판력이 없다. 따라서 법원이 당사자의 신청을 받아들이지 않았을 때에는 당사자가 같은 내용의 신청을 다시 하는 것이 허용되며, 후소 법원도 본래의 결정과 다른 결정을 할 수 있다.

Ⅳ 재판의 집행력

비송사건은 사권관계의 형성을 목적으로 하는 것이므로 그 집행을 필요로 하지 않는 것이 보통이다. 그러나 절차비용을 명하는 재판이나 과태료의 재판과 같이 관계인에 대하여 이행을 명할 필요가 있는 경우에는 집행력을 가진다.

| 문제 4 | 비송사건절차법상 '절차비용의 부담자'와 '비용에 관한 재판'에 관하여 설명하시오. (20점)

모범답안

Ⅰ 비용부담자

1. 원칙

절차비용은 그 부담할 자를 특별히 정한 경우를 제외하고는 신청에 의하여 절차가 개시된 경우 신청인이 부담한다. 검사의 청구 또는 법원이 직권으로 개시한 사건은 국고의 부담으로 한다.

2. 법률의 규정에 의하여 비용부담자가 정해져 있는 경우

(1) 항고비용과 항고인이 부담하게 된 전심의 비용은 패소자가 부담한다.

(2) 질물에 의한 변제충당의 허가사건은 질권설정자가 부담한다.

(3) 환매권 대위행사 시의 감정인의 선임 사건은 매수인이 부담한다.

(4) 회사 해산명령사건에서의 관리인 선임 및 재산보전처분 사건은 회사가 부담한다.

(5) 회사청산의 경우 감정인 선임 사건은 회사가 부담한다.

(6) 과태료사건은 과태료를 선고받은 자 또는 국고가 부담한다.

3. 재판으로 관계인에게 비용을 부담시키는 경우

법원은 특별한 사유가 있을 때에는 비용을 부담할 자가 아닌 관계인에게 비용의 전부 또는 일부의 부담을 명할 수 있다.

4. 공동부담

비용을 부담할 자가 수인인 경우 그 부담액은 균등하게 부담하는 것이 원칙이다. 그러나 법원은 사정에 따라 그 부담액을 연대하여 부담하게 하거나 다른 방법으로 부담하게 할 수 있다.

Ⅱ 비용액의 재판

1. 필요성

비용부담자 이외의 자에게 비용을 예납하게 하거나 절차비용의 예납자와 지출자 그리고 절차비용의 부담자가 서로 다른 경우에는 비용액 재판이 필요하다.

2. 비용재판에 대한 불복방법

(1) 청구권자

불복신청을 할 수 있는 자는 절차비용의 부담명령을 받은 자에 한한다.

(2) 항고방법

비용의 재판에 대해서는 독립하여 불복할 수 없고 사건에 대해 항고할 때 함께 하여야 한다. 따라서 사건에 관한 재판에 대하여 항고가 허용되지 않을 경우에는 비용의 재판에 대하여도 불복신청을 할 수 없다. 또한 본안사건에 대한 항고와 동시에 비용에 대해서 불복한 경우라도 본안에 대해서 이유가 없는 경우에는 항고법원은 원심재판 중 비용에 관한 부분만을 별도로 분리하여 취소 또는 변경할 수 없다.

3. 집행

(1) 집행부정지

비용재판에 대한 항고에는 집행정지의 효력이 없다.

(2) 비용채권자의 강제집행

비용의 채권자는 비용의 재판에 의하여 강제집행을 할 수 있다. 강제집행절차는 민사집행법 규정이 준용된다. 그러나 집행개시의 요건으로 집행을 하기 전에 재판서의 송달은 필요 없다.

2019년 제7회 행정사 2차 기출문제

행정사실무법 모범답안

| 문제 1 | 서울특별시 A구에 거주하는 甲은, 乙의 건축물(음식점 영업과 주거를 함께하는 건물)이 甲 소유의 주택과 도보에 연접하고 있는데 乙이 건축관계법령을 위반하여 증개축공사를 하였고, 그로 인하여 甲의 집 앞 도로의 통행에 심각한 불편을 초래한다고 주장하면서 A구청을 상대로 지속적으로 민원을 제기하였다. 자신의 민원이 받아들여지지 않자 甲은 자신의 주장의 정당성과 乙이 행한 건축행위의 위법성을 입증하기 위하여 A구청장을 상대로 乙 소유 건축물의 설계도면과 준공검사내역 등의 문서를 공개해달라며 정보공개를 청구하였다. 그러나 A구청장을 해당 정보가 乙의 사생활 및 영업상 비밀보호와 관련된 것임을 이유로 비공개결정하였다. 乙 또한 정보공개를 강력하게 반대하고 있다. 그러나 甲은 이에 불복하여 행정심판을 청구하려고 한다. 다음 물음에 답하시오. (40점)

물음 1) 甲이 청구하는 행정심판은 어느 행정심판위원회의 관할에 속하는가? 또한 이 행정심판에서 乙은 어떠한 지위에서 자신의 권익을 주장할 수 있는가? (20점)

물음 2) 행정심판의 인용재결에도 불구하고 A구청장이 해당 정보를 공개하지 않는 경우 행정심판위원회가 재결의 구속력을 확보하기 위해 취할 수 있는 방법은 무엇인가? (20점)

모범답안

물음 1) (20점)

Ⅰ 관할

1. 행정심판위원회의 종류

해당 행정청 소속 행정심판위원회, 중앙행정심판위원회, 직근 상급기관 소속 행정심판위원회, 광역지방자치단체장 소속 행정심판위원회, 개별법상 특별행정기관 등이 있다.

2. 사안의 적용

甲은 A구청장의 비공개결정을 대상으로 행정심판을 청구하는 것이므로 광역지방자치단체장 소속 행정심판위원회인 서울특별시 행정심판위원회가 심판을 관할한다.

Ⅱ 乙의 지위와 권한

1. 제3자의 심판 참가

행정심판의 결과에 법률상 이해관계가 있는 제3자 또는 행정청은 심판청구에 대한 위원회나 소위원회의 의결이 있기 전까지 이해관계인의 신청 또는 행정심판위원회의 직권에 의한 요청으로 그 사건에 참가할 수 있다.

2. 사안의 적용

乙은 심판청구에 대한 재결의 주문에 의하여 직접 자기의 법률상 이익을 침해받을 자에 해당하므로 심판참가가 가능하다.

3. 乙의 지위

乙은 참가인으로서 행정심판절차에서 당사자가 할 수 있는 심판절차상의 행위를 할 수 있다. 따라서 당사자가 위원회에 서류를 제출할 때에는 참가인의 수만큼 부본을 제출하여야 하고, 위원회가 당사자에게 통지를 하거나 서류를 송달할 때에는 참가인에게도 통지하거나 송달하여야 한다.

물음 2) (20점)

Ⅰ 논점의 정리

인용재결의 경우 기속력이 발생하며 이에 따라 행정청은 재처분의무가 생긴다. 행정심판의 유형별 실효성 확보 수단의 검토가 필요하다.

Ⅱ 의무이행심판

1. 원칙

의무이행심판으로 처분명령재결이 있는 경우 피청구인은 재결의 취지에 따라 이전의 신청에 대한 처분을 해야 한다. 위원회는 피청구인이 처분을 하지 아니하는 경우에는 당사자가 신청하면 기간을 정하여 서면으로 시정을 명하고 그 기간에 이행하지 아니하면 직접처분을 할 수 있다. 또한 청구인의 신청에 의하여 결정으로 상당한 기간을 정하고 피청구인이 그 기간 내에 이행하지 아니하는 경우에는 그 지연기간에 따라 일정한 배상을 하도록 명하거나 즉시 배상을 할 것을 간접강제로서 명할 수 있다.

2. 직접처분의 한계

위원회는 처분의 성질이나 그 밖의 불가피한 사유에 의하여 직접처분을 할 수 없는 경우 직접처분을 하지 아니한다.

3. 사안의 적용

정보를 직접 보유하고 있지 않은 위원회는 성질상 직접처분을 행할 수 없으며, 간접강제로서 배상을 명할 수 있다.

Ⅲ 거부처분취소심판

甲이 취소심판을 청구한 경우 A구청장이 인용재결에 따른 처분을 하지 아니하면 행정심판위원회는 간접강제로서 배상을 명할 수 있다.

Ⅳ A구청장이 재차 비공개결정을 한 경우

A구청장이 재차 비공개결정을 하였다면 비록 정보를 공개하고 있지 않는 경우라 하더라도 어떠한 처분을 행한 경우에 해당하므로 위원회는 직접처분 또는 간접강제를 할 수는 없다.

| 문제 2 | **행정사법 제4장에서는 행정사의 권리와 의무 및 책임에 관하여 각각 규정하고 아울러 금지행위를 열거하고 있다. 이 가운데 위 '금지행위'를 제외하고, 제21조의 '행정사의 의무와 책임'을 포함하여 행정사법 제4장에서 규정하는 행정사의 업무와 관련된 의무와 책임을 기술하시오. (20점)**

모범답안

Ⅰ 성실수행의무

행정사는 품위를 유지하고 신의와 성실로써 공정하게 직무를 수행하여야 한다.

Ⅱ 수임제한

공무원직에 있다가 퇴직한 행정사는 퇴직 전 1년부터 퇴직할 때까지 근무한 행정기관에 대한 인가·허가 및 면허 등을 받기 위하여 행정기관에 하는 신청·청구 및 신고 등의 대리 업무를 퇴직한 날부터 1년 동안 수임할 수 없다. 이런한 수임제한은 행정사법인의 법인구성원 또는 소속행정사로 지정되는 경우를 포함한다.
이를 위반할 경우 1년 이하의 징역 또는 1천만 원 이하의 벌금에 처한다.

Ⅲ 비밀엄수

행정사 또는 행정사였던 사람(행정사의 사무직원 또는 사무직원이었던 사람을 포함한다)은 정당한 사유 없이 직무상 알게 된 사실을 다른 사람에게 누설하여서는 아니 된다. 이를 위반 시 1년 이하의 징역 또는 1천만 원 이하의 벌금에 처한다.

Ⅳ 업무처리부 작성

행정사는 업무처리부를 작성하여야 하며, 작성한 업무처리부는 1년간 보관하여야 한다. 이를 위반할 경우 100만 원 이하의 과태료를 부과한다.

부록

Ⅴ 행정사의 교육

1. 실무교육

행정사 자격이 있는 사람이 행정사 업무를 시작하려면 행정안전부장관이 시행하는 실무교육을 받아야 한다. 실무교육은 기본소양교육과 실무수습교육으로 구분되는데, 기본소양교육은 20시간 실시하고, 실무수습교육은 40시간 동안 실시한다.

2. 연수교육

(1) 행정사의 사무소(행정사합동사무소 또는 행정사법인의 경우에는 주사무소를 말한다)의 소재지를 관할하는 특별시장·광역시장·특별자치시장·도지사·특별자치도지사는 행정사의 자질과 업무수행능력 향상을 위하여 직접 또는 대통령령으로 정하는 기관·단체 등에 위탁하여 행정사에 대한 연수교육을 실시하여야 한다.

(2) 행정사는 전문성과 윤리의식을 높이기 위하여 행정사업무신고확인증 또는 법인업무신고확인증을 발급받은 날(소속행정사의 경우 고용을 신고한 날)부터 2년마다 16시간의 연수교육을 받아야 한다. 연수교육을 받지 아니하고 행정사 업무를 수행한 사람은 100만 원 이하의 과태료를 부과한다.

| 문제 3 | 비송사건절차의 특징을 설명하시오. (20점)

모범답안

Ⅰ 직권주의

절차의 개시, 심판의 대상과 범위, 절차의 종결에 대하여 법원이 절차의 주도권을 가지는 직권주의가 지배한다.

Ⅱ 직권탐지주의

소송자료의 수집과 제출책임을 당사자가 아닌 법원이 담당한다.

Ⅲ 비공개주의

비송사건의 재판은 비공개를 원칙으로 한다. 다만 법원은 상당하다고 인정하는 자에게 방청을 허가할 수 있다.

Ⅳ 기판력의 결여

비송사건에 대한 재판은 국가가 후견인적 입장에서 실체적 진실주의에 입각하여 사건을 처리하는 절차이므로 기판력을 부정한다.

Ⅴ 기속력의 제한

비송사건절차법은 재판 후에 그 재판이 위법 또는 부당하다고 인정한 때에는 이를 취소 또는 변경할 수 있다고 규정하여 비송사건절차에서는 원칙적으로 기속력이 배제됨을 명문화하고 있다.

Ⅵ 간이주의

1. 비공개주의

비송사건절차에서 재판은 결정으로써 하며, 심문 역시 비공개를 원칙으로 한다. 다만, 법원은 심문을 공개함이 적정하다고 인정하는 자에게 방청을 허가할 수 있다.

2. 조서작성의 간이화

증인 또는 감정인의 심문에 관하여는 반드시 조서를 작성하고, 그 외에는 필요하다고 인정하는 경우에 한하여 조서를 작성한다.

3. 재판의 방식

재판은 원칙적으로 이유를 붙이지 아니한 결정으로써 한다.

4. 고지방법

재판의 고지는 법원이 적당하다고 인정하는 방법으로 한다. 다만, 기일의 지정은 송달방식으로 하며, 공시송달을 하는 경우에는 민사소송법의 규정에 의하여야 한다.

| 문제 4 | 비송사건에서의 증거조사에 관하여 설명하시오. (20점)

모범답안

Ⅰ 사실인정의 방법

증거조사와 사실의 탐지가 있다.

Ⅱ 증거조사

1. 방법
   비송사건절차법 제10조에서 인증과 감정에 관한 민사소송법의 규정을 준용하고 있다는 점에서 비송사건의 증거조사 방법으로 증인심문과 감정만 인정된다.
2. 비공개
   비송사건은 비공개를 원칙으로 하기 때문에 증인 또는 감정인의 심문도 비공개로 이루어지는 것이 원칙이다.

Ⅲ 사실의 탐지

1. 의의
   법원이 자료를 수집하고 사실을 인정하는 방법 중 증거조사를 제외한 방법을 의미한다. 당사자의 변론은 법원의 직권탐지를 보완하는 데 그치며, 당사자가 주장하지 않은 사실도 법원은 자기의 책임과 직권으로 수집하여 판결의 기초로 삼아야 한다.
2. 사실탐지의 방식
   탐지의 방법에 관하여 특별한 제한은 없기 때문에 자료의 수집에 적합한 형태로 자유롭게 행해진다.

Ⅳ 촉탁

비송사건에서의 증거조사인 증인신문과 감정에 대해서는 민사소송법이 준용된다. 따라서 증거조사를 다른 법원의 판사에게 촉탁할 수 있다. 또한 사실탐지에 관하여도 다른 지방법원에 촉탁할 수 있다.

Ⅴ 심증의 정도

비송사건에서 사실인정은 원칙적으로 증명이 필요하다.

2020년 제8회 행정사 2차 기출문제

행정사실무법 모범답안

| 문제 1 | 甲은 관할 행정청인 A시장에게 노래연습장업의 등록을 하고 그 영업을 영위해 오고 있다. 甲은 2020. 3. 5. 23:30경 영업장소에 청소년을 출입시켜 주류를 판매 · 제공하였다는 이유로 단속에 적발되었다. A시장은 사전통지 절차를 거친 후 2020. 4. 8. 甲에 대한 3개월의 영업정지 처분의 통지서를 송달하였고, 甲은 다음날 처분 통지서를 수령하였다. 통지서에는 "처분이 있음을 안 날부터 120일 이내에 B행정심판위원회에 행정심판을 제기할 수 있다"고 청구기간이 잘못 기재되어 있었다. 甲은 해당 처분이 자신의 위반행위에 비하여 과중한 제재처분이라고 주장하면서 A시장을 피청구인으로 하여 B행정심판위원회에 2020. 8. 3. 취소심판을 제기하였다. 다음 물음에 답하시오. (40점)

물음 1) 甲이 제기한 행정심판은 청구기간을 준수하였는지 논하시오. (20점)

물음 2) B행정심판위원회가 A시장의 영업정지 처분이 비례원칙에 위반하여 위법하다고 판단하는 경우 어떤 종류의 재결을 할 수 있는지 논하시오. (단, 취소심판의 청구요건을 모두 갖추었다고 가정한다.) (20점)

모범답안

물음 1) (20점)

Ⅰ 문제의 소재

甲은 영업정지처분 통지서를 수령한 날로부터 90일이 경과한 후 행정심판을 청구하였으므로 행정심판청구기간 적법 여부가 문제된다.

Ⅱ 청구기간

1. 원칙

행정심판청구는 원칙적으로 처분이 있음을 알게 된 날로부터 90일 이내, 처분이 있은 날로부터 180일 이내에 제기하여야 한다. 90일은 불변기간에 해당하며, 180일은 불변기간이 아니므로 경과하더라도 그 기간 내에 심판청구를 제기하지 못한 정당한 사유가 있는 경우에는 심판청구를 할 수 있다. 두 기간 중 어느 하나라도 먼저 경과하면 당해 행정심판청구는 부적법한 것으로서 각하된다.

2. 청구기간의 오고지

행정청이 착오로 90일의 기간보다 긴 기간으로 고지한 경우에는 그 잘못 고지된 기간 내에 청구하면 된다.

Ⅲ 사안의 해결

원칙적으로 청구인 갑은 2020. 4. 9. 영업정지처분이 있음을 알게 된 날로부터 90일 이내에 행정심판을 제기하여야 한다. 다만 본 사안의 경우 행정청 A가 청구기간을 오고지하였으므로 고지한 대로 처분이 있음을 안 날로부터 120일 이내에 행정심판을 제기할 수 있다. 따라서 甲이 제기한 행정심판은 청구기간을 준수하였다.

물음 2) (20점)

Ⅰ 논점의 정리

甲이 제기한 취소심판의 재결의 종류를 알아보고 본 사안의 경우 가능한 재결의 종류를 살펴본다.

Ⅱ 취소심판의 재결

1. 각하재결

심판청구의 요건심리의 결과 그 제기요건이 갖추어져 있지 않아 적법하지 않은 청구라는 이유로 본안심리를 거부하는 행정심판위원회의 판단을 말한다.

2. 기각재결

본안심리를 한 후 청구인이 신청한 내용을 받아들이지 않고 행정청이 했던 원래의 처분을 그대로 유지시키기로 하는 행정심판위원회의 판단이다.

3. 사정재결

심리의 결과 심판청구가 이유 있다고 인정하는 경우에도 공공복리에 크게 위배된다는 이유로 심판청구를 기각하는 재결을 의미한다.

4. 인용재결

(1) 의의

인용재결은 본안심리의 결과 심판청구가 이유 있다고 판단하여 청구인의 청구 취지를 받아들이는 재결을 말한다.

(2) 종류

취소심판의 청구가 이유가 있다고 인정할 때에는 행정심판위원회는 그 심판청구를 인용하는 재결로써 심판청구의 대상이 된 처분을 직접 취소·변경하거나 처분청에게 변경을 명할 수 있다. 이때 취소재결은 전부취소와 일부취소를 모두 포함하며, 변경재결은 원처분에 갈음하는 다른 처분으로의 적극적 의미의 변경을 의미한다.

Ⅲ 사안의 해결

행정심판위원회가 A시장의 영업정지처분이 비례원칙의 위반으로 위법하다고 판단하는 경우 인용재결을 내려야 한다. 따라서 행정심판위원회는 전부취소재결 또는 일부취소재결을 할 수 있다.

| 문제 2 | 행정사법상 업무신고의 기준과 행정사업무신고확인증에 관하여 설명하시오. (20점)

모범답안

Ⅰ 업무신고

행정사 자격이 있는 사람으로서 행정사 업무를 하려는 자는 주된 사무소의 소재지를 관할하는 시장 등에게 행정사업무신고를 하여야 한다. 업무신고를 하지 아니하고 행정사 업무를 한 자는 1년 이하의 징역 또는 1천만 원 이하의 벌금에 처한다.

Ⅱ 업무신고 기준

1. 결격사유에 해당하지 않을 것
2. 실무교육을 이수했을 것
3. 행정사 자격증이 있을 것
4. 대한행정사회에 가입했을 것

Ⅲ 행정사업무신고확인증

1. 신고확인증의 발급

(1) 시장 등은 행정사업무신고를 받은 때에는 그 내용을 확인한 후 신고확인증을 행정사에게 발급하여야 한다.

(2) 신고확인증을 발급받은 사람은 신고확인증을 잃어버리거나 못쓰게 된 경우에는 시장 등에게 재발급을 신청할 수 있다.

2. 신고확인증의 대여 등의 금지

(1) 행정사는 다른 사람에게 신고확인증을 대여하여서는 아니 된다.

(2) 누구든지 다른 사람의 신고확인증을 대여받아 사용하여서는 아니 된다.

(3) 누구든지 신고확인증의 대여를 알선하여서는 아니 된다.

3. 자격의 취소

행정안전부장관은 행정사가 신고확인증을 양도하거나 대여한 경우 그 자격을 취소하여야 하며 자격을 취소하려는 경우에는 청문을 하여야 한다.

4. 벌칙

신고확인증을 다른 사람에게 양도하거나 대여한 행정사와 이를 양도받거나 대여받은 사람은 3년 이하의 징역 또는 3천만 원 이하의 벌금을 부과한다. 이 경우 양벌규정이 적용되어 행정사의 사무직원이 위반행위를 하면 그 행위자를 벌하는 외에 그 행정사에게도 벌금형을 과한다. 다만, 행정사가 그 위반행위를 방지하기 위하여 해당 업무에 관하여 상당한 주의와 감독을 게을리하지 아니한 경우에는 그러하지 아니하다.

| 문제 3 | 비송사건의 제1심 법원 재판에 불복하여 항고하는 경우, 항고기간과 항고제기의 효과에 관하여 설명하시오. (20점)

모범답안

Ⅰ 항고기간

1. 보통항고

보통항고에는 항고기간의 정함이 없다. 재판의 취소·변경을 구할 이익이 있으면 언제든지 할 수 있다.

2. 즉시항고

즉시항고는 재판이 고지된 날부터 1주일 이내에 하여야 한다. 이 기간은 불변기간이다. 또한 즉시항고는 항고기간의 만료로 재판이 확정되고 더 이상 불복신청을 할 수 없다.

Ⅱ 항고제기의 효과

1. 확정차단의 효력

(1) 보통항고의 경우

보통항고는 항고기간의 제한이 없고 따라서 확정력이 없다. 그러므로 재판의 확정차단이라는 문제도 생기지 않는다. 이 경우 사건은 원심재판에 의하여 절차가 종료되며, 항고사건은 새로운 절차가 시작되는 것으로 본다.

(2) 즉시항고의 경우

즉시항고를 허용하는 재판에 있어서는 즉시항고의 제기에 의하여 원심재판의 확정을 차단하는 효력이 발생한다.

2. 이심의 효력

원심법원에 항고의 제기가 있으면 원심재판의 대상인 사건은 항고심에 이심된다.

3. 집행정지의 효력

항고는 특별한 규정이 있는 경우를 제외하고는 집행정지의 효력이 없다.

| 문제 4 | 비송사건의 대리에 관한 다음 물음에 답하시오. (20점)

물음 1) 대리인의 자격 및 대리가 허용되지 않는 경우에 관하여 설명하시오. (10점)

물음 2) 대리권의 증명 및 대리행위의 효력에 관하여 설명하시오. (10점)

모범답안

물음 1) (10점)

Ⅰ 자격

사건의 관계인은 소송능력자로 하여금 비송행위를 대리시킬 수 있다.

Ⅱ 비송대리가 허용되지 않는 경우

1. 본인출석명령

비송사건에서 대리인이 허용된다 하더라도 법원은 직접 본인의 진술을 들어야 할 필요가 있는 때에는 당사자 본인이 출석하도록 명령할 수 있다. 이때에는 대리가 허용되지 아니하고 본인이 직접 출석하여 진술하여야 한다.

2. 퇴정명령

법원은 변호사가 아닌 자로서 대리를 영업으로 하는 자의 대리를 금하고 퇴정을 명할 수 있다. 이 명령에 대하여는 불복신청을 할 수 없다.

물음 2) (10점)

Ⅰ 대리의 증명

대리인은 그 대리권의 존재와 범위를 서면으로 증명해야 한다. 이때 서면이 사문서일 때에는 법원은 관계 공무원 또는 공증인의 인증을 받을 것을 명할 수 있다. 이 명령에 대하여는 불복신청을 할 수 없다.

Ⅱ 대리행위의 효력

1. 대리권이 있는 경우

비송대리인이 대리권의 범위 내에서 한 비송행위는 직접 본인에게 효력이 있다.

2. 무권대리의 경우

대리권이 없는 자의 행위가 무권대리에 해당하는 경우 그 행위는 무효로서 법원은 각하해야 할 것이다. 그러나 만약 법원이 이를 간과하고 재판을 한 경우에는 그 재판은 당연무효가 되는 것이 아니라 그 재판에 의하여 권리를 침해당한 자가 항고할 수 있을 뿐이다.

2021년 제9회 행정사 2차 기출문제

행정사실무법 모범답안

| 문제 1 | 甲은 1988. 9. 1. A제철주식회사에 입사하여 발전시설에서 근무하다가 터빈 및 보일러 작동 소음에 장기간 노출되어 우측 청력에 중대한 장애가 발생하였다는 이유로 전보를 요청하였고, 2004. 3. 2. 시약생산과로 전보되어 근무하다가 2009. 2. 6. 퇴사하였다. 甲은 2009. 3. 6. 근로복지공단에 '우측 감각신경성 난청'에 대한 장해보상청구를 하였는데, 근로복지공단은 2009. 5. 9. 보험급여 청구를 3년간 행사하지 않아 장해보상청구권이 소멸하였다는 점을 사유로 장해급여 부지급 결정을 甲에게 통보하였다. 甲은 이에 불복하여 근로복지공단에 대한 심사청구를 거쳐 산업재해보상보험재심사위원회에 재심사청구를 하였다. 이에 근로복지공단은 甲의 상병이 업무상 재해인 소음성 난청으로 보기 어렵다는 처분사유를 추가하였다. 다음 물음에 답하시오. (40점)

※ 당시 산업재해보상보험법령에 따르면 장해보상청구권은 치유일로부터 3년 이내에 행사하여야 하며, 그 치유시기는 해당 근로자가 더 이상 직업성 난청이 유발될 수 있는 장소에서 업무를 하지 않게 되었을 때로 한다고 규정하고 있었다.

물음 1) 근로복지공단이 행정심판의 피청구인이 될 수 있는지를 검토하고, 근로복지공단의 심사청구 및 산업재해보상보험재심사위원회의 재심사청구의 법적성질에 관하여 논하시오. (20점)

물음 2) 근로복지공단에 의한 처분사유의 추가가 허용될 수 있는지를 검토하시오. (20점)

모범답안

물음 1) (20점)

Ⅰ 근로복지공단의 피청구인 적격

1. 피청구인 적격

행정심판은 처분을 한 행정청을 피청구인으로 하여 청구하여야 한다. 이때 행정청이란 의사나 판단을 결정하여 외부에 표시할 수 있는 권한을 가지는 행정기관을 의미한다. 권한의 위임 또는 위탁이 있을 시에는 수임청 또는 수탁청이 행정청이 되며 권한이 다른 행정청에 승계된 때에는 그 권한을 승계한 행정청이 처분청 또는 부작위청이 된다.

2. 근로복지공단의 피청구인 적격 여부

근로복지공단은 관련 법령에 따라 고용노동부장관으로부터 권한을 위임받은 수임청으로서 특별행정심판의 피청구인에 해당한다.

Ⅱ 심사청구와 재심사청구의 법적 성질

1. 특별행정심판

전문성과 특수성을 살리기 위하여 특히 필요한 경우에는 행정심판법에 따른 행정심판을 갈음하는 특별한 행정불복절차를 둘 수 있다. 이를 특별행정심판이라고 한다.

2. 법적 성질

심사청구는 내부시정절차인 이의신청에 해당하고, 재심사청구는 산업재해보상보험법률상 규정된 특별한 행정불복절차로서 특별행정심판에 해당한다.

물음 2) (20점)

Ⅰ 의의

처분사유의 추가·변경이란 행정심판의 심리 중에 처분청이 처분 당시 근거로 삼았던 사유와 다른 사유를 추가적으로 주장하거나 처분 근거 사유를 변경하는 것을 말한다.

Ⅱ 인정 여부

청구인의 권익보호를 위하여 원칙적으로 처분사유의 추가·변경을 허용하지 않는다. 다만, 판례는 처분의 근거로 삼은 사유와 기본적 사실관계의 동일성이 인정되는 범위 내에서 처분사유의 추가·변경을 제한적으로 허용하고 있다.

Ⅲ 인정 요건

1. 기본적 사실관계의 동일성이 유지되어야 한다.

기본적 사실관계의 동일성 유무는 처분사유를 법률적으로 평가하기 이전의 구체적인 사실에 착안하여 그 기초가 되는 사회적 사실관계가 기본적인 점에서 동일한지 여부에 따라 결정된다. 구체적 판단은 시간적·장소적 근접성, 행위의 태양, 결과 등의 제반사정을 종합적으로 고려해야 한다.

2. 처분시에 존재하였던 사유여야 한다.

추가·변경되는 사유는 처분 당시에 객관적으로 존재하고 있었던 사유여야 하므로 처분 후에 발생한 사실관계나 법률관계는 제외된다.

3. 처분사유의 추가·변경은 재결시까지 하여야 한다.

Ⅳ 사안의 경우

이의신청 절차는 내부시정절차인 관계로 기본적 사실관계의 동일성 여부와 상관없이 처분의 적법성과 합목적성을 뒷받침하는 사유를 추가할 수 있으나, 본 사안의 경우 근로복지공단은 재심사청구 즉 행정심판 단계에서 사유를 추가하였으므로 그 사유의 기본적 사실관계의 동일성 여부가 인정되어야 추가가 가능하다. 장해보상청구권의 소멸과 甲의 상병이 업무상 재해인 소음성 난청으로 보기 어렵다는 사유는 전혀 별개의 사정으로서 기본적 사실관계의 동일성이 없다고 보아야 한다. 따라서 행정청은 처분사유를 추가할 수 없다.

| 문제 2 | 행정사법령상 행정사법인의 설립과 설립인가의 취소에 관하여 설명하시오.(20점)

모범답안

Ⅰ 구성

3명 이상의 행정사를 구성원으로 하는 행정사법인을 설립할 수 있다. 행정사법인이 법인구성원에 관한 요건을 갖추지 못하게 된 경우에는 6개월 이내에 이를 보충하여야 한다.

Ⅱ 정관

행정사법인의 구성원이 될 행정사가 정관을 작성하여 행정안전부장관의 설립인가를 받아야 한다.

Ⅲ 성립

행정사법인은 주사무소의 소재지에서 설립등기를 함으로써 성립한다.

Ⅳ 설립인가의 취소

1. 절차

행정안전부장관은 청문을 거쳐 행정사법인의 설립인가를 취소하여야 한다.

2. 취소사유

행정안전부장관은 행정사법인이 거짓이나 그 밖의 부정한 방법으로 설립인가를 받은 경우에는 설립인가를 취소하여야 한다. 또한 행정안전부장관은 행정사법인이 ① 법인구성원에 관한 요건을 6개월 이내에 보충하지 아니한 경우, ② 업무정지처분을 받고 그 업무정지 기간 중에 업무를 수행한 경우, ③ 법령을 위반하여 업무를 수행한 경우에는 설립인가를 취소할 수 있다.

| 문제 3 | 비송사건절차의 개시 유형에 관하여 설명하시오. (20점)

모범답안

Ⅰ 신청사건

1. 개념

당사자의 신청에 의해서 개시되는 사건이다.

2. 신청방식

(1) 서면신청에 의할 경우

신청서에 기재사항을 적고 신청인 또는 대리인이 기명날인하거나 서명하여야 한다. 신청방식에 흠결이 있는 경우 당사자 능력을 결여한 경우처럼 보정불능일 경우를 제외하고는 상당기간을 정하여 보정을 명한 후 신청인이 그 보정을 하지 않을 때 비로소 그 신청을 부적법 각하한다.

(2) 말로 신청하는 경우

법원사무관 등의 앞에서 하고, 법원사무관 등은 이 내용을 조서로 작성하여 기명날인하여야 한다.

Ⅱ 검사청구사건

1. 개념

공익에 영향을 미치는 사건은 검사의 청구에 의해서도 개시될 수 있다. 이때의 검사는 공익의 대표자로서 관여하는 것이지 이해관계인으로서 관여하는 것이 아니다.

2. 신청방식

구술에 의한 신청은 허용되지 않고 반드시 서면으로 신청한다.

3. 통지의무

관할검사가 그 사건을 알기 전에 법원, 그 밖의 관청, 검사와 공무원은 그 직무상 검사의 청구에 의하여 재판을 하여야 할 경우가 발생한 것을 안 때에는 이를 관할법원에 대응한 검찰청 검사에게 통지하여야 한다. 그러나 법원이 이미 비송사건을 개시한 경우나 법원이 이미 사건의 발생을 알아서 스스로 개시할 수 있는 경우에는 통지의무가 없다.

Ⅲ 직권사건

당사자의 신청이 없더라도 법원이 직권으로 개시하는 사건이다. 법원이 직권사건을 알게 된 경우에는 그 사건을 알게 된 경위를 불문하고 즉시 절차를 개시하여야 한다.

| 문제 4 | 비송사건과 민사소송사건의 구별 기준 및 차이점에 관하여 설명하시오. (20점)

모범답안

Ⅰ 구별 기준

비송사건이란 사권관계의 형성·변경·소멸에 관하여 법원이 후견적인 입장에서 관여하는 사건을 말한다. 따라서 국가가 후견인 입장에서 개입하는 사건이 비송사건이며, 당사자 간의 대립을 전제로 법적 분쟁을 다투는 사건이 민사소송사건이다.

Ⅱ 차이점

1. 소송사건

소송사건은 공개주의·처분권주의·변론주의·기판력·기속력의 엄격한 형식주의를 원칙으로 한다.

2. 비송사건

비송사건은 간이·신속한 처리를 위해 자유로운 증명이면 되고, 대립당사자구조가 아니라 직권주의를 원칙으로 한다.

현행 비송사건절차법은 대리인자격의 무제한(제6조), 직권탐지주의(제11조), 비공개주의(제13조), 조서의 재량작성(제14조), 검사의 참여(제15조), 결정형식에 의한 재판(제17조), 결정의 취소·변경의 자유(제19조), 불복방법으로서 항고(제20조) 등의 규정을 두어 소송사건과는 절차와 내용에 있어서 차이를 두고 있다.

또한 헌법 제27조, 제109조에 의한 헌법상의 절차보장 등 당사자권의 보장도 소송사건에 비하여 약하며, 불이익변경금지원칙의 적용도 없다.

2022년 제10회 행정사 2차 기출문제

행정사실무법 모범답안

| 문제 1 | 甲은 '사실상의 도로'로서 인근 주민들의 통행로로 이용되고 있는 토지(이하 '이 사건의 토지'라 한다)를 매수한 다음 관할 구청장 乙에게 그 지상에 주택을 신축하겠다는 내용의 건축허가를 신청하였으나, 乙은 '위 토지가 건축법상 도로에 해당하여 건축을 허용할 수 없다'는 사유로 건축허가를 거부하였다. 이에 甲은 위 거부행위에 대해 취소심판청구 및 집행정지신청을 하였다. 다음 물음에 답하시오. (40점)

물음 1) 乙은 '甲의 건축허가 신청을 거부한 행위는 취소심판의 대상이 되는 거부처분이 아니고, 또 건축허가 거부행위에 대해서는 집행정지가 허용되지 않는다.'고 주장한다. 乙의 주장은 타당한가? (20점)

물음 2) 이 사건의 토지는 건축법상 도로에 해당하지 않는다는 이유로 행정심판위원회가 甲의 취소심판청구를 인용하는 재결을 하자 乙은 '이 사건의 토지는 인근 주민들의 통행에 제공된 사실상의 도로인데 그 지상에 주택을 건축하여 주민들의 통행을 막는 것은 사회공동체와 인근 주민들의 이익에 반하므로, 甲이 신청한 주택 건축을 허용할 수 없다'는 이유로 다시 건축허가를 거부하였다. 위 재결에도 불구하고 乙이 다시 건축허가를 거부한 것은 적법한가? (20점)

모범답안

물음 1) (20점)

Ⅰ 행정심판 대상

행정심판은 처분과 부작위를 대상으로 한다. 처분이란 행정청이 행하는 구체적 사실에 관한 법집행으로서의 공권력의 행사 또는 그 거부, 그 밖에 이에 준하는 행정작용을 의미한다.

Ⅱ 거부처분 성립 여부

거부행위가 처분이 되기 위해서는 ① 신청의 내용이 공권력의 행사 또는 이에 준하는 행정작용이어야 하고, ② 신청인의 법률관계에 직접 영향을 미치는 것이어야 하며, ③ 신청인에게 특정행위를 요구할 수 있는 법규상 또는 조리상 신청권이 있어야만 한다. 신청권 여부는 관계 법규의 해석에 의해 일반 국민에게 신청권을 인정하고 있는지 여부를 추상적으로 결정한다.

甲은 건축법에 의거하여 허가를 신청하였으며, 乙의 허가 거부는 甲이 주택을 신축하겠다는 토지이용에 직접 영향을 미친다는 점에서 본 사안에서의 거부행위는 거부처분에 해당한다.

Ⅲ 집행정지

처분의 집행 등으로 인하여 중대한 손해가 생길 경우에, 당사자의 권리・이익을 보전하기 위하여 위원회가 처분의 효력이나 그 집행 또는 절차의 속행의 전부 또는 일부를 잠정적으로 정지하는 제도이다.

Ⅳ 거부처분에 대한 집행정지 허용 여부

거부처분의 경우 처분의 효력, 처분의 집행 또는 절차속행의 전부 또는 일부의 정지를 잠정적으로 결정한다고 하여 신청이 인정되는 것이 아니며 단지 거부처분이 없는 상태로 돌아가는 것에 불과하다는 점에서 집행정지의 실효성이 없다. 또한 행정심판법의 경우 임시처분이라는 집행정지의 보충적 제도가 존재한다. 따라서 거부처분은 집행정지의 대상이 아니라고 보는 것이 타당하다.

Ⅴ 사안의 해결

乙의 주장 중에서 건축허가 신청을 거부한 행위는 행정심판 대상인 거부처분에 해당하므로 부당하다. 반면에 집행정지가 허용되지 않는다는 乙의 주장은 타당하다.

물음 2) (20점)

Ⅰ 문제의 소재

거부처분에 대한 행정심판에서 인용재결을 받았음에도 乙이 다시 허가를 거부하였다면 기속력 위반 여부에 대하여 검토해 보아야 한다.

Ⅱ 의의

인용재결시 재결의 취지에 따르도록 구속하는 효력을 말한다.

Ⅲ 기속력의 내용

1. 반복금지의무(소극적 의무)

동일한 상황하에서 동일한 처분을 반복할 수는 없다.

2. 재처분의무(적극적 의무)

행정청은 지체 없이 그 재결의 취지에 따른 처분을 하여야 한다.

3. 결과제거의무

위법 또는 부당으로 판정된 처분에 의하여 초래된 상태를 제거해야 할 의무가 있다.

Ⅳ 기속력의 범위

1. 주관적 범위

기속력은 피청구인인 행정청과 그 밖의 관계 행정청에 미친다.

2. 객관적 범위

기속력은 재결의 주문 및 그 전제가 된 요건 사실의 인정과 판단에만 미친다. 따라서 재결에 의하여 취소된 처분과 다른 사유로 처분을 하는 것은 기속력에 저촉되지 않는다. 이때 동일 사유인지 다른 사유인지는 재결에서 판단된 사유와 기본적 사실관계의 동일성이 인정되는지 여부에 따라 판단한다.

3. 시간적 범위

기속력은 처분 당시를 기준으로 그 당시까지 존재하였던 처분사유에만 미치고 그 이후에 생긴 사유에는 미치지 않는다.

부록

Ⅴ 기속력 위반의 효력

기속력을 위반한 처분은 무효이다.

Ⅵ 사안의 해결

객관적 범위와 관련해서 1차 허가거부처분의 사유와 재거부처분의 사유가 기본적 사실관계의 동일성이 인정된다면 재거부처분은 기속력에 위반된다.
건축법상 도로에 해당한다는 1차 허가거부처분의 거부 사유와 사실상 도로에 해당하여 사회공동체와 인근 주민들의 이익에 반한다는 재거부처분의 사유는 도로의 법적 성질에 관한 평가를 달리하는 것일 뿐 모두 토지 이용현황이 도로라는 전제로 주택의 신축을 허용하지 않는다는 기본적 사실관계의 동일성이 인정된다. 따라서 乙이 재차 내린 거부처분은 기속력을 위반한 위법한 처분으로 무효이다.

| 문제 2 | 행정사법상 행정사법인의 업무신고 및 그 수리의 거부와 행정사법인의 업무수행 방법에 관하여 기술하시오. (단, 행정사법인의 업무신고 기준 및 절차에 관한 것은 제외함) (20점)

모범답안

Ⅰ 행정사법인의 업무신고

1. 법인업무신고

행정사법인이 행정사 업무를 하려면 주사무소의 소재지를 관할하는 시장 등에게 행정사법인업무신고 기준을 갖추어 법인업무신고를 하여야 한다. 위반 시 1년 이하의 징역 또는 1천만 원 이하의 벌금에 처한다.

2. 수리 거부

시장 등은 법인업무신고를 하려는 자가 법인업무신고 기준을 갖추지 아니한 경우에는 그 법인업무신고의 수리를 거부할 수 있다. 이 경우 지체 없이 법인업무신고의 수리 거부 사실 및 그 사유를 당사자에게 알려야 한다.

3. 법인업무신고확인증

시장 등은 법인업무신고를 받은 때에는 그 내용을 확인한 후 법인업무신고확인증을 행정사법인에 발급하여야 한다.

Ⅱ 업무수행 방법

1. 명의

행정사법인은 법인의 명의로 업무를 수행하여야 한다.

2. 담당행정사

수임한 업무마다 담당행정사를 지정하여야 한다. 다만, 소속행정사를 담당행정사로 지정할 경우에는 법인구성원과 공동으로 지정하여야 한다. 수임한 업무에 대하여 담당행정사를 지정하지 아니한 경우에는 법인구성원 모두를 담당행정사로 지정한 것으로 본다.

3. 담당행정사의 지위

담당행정사는 지정된 업무에 관하여 그 법인을 대표한다.

4. 서면 작성

행정사법인이 그 업무에 관하여 작성하는 서면에는 행정사법인의 명의를 표시하고 담당행정사가 기명날인하여야 한다.

| 문제 3 | 비송사건절차법상 기일에 관하여 설명하시오. (20점)

모범답안

Ⅰ 개념

비송사건절차에 관하여 법원, 당사자, 그 밖의 관계인이 일정한 장소에 회합하여 비송행위를 수행하기 위해 정해진 시간을 말한다.

Ⅱ 기일의 지정

기일의 지정은 직권으로 또는 당사자의 신청에 따라 재판장이 한다.

Ⅲ 기일의 지정 · 변경 · 연기 · 속행

비송사건은 직권주의가 적용되므로 기일의 변경 · 연기 · 속행 모두 법원이 직권으로 행한다. 따라서 당사자의 합의에 의한 기일의 변경은 허용되지 아니한다.

Ⅳ 기일의 통지

기일은 기일통지서 또는 출석요구서를 송달하여 통지하되, 그 사건으로 출석한 사람에게는 기일을 직접 고지하면 된다. 또한 기일통지에 관한 행위는 다른 법원에 촉탁할 수 있다.

Ⅴ 기일의 불출석

기일에 출석하지 않는 당사자에게 법률상의 제재 등 그 밖의 불이익을 줄 수 없다. 다만 당사자는 법원에서 자신의 주장을 하지 못하는 사실상 불이익을 받는 경우가 있다.

| 문제 4 | 비송사건의 재량이송과 그 이송재판의 효력에 관하여 설명하시오. (20점)

모범답안

Ⅰ 의의

우선관할권을 가진 법원은 신청 또는 직권으로 적당하다고 인정하는 다른 법원에 이송할 수 있다.

Ⅱ 이송의 구속력

사건을 이송받은 법원은 이송결정에 따라야 하고, 사건을 다시 다른 법원에 이송하지 못한다.

Ⅲ 소송계속의 이전

이송결정이 확정되면 사건은 처음부터 이송받은 법원에 계속된 것으로 본다.

Ⅳ 소송기록의 송부

이송결정이 확정되면 이에 따르는 사실상의 조치로서 그 결정의 정본을 소송기록에 붙여 이송받을 법원 등에게 보내야 한다.

Ⅴ 이송결정의 불복

이송재판으로 인하여 권리를 침해받은 자는 항고할 수 있다.

2023년 제11회 행정사 2차 기출문제

행정사실무법 모범답안

| 문제 1 | A시의 공공주택난을 해소하기 위한 청년대상 공공아파트 1개동을 건설하기 위하여 甲은 시장 乙에게 주택건설사업계획승인신청을 하였다. 이 신청에 대하여 乙은 관계 법령에 따라 아파트 건설이 가능하다고 구술로 답을 하였다. 그러나 乙의 임기 만료 후에 새로 취임한 시장 丙은 공공아파트 신축 예정지역 인근에 시 지정 공원이 있어 아파트 건설로 A시의 환경, 미관 등이 손상될 우려가 있다는 이유로, 주택건설사업계획승인신청을 반려하는 처분(이하 '이 사건의 반려처분'이라 한다)을 하였다. 甲은 이에 불복하여 이 사건의 반려처분의 취소를 구하는 행정심판청구 및 집행정지신청(이하 '이 사건 취소심판'이라 한다)을 하였다. 다음 물음에 답하시오. (40점)

물음 1) 이 사건 취소심판에서 집행정지의 인용 여부를 검토하시오. (20점)

물음 2) 丙은 이 사건 취소심판에 대한 인용재결이 있었음에도 불구하고 이 사건 반려처분에 대하여 아무런 조치를 취하지 않았다. 이때 甲이 취할 수 있는 행정심판법상 구제수단에 대하여 설명하시오. (20점)

모범답안

물음 1) (20점)

Ⅰ 집행정지의 의의

집행정지란 그 처분의 집행 등으로 인하여 중대한 손해가 생길 경우에, 당사자의 권리·이익을 보전하기 위하여 위원회가 처분의 효력이나 그 집행 또는 절차의 속행의 전부 또는 일부를 잠정적으로 정지하는 제도를 말한다.

Ⅱ 집행정지결정의 요건

1. 적극적 요건

(1) 집행정지의 대상인 처분이 존재하여야 한다.

(2) 심판청구가 계속되고 있어야 한다.

(3) 중대한 손해가 생길 우려가 있어야 한다.

(4) 긴급한 필요의 존재가 있어야 한다.

2. 소극적 요건

(1) 공공복리에 중대한 영향을 미칠 우려가 없어야 한다.

(2) 본안청구의 이유 없음이 명백하지 않아야 한다.

Ⅲ 거부처분에 대한 집행정지 인정 여부

거부처분의 경우 처분의 효력, 처분의 집행 또는 절차속행의 전부 또는 일부의 정지를 잠정적으로 결정한다고 하여 신청이 인정되는 것이 아니며 단지 거부처분이 없는 상태로 돌아가는 것에 불과하다는 점에서 집행정지의 실효성이 없다. 또한 행정심판법의 경우 임시처분이라는 집행정지의 보충적 제도가 존재한다. 따라서 거부처분은 집행정지의 대상이 아니라고 보는 것이 타당하다.

Ⅳ 사안의 적용

본 사안의 경우 반려처분에 대한 집행정지를 인정하더라도 甲은 시장 乙에게 주택건설사업계획승인을 신청한 상태가 지속될 뿐 甲의 권리보호에 어떠한 실익도 발생하지 않는다. 따라서 이 사건 취소심판에서 집행정지는 인용되지 않는다.

물음 2) (20점)

Ⅰ 논점의 정리

행정심판법은 인용재결의 실효성 확보 수단으로 직접처분과 간접강제를 규정하고 있다.
직접처분은 의무이행심판의 인용재결인 처분명령재결을 대상으로 하므로 거부처분취소심판은 직접처분이 인정되지 않는다. 따라서 본 사안의 경우 간접강제에 대한 인정 여부를 살펴볼 필요가 있다.

Ⅱ 간접강제

1. 개념

행정심판 인용재결에 따른 행정청의 재처분의무에도 불구하고 행정청이 인용재결에 따른 처분을 하지 아니하면 행정심판위원회는 당사자의 신청에 의하여 결정으로 상당한 기간을 정하고, 행정청이 그 기간 내에 이행하지 아니하는 경우에는 지연기간에 따라 일정한 배상을 하도록 명하거나 즉시 배상을 할 것을 명할 수 있다.

2. 취지

간접강제는 인용재결의 실효성을 확보하기 위한 행정심판작용이며 동시에 직접처분의 한계를 보완한다.

Ⅲ 사안의 적용

거부처분취소심판으로 거부처분이 취소된 경우 피청구인은 재결의 취지에 따라 이전의 신청에 대한 처분을 해야 한다. 본 사안에서 丙이 행정심판 인용재결에 따른 행정청의 재처분의무에도 불구하고 반려처분에 대하여 아무런 조치를 하지 않았다면 甲은 간접강제를 신청할 수 있다.

| 문제 2 | 행정사법상 행정사의 자격취소와 업무정지에 관하여 설명하시오. (20점)

모범답안

Ⅰ 자격의 취소

1. 절차

행정안전부장관은 행정사가 자격취소사유에 해당하는 경우에는 청문 절차를 거쳐 그 자격을 취소하여야 한다.

2. 취소사유

(1) 거짓이나 그 밖의 부정한 방법으로 행정사 자격을 취득한 경우

(2) 신고확인증을 양도하거나 대여한 경우

(3) 업무정지처분을 받고 그 업무정지 기간에 행정사 업무를 한 경우

(4) 행정사법을 위반하여 징역형이 확정된 경우

Ⅱ 업무의 정지

1. 절차

행정사사무소의 소재지를 관할하는 시장 등은 6개월의 범위에서 기간을 정하여 업무의 정지를 명할 수 있다. 단, 업무정지처분은 그 사유가 발생한 날부터 3년이 지나면 할 수 없다.

2. 정지사유

(1) 행정사가 두 개 이상의 사무실을 설치한 경우

(2) 행정사합동사무소를 구성하는 행정사 또는 법인구성원이 상근하지 아니한 경우

(3) 휴업신고를 하지 아니한 경우

(4) 보수 외에 금전 또는 그 밖의 반대급부를 받은 경우

(5) 소속행정사 및 법인구성원이 따로 사무소를 둔 경우

(6) 감독상 명령에 따른 행정조사를 거부·방해 또는 기피한 경우

3. 자격취소

행정안전부장관은 업무정지처분을 받고 그 업무정지 기간에 행정사 업무를 한 경우 그 자격을 취소하여야 한다.

| 문제 3 | 비송사건의 토지관할과 이송에 관하여 설명하시오. (20점)

모범답안

Ⅰ 토지관할

1. 개념

소재지를 달리하는 같은 종류의 법원 사이에서 재판권의 분담관계를 정해놓은 것이다.

2. 비송사건의 경우

비송사건절차법은 토지관할에 대한 일반규정은 없으며, 각각의 사건마다 당사자와 법원의 편의를 고려하여 개별적으로 토지관할을 규정하고 있다.

3. 토지관할이 주소에 의하여 정하여질 경우

(1) 대한민국에 주소가 없을 때 또는 대한민국 내의 주소를 알지 못할 때에는 거소지의 지방법원이 사건을 관할한다.

(2) 거소가 없을 때 또는 거소를 알지 못할 때에는 마지막 주소지의 지방법원이 사건을 관할한다.

(3) 마지막 주소가 없을 때 또는 그 주소를 알지 못할 때에는 재산이 있는 곳 또는 대법원이 있는 곳을 관할하는 지방법원이 사건을 관할한다.

Ⅱ 이송

1. 재량에 의한 이송

(1) 개념

우선관할권을 가진 법원은 신청 또는 직권으로 적당하다고 인정하는 다른 법원에 이송할 수 있다.

(2) 이송의 구속력

사건을 이송받은 법원은 이송결정에 따라야 하고, 사건을 이송받은 법원은 사건을 다시 다른 법원에 이송하지 못한다.

(3) 소송계속의 이전

이송결정이 확정되면 사건은 처음부터 이송받은 법원에 계속된 것으로 본다.

(4) 소송기록의 송부

이송결정이 확정되면 이에 따르는 사실상의 조치로서 그 결정의 정본을 소송기록에 붙여 이송받을 법원 등에게 보내야 한다.

(5) 이송결정의 불복

이송재판으로 인하여 권리를 침해받은 자는 항고할 수 있다.

2. 관할위반의 이송

비송사건절차법에는 관할위반에 따른 이송에 관한 명문의 규정은 없으나, 소송경제의 측면에서 민사소송법 제34조 제1항의 규정이 준용된다는 것이 일반적 견해이므로 이송을 인정하는 것으로 보는 것이 타당하다.

부록

| 문제 4 | 비송사건 재판에 대한 항고의 종류와 효과를 설명하시오. (20점)

모범답안

Ⅰ 항고의 종류

1. 보통항고

보통항고는 기간의 제한이 없는 항고로서 비송사건에서의 항고는 보통항고가 원칙이다.

2. 즉시항고

즉시항고는 기간의 제한이 있는 항고로서 법률에 즉시항고를 할 수 있다는 개별적 규정이 있어야만 제기할 수 있다.

3. 재항고

재항고는 최초의 항고법원의 결정이나 고등법원의 결정에 하여 대법원에 다시 불복하는 절차이다.

4. 특별항고

불복할 수 없는 결정에 대하여 재판에 영향을 미친 헌법의 위반이 있거나, 재판의 전제가 된 명령·규칙·처분의 헌법 또는 법률의 위반 여부에 대한 판단이 부당하다는 것을 이유로 하는 때에만 대법원에 특별항고를 할 수 있다. 이때 특별항고는 재판이 고지된 날부터 1주 이내에 하여야 하며, 기간은 불변기간으로 한다.

Ⅱ 항고의 효과

1. 확정차단의 효력

(1) 보통항고의 경우

보통항고는 항고기간의 제한이 없고 따라서 확정력이 없다. 그러므로 재판의 확정차단이라는 문제도 생기지 않는다. 이 경우 사건은 원심재판에 의하여 절차가 종료되며, 항고사건은 새로운 절차가 시작되는 것으로 본다.

(2) 즉시항고의 경우

즉시항고를 허용하는 재판에 있어서는 즉시항고의 제기에 의하여 원심재판의 확정을 차단하는 효력이 발생한다.

2. 이심의 효력

원심법원에 항고의 제기가 있으면 원심재판의 대상인 사건은 항고심에 이심된다.

3. 집행정지의 효력

항고는 특별한 규정이 있는 경우를 제외하고는 집행정지의 효력이 없다.

2024년 제12회 행정사 2차 기출문제

행정사실무법 모범답안

| 문제 1 | 甲은 자신이 소유한 토지에 주택을 건축하기 위하여 관할 행정청인 구청장 乙에게 토지형질변경허가를 신청하였으나 乙은 이 토지가 그 지형조건 등에 비추어 주택을 건축하기에 매우 부적법하다는 점을 이유로 허가를 거부하였다. 다음 물음에 답하시오. (40점)

물음 1) 乙의 거부행위가 행정심판의 대상이 되는지 그 요건을 검토하고, 乙의 거부행위에 대한 불복방법으로서 적합한 행정심판의 유형에 관하여 설명하시오. (20점)

물음 2) 甲은 위 거부행위에 대하여 관할 행정심판위원회에 행정심판을 제기하였고 그 결과 인용재결이 내려졌다. 그런데 乙은 이 토지는 도시계획변경을 추진 중이므로 공공목적상 원형유지의 필요가 있는 지역으로서 법령에서 정하고 있는 다른 불허가 사유에 해당한다는 이유로 다시 불허가 처분을 하였다. 乙에 의한 거부행위가 법적으로 정당한지를 설명하시오. (20점)

모범답안

물음 1) (20점)

Ⅰ 대상적격

1. 행정심판 대상

행정심판은 처분과 부작위를 대상으로 한다. 처분이란 행정청이 행하는 구체적 사실에 관한 법집행으로서의 공권력의 행사 또는 그 거부, 그 밖에 이에 준하는 행정작용을 의미한다.

2. 거부처분의 성립요건

거부행위가 처분이 되기 위해서는 ① 신청의 내용이 공권력의 행사 또는 이에 준하는 행정작용이어야 하고, ② 신청인의 법률관계에 직접 영향을 미치는 것이어야 하며, ③ 신청인에게 특정행위를 요구할 수 있는 법규상 또는 조리상 신청권이 있어야만 한다.

3. 사안의 적용

사안의 경우 乙의 거부행위는 토지형질변경이 없으면 주택을 건축할 수 없다는 점에서 법률관계에 직접 영향을 미치는 공권력 행사에 해당한다. 따라서 거부처분으로서 행정심판의 대상에 해당한다.

Ⅱ 행정심판의 유형

1. 행정심판법상 행정심판의 종류

행정심판법은 ① 행정청의 위법 또는 부당한 처분을 취소하거나 변경하는 취소심판, ② 행정청의 처분의 효력 유무 또는 존재 여부를 확인하는 무효등확인심판, 그리고 ③ 행정청의 위법 또는 부당한 거부처분이나 부작위에 대하여 일정한 처분을 하도록 하는 의무이행심판을 규정하고 있다.

2. 거부처분취소심판의 인정 여부

판례는 당사자의 신청을 거부하는 처분을 취소하는 재결이 있는 경우에는 행정청은 그 재결의 취지에 따라 이전의 신청에 대한 처분을 하여야 한다고 하여 거부처분의 취소를 인정하고 있으며 행정심판법 역시 제49조 제2항에서 거부처분취소심판을 인정하고 있다.

3. 사안의 적용

乙의 거부행위에 대한 불복방법으로서 의무이행심판과 위법성의 정도에 따라 취소심판 또는 무효등확인심판이 가능하다.

물음 2) (20점)

Ⅰ 논점의 정리

구청장 乙이 재차 불허가처분을 할 수 있는지는 재결의 기속력과 관련된 문제이다.

Ⅱ 기속력

1. 의의

인용재결시 재결의 취지에 따르도록 구속하는 효력을 말한다.

2. 내용

(1) 반복금지의무

동일한 상황하에서 동일한 처분을 반복할 수는 없다.

(2) 재처분의무

행정청은 지체 없이 그 재결의 취지에 따른 처분을 하여야 한다.

(3) 결과제거의무

위법 또는 부당으로 판정된 처분에 의하여 초래된 상태를 제거해야 할 원상회복의무가 있다.

3. 범위

(1) 주관적 범위

기속력은 피청구인인 행정청과 그 밖의 관계 행정청에 미친다.

(2) 객관적 범위

기속력은 재결의 주문 및 그 전제가 된 요건 사실의 인정과 판단에만 미친다. 따라서 재결에 의하여 취소된 처분과 다른 사유로 처분을 하는 것은 기속력에 저촉되지 않는다. 이때 동일 사유인지 다른 사유인지는 재결에서 판단된 사유와 기본적 사실관계의 동일성이 인정되는지 여부에 따라 판단한다.

(3) 시간적 범위

기속력은 처분 당시를 기준으로 그 당시까지 존재하였던 처분사유에만 미치고 그 이후에 생긴 사유에는 미치지 않는다.

4. 기속력 위반의 효력

기속력을 위반한 처분은 무효이다.

Ⅲ 사안의 해결

토지가 그 지형조건 등에 비추어 주택을 건축하기에 매우 부적법하다는 최초의 처분사유와 도시계획변경을 추진 중이므로 공공목적상 원형유지의 필요가 있는 지역이라는 재거부사유는 내용이 공통되거나 취지가 유사하지 않아 기본적 사실관계의 동일성이 인정되지 않는다. 따라서 구청장 乙이 주장하는 법령에서 정하고 있는 다른 불허가사유가 타당하다면 정당한 처분에 해당한다.

| 문제 2 | 행정사법령상 일반행정사가 다른 사람의 위임을 받아 수행하는 업무에 관하여 설명하시오. (20점)

모범답안

Ⅰ 행정사의 업무 범위

1. 행정기관에 제출하는 서류를 작성한다.
   (1) 진정 · 건의 · 질의 · 청원 및 이의신청에 관한 서류
   (2) 가족관계의 발생 및 변동사항에 관한 신고 등의 각종 서류
2. 권리 · 의무나 사실증명에 관한 서류를 작성한다.
   (1) 각종 계약 · 협약 · 확약 및 청구 등 거래에 관한 서류
   (2) 그 밖에 권리관계에 관한 각종 서류 또는 일정한 사실관계가 존재함을 증명하는 각종 서류
3. 다른 사람의 위임에 따라 작성한 서류를 행정기관 등에 제출한다.
4. 다른 사람의 위임을 받아 인가·허가·면허 및 승인의 신청·청구 등 행정기관에 일정한 행위를 요구하거나 신고하는 일을 대리한다.
5. 행정 관계 법령 및 행정에 대한 상담 또는 자문한다.
6. 법령에 따라 위탁받은 사무의 사실을 조사하거나 확인하고 그 결과를 서면으로 작성하여 위탁한 사람에게 제출한다.

Ⅱ 행정사가 아닌 사람에 대한 금지사항

행정사가 아닌 사람은 다른 법률에 따라 허용되는 경우를 제외하고는 행정사의 업무를 업으로 하지 못한다.

부록

Ⅲ 벌칙 부과

다른 법률에 따라 허용되는 경우를 제외하고 행정사가 아닌 사람이 행정사의 업무를 업으로 한 경우에는 3년 이하의 징역 또는 3천만 원 이하의 벌금을 부과한다.

| 문제 3 | 비송사건절차에서의 사실인정의 원칙과 방법에 관하여 설명하시오. (20점)

모범답안

Ⅰ 사실인정에 관한 원칙

1. 객관적 · 실체적 진실발견주의

비송사건절차에 있어서 사실인정은 오로지 법원의 직권으로 행해진다. 법원은 자유로운 방법으로 사실조사를 행하며, 객관적 · 실체적 진실발견에 노력하여야 한다.

2. 직권탐지주의

소송자료의 수집과 제출책임을 당사자가 아닌 법원이 담당한다. 비송사건절차법은 이를 명문으로 규정하고 있다.

3. 입증책임

비송사건절차에서는 증거제출책임이라는 의미에서의 주관적 입증책임은 발생하지 않는다. 다만, 어떠한 사실의 진위 여부와 그 사실의 존재 여부에 대한 객관적 입증책임은 존재한다.

Ⅱ 사실인정의 방법

1. 원칙

증거조사와 사실의 탐지가 있다.

2. 증거조사

(1) 방법

비송사건절차법은 인증과 감정에 관하여 민사소송법의 규정을 준용하고 있다. 따라서 비송사건의 증거조사 방법으로 증인심문과 감정이 인정된다.

(2) 비공개

증인 또는 감정인의 심문은 비공개로 이루어지는 것이 원칙이다.

3. 사실의 탐지

(1) 의의

법원이 자료를 수집하고 사실을 인정하는 방법 중 증거조사를 제외한 방법을 의미한다. 당사자의 변론은 법원의 직권탐지를 보완하는 데 그치며, 당사자가 주장하지 않은 사실도 법원은 자기의 책임과 직권으로 수집하여 판결의 기초로 삼아야 한다.

(2) 사실탐지의 방식

탐지의 방법에 관하여 특별한 제한은 없기 때문에 자료의 수집에 적합한 형태로 자유롭게 행해진다.

4. 사실탐지와 증거조사의 촉탁

증거조사와 사실탐지에 관하여 다른 법원의 판사에게 촉탁할 수 있다.

| 문제 4 | 비송사건절차의 종료 원인에 관하여 설명하시오. (20점)

모범답안

Ⅰ 종국재판에 의한 종료

비송사건절차는 일반적으로 종국재판에 의하여 종료한다.

Ⅱ 당사자의 행위에 의한 종료

1. 신청취하에 의한 종료

(1) 신청취하의 인정 여부

비송사건절차에서는 처분권주의가 배제되어 신청의 취하가 언제나 인정되는 것은 아니다.

(2) 인정범위

① 당사자의 신청에 의해서만 절차가 개시되는 경우에는 재판이 있을 때까지는 자유로이 취하할 수 있다.

② 법원이 직권으로 절차를 개시하는 사건은 취하의 관념을 인정할 수 없다. 따라서 당사자의 신청 또는 법원의 직권으로 개시되는 사건의 경우, 당사자의 신청으로 절차가 개시된 경우에 해당하더라도 재판의 공익성에 비추어 신청의 취하가 인정되지 않는다.

(3) 신청취하의 시기와 방식

신청취하가 인정되는 사건의 경우에는 재판이 있을 때까지는 자유로이 취하할 수 있다. 1심이 계속 중이든 항고심이 계속 중이든 언제든지 가능하다. 방식에 대해서는 특별한 규정이 없으므로 일반원칙에 따라 서면 또는 말로 할 수 있다.

(4) 신청취하의 효력

신청이 취하되면 사건은 처음부터 법원에 계속되지 않았던 것으로 되며, 이미 행하여진 비송행위는 모두 그 효력을 잃는다.

2. 신청포기에 의한 종료

비송사건은 신청의 포기가 인정되지 않는다.

Ⅲ 당사자의 사망에 의한 종료

권리가 상속의 대상인 경우 당사자가 사망하면 상속인이 그 절차를 승계한다. 그러나 그 권리가 상속의 대상이 아닌 일신전속적인 것이라면 절차는 당사자의 사망으로 종료하게 된다.

2025 박문각 행정사 2차
이준희 행정사실무법 기본서

초판인쇄 | 2024. 11. 1. **초판발행** | 2024. 11. 5. **편저자** | 이준희
발행인 | 박 용 **발행처** | (주)박문각출판 **등록** | 2015년 4월 29일 제2019-000137호
주소 | 06654 서울시 서초구 효령로 283 서경 B/D 4층 **팩스** | (02)584-2927
전화 | 교재 문의 (02)6466-7202

저자와의 협의하에 인지생략

정가 20,000원

ISBN 979-11-7262-255-8